COLEÇÃO

CONTRA A CORRENTE

# Cultura, democracia e socialismo:

## as ideias de Carlos Nelson Coutinho em debate

**MARCELO BRAZ**
**MAVI RODRIGUES** (ORGS.)

mórula
EDITORIAL

CURADORIA DA COLEÇÃO CONTRA A CORRENTE
Eduardo Granja Coutinho

CIP-BRASIL. CATALOGAÇÃO NA PUBLICAÇÃO
SINDICATO NACIONAL DOS EDITORES DE LIVROS, RJ

C974

Cultura, democracia e socialismo: as ideias de Carlos Nelson Coutinho em debate / organização Mavi Rodrigues , Marcelo Braz. – 1. ed. – Rio de Janeiro : Mórula, 2016.

248 p. ; 21 cm. (Contra a Corrente ; 2)

Inclui bibliografia
ISBN 978-85-65679-41-1

1. Coutinho, Carlos Nelson, 1943. 2. Comunismo e intelectuais – Brasil. 3. Socialismo – Brasil. I. Rodrigues, Mavi. II. Braz, Marcelo.

16-33133 CDD: 305.520981
CDU: 316.344.32(81)

R. Teotônio Regadas, 26/904 – Lapa – Rio de Janeiro
www.morula.com.br | contato@morula.com.br

*Para Luciana Reis;*
*para Erica e Isabella.*

*E à "Turma Carlos Nelson Coutinho", primeira turma de jovens assentados da reforma agrária formados assistentes sociais pela ESS/UFRJ*

SUMÁRIO

APRESENTAÇÃO

# Para debater as ideias de Carlos Nelson

Em setembro de 2012 Carlos Nelson Coutinho faleceu. Antes dele, em junho, Aloísio Teixeira. Outros valorosos marxistas brasileiros como Edmundo Dias (em 2013) e Leandro Konder (em 2014) também se foram. Além de lembrar desses amigos e camaradas, temos a tarefa de mantê-los vivos através de suas ideias e de suas obras que são parte relevante do marxismo contemporâneo. Através de referenciais marxistas diversos eles travaram nos partidos políticos, nos movimentos sociais e nas universidades a *batalha das ideias* em nome e ao lado daqueles que dela foram e são historicamente excluídos: *os de baixo*, como dizia Florestan Fernandes.

Ao discutir o significado da obra de Carlos Nelson Coutinho (CNC), este livro – que compila algumas das intervenções realizadas no *Seminário internacional Carlos Nelson Coutinho e a Renovação do Marxismo*[1] e textos de autores que não puderam participar do evento – pretende dar continuidade ao trabalho intelectual de uma geração que deu o melhor de si por outro mundo.

---

1 Organizado pelo Núcleo de Estudos e Pesquisas Marxistas (NEPEM) da ESS/UFRJ e realizado de 11 a 13 de novembro de 2013 no Salão Pedro Calmon, no campus da Praia Vermelha da Universidade Federal do Rio de Janeiro. Agradecemos a colaboração preciosa de todos aqueles que trabalharam no evento: os docentes Marcos Botelho, Luis Acosta, Cézar Maranhão e Henrique Wellen, os estudantes Mariana Miéres, Diogo Machado, Amanda Murta, Pablo Irio, Thays Duarte, Angélica Paixão, Luisa Viana Ferreira, e o técnico-administrativo em educação Rodrigo Martins. Somos gratos, ainda, a Stefano Motta, discente da pós-graduação da ESS/UFRJ, que realizou tradução oral consecutiva da intervenção de Guido Liguori e colaborou para a primeira versão da tradução do texto do conferencista.

Reunindo textos de renomados autores nacionais e internacionais, que analisam as ideias de Coutinho, o livro em tela se compõe de duas partes. Na *Parte I: Marxismo, socialismo e democracia,* o leitor encontrará os artigos que tratam diretamente da contribuição efetiva de CNC para a renovação do marxismo, destacando a incorporação e o uso originais que desenvolveu a partir de suas principais inspirações (Lukács e Gramsci) e a força em suas formulações da relação entre socialismo e democracia. A *Parte II: Luta política e luta ideológica no Brasil* é composta por textos que, sem deixar de tratar de temas presentes na *primeira parte*, avançam para a análise da contribuição de CNC para pensar a formação sócio-histórica do Brasil, os dilemas da revolução no plano da luta política e ideológica e o legado dos clássicos do marxismo brasileiro, como Nelson Werneck Sodré, Caio Prado Jr. e Florestan Fernandes.

O livro que apresentamos ao público[2] é marcado pela diversidade e pela diferenciabilidade de registros que caracterizam uma coletânea. Mas todos eles exploram de algum modo os aspectos que se destacam no pensamento de Coutinho: o vínculo orgânico entre teoria e história, a incorporação crítica dos clássicos do marxismo e o profundo humanismo que associa, como ressalta Guido Liguori logo no capítulo inaugural do livro, democracia e comunismo. O leitor notará que há uma articulação entre os textos estabelecida por uma abordagem que espreita o desenvolvimento teórico de CNC em estreita vinculação com a dinâmica histórica em que se inseriu e travou, ao lado de tantos outros intelectuais militantes, a luta política e ideológica pelo socialismo, desde a segunda metade do século XX aos nossos dias.

Todos os autores consentem com a incontornável contribuição que Carlos Nelson Coutinho legou à renovação do marxismo. A releitura que fez dos clássicos da tradição marxista e as análises que buscaram entender o Brasil e as ideias mais vinculadas à luta política atestaram seu reconhecimento intelectual ao mesmo tempo em que suscitaram acesos debates que continuam vivos, como se verá neste livro. Seu título *Cultura, democracia e socialismo* quer indicar as grandes questões que estão presentes no conjunto da obra de Carlos Nelson, para debatê-las com o mesmo espírito que movia o autor.

---

2 Na sequência desta Apresentação o leitor se depará com um excelente Prefácio redigido pela Professora Ivete Simionatto, que expõe, sucintamente, cada um dos capítulos permitindo que se tenha uma visão global das questões trabalhadas pelos autores.

Ao buscar enaltecer o legado de Coutinho, Guido Liguori o perfila como um "filósofo democrático", expressão com a qual pretende identificar seu incansável trabalho teórico e político que o fez despontar entre os principais estudiosos de Gramsci não apenas no Brasil. Como enaltece Liguori, "a dimensão intelectual e a práxis política formam uma única totalidade com apenas uma motivação e objetivo: a luta pela hegemonia, ou seja, um modo de entender a política como afirmação de *um novo senso comum*" (p. 33). Esse vínculo do trabalho intelectual com a política fez com que Coutinho procurasse entender o mundo sempre em mutação com uma atitude crítica em relação à realidade e às suas próprias ideias, alterando-as se necessário "porque o mundo muda continuamente". Como afirma Liguori, "foi esse, segundo Carlos Nelson, o método usado por Lênin com relação a Marx, e por Gramsci com relação a Lênin, e é esse o método – afirma Coutinho – que devemos usar em relação a Gramsci" (p. 37). Para o intelectual italiano, Carlos Nelson foi um gramsciano militante que sempre vinculou sua produção à luta pelo socialismo cujo alcance não se dissocia da democracia.

Tal inseparabilidade do socialismo e da democracia é retomada por Francisco Louçã. O economista português discute a necessária e problemática relação desse par. Lembrando que Coutinho afirmava que "a democracia plena, consolidada", não poderia existir sem socialismo, observa: "o problema é que o diabo está nos adjetivos, e o que é uma democracia plena e consolidada não sabemos bem. Menos ainda sabemos se uma democracia ainda não 'plena', mas já avançada, pode existir sem socialismo" (p. 44). Eis aí um bom debate que leva Louçã até a categoria "reformismo revolucionário" de CNC, tão fecunda em sua dialética, mas que parece se apresentar no meio do caminho entre reforma e revolução. Nas palavras do autor: "Reformismo revolucionário é uma coisa estranha, é um animal estranho, porque se refere simultaneamente ao meio e ao fim, ao processo e ao objetivo, e a uma contradição ou paradoxo (...). Responde Carlos Nelson Coutinho que se trata de aprofundar a democracia, o 'processo de democratização', e depois superar o capitalismo, dois passos distintos, mas no mesmo caminho" (p. 44-45). De toda forma, para Louçã, a estratégia de Coutinho, assentada no aprofundamento da democracia, sempre foi a de um "humanismo revolucionário", cujo horizonte socialista, "vermelho devagarinho", não lhe escapou (p. 51).

Antonino Infranca ao final de seu capítulo afirma: "Nisto consistiu a coerência de Carlos Nelson Coutinho: a busca constante, durante toda a vida, da verdade, busca conduzida com uma análise concreta da realidade, graças ao método marxista que lhe permitia se defrontar sem temor algum com o novo que a realidade continuamente lhe apresentava" (p. 64). O intelectual italiano mostra que o permanente e corajoso autojulgamento que Coutinho realiza de suas ideias o fez manter com suas principais referências uma relação de aprendizado e crítica. Para ele, "Coutinho usa Gramsci e Lukács, suas referências teóricas, como complementares, ainda que atribua a Lukács a função de referência filosófica-literária e a Gramsci a de referência política" (p. 58). A associação criativa que Carlos Nelson faz entre as contribuições de seus mestres permitiu-lhe, por exemplo, uma "compreensão dialética da realidade brasileira a partir de categorias genéricas como 'via prussiana', 'intimismo à sombra do poder', 'realismo crítico', categorias lukacsianas empregadas por Coutinho como indicações em linha de máxima abstração para uma primeira análise da sociedade civil brasileira e do papel dos intelectuais em seu seio" (p. 57). Mas Antonino Infranca discute o que considera uma associação problemática das categorias "via prussiana" e "revolução passiva". Diz ele: "o fato que 'via prussiana' seja empregada junto com 'revolução passiva' deve induzir a pensar que Coutinho, por 'via prussiana', quisesse usar uma alegoria, e não visasse aplicar um modelo a uma realidade social tão estranha à europeia como a brasileira - uma pura alegoria desprovida de um conteúdo histórico" (p. 55).

José Paulo Netto afirma que em sua "mais importante obra juvenil" - para usarmos a feliz expressão cunhada por ele no título de seu capítulo - Carlos Nelson enfrentou com *O estruturalismo e a miséria da razão* a maré montante do pensamento estruturalista nos anos 1970. O livro do jovem Coutinho "é obra essencial, absolutamente indispensável para todos os que não capitulam em face da regressão ídeo-teórica que hoje impera nos círculos intelectuais da sociedade tardo-burguesa e campeia, quase sem limites, nos meios acadêmicos brasileiros. E é como obra necessária, que deve ser lida, posto que fundamental na batalha contemporânea das ideias; mas acrescento: é obra também insuficiente. Penso que, sem ela, encontramo-nos como que desarmados frente à avassaladora maré da cultura regressiva; porém, apenas com ela não nos será possível a crítica radical e as proposições superadoras" (p. 66).

As linhas acima dão conta do que Netto pretende em seu texto: situar o leitor no tempo histórico da obra (fornecendo, inclusive, indicações biobibliográficas da trajetória de Carlos Nelson Coutinho), perseguir suas linhas mestras para apresentar os seus fundamentos teóricos mais relevantes e inquirir sua perdurabilidade na história passados mais de quarenta anos. Desse *tour de force* de Netto resulta uma conclusão lapidar sobre o livro juvenil de Coutinho: "é medular na sua crítica de fundo ao pensamento estruturalista a tese de que este (como, aliás, todas as versões do pensamento neopositivista) tem por substrato a liquidação da dimensão ontológica na análise dos seus objetos (...). Exatamente aqui comparece o constitutivo central da elaboração de Carlos Nelson: desconhecendo as formulações da então inédita *Ontologia do ser social*, apoiado apenas em sumárias e episódicas indicações lukacsianas, ele foi capaz de conduzir uma operação crítico-analítica inteiramente consequente com o espírito do último Lukács" (p. 77).

Para Michael Löwy, Carlos Nelson foi "o inventor – no sentido alquímico da palavra – do que se poderia chamar um marxismo democrático-socialista brasileiro, de inspiração gramsciana" (p. 114). Retomando o debate em torno do famoso ensaio *A democracia como valor universal*, de 1979, Löwy afirma que seu significado vai bem além daquela conjuntura, uma vez que "coloca questões fundamentais para a teoria marxista e se inspira em duas das principais referências do marxismo revolucionário no século XX: a teoria gramsciana da hegemonia por consenso e a defesa da democracia socialista por Rosa Luxemburgo, em sua (fraternal) crítica a Lênin e Trotsky, em 1918" (p. 115). Sugere, com boa dose de ineditismo, uma influência que é pouco comentada de Rosa Luxemburgo sobre CNC: "a dívida de CNC com Gramsci é suficientemente documentada, mas a relação com Rosa Luxemburgo é menos conhecida" (*idem*). O apontamento talvez não ganhasse acolhida do próprio Coutinho, abrindo um bom campo de investigação e de debates sobre a pertinência da afirmação. A lembrança dessa influência luxemburgueana seria, inclusive, para Löwy, a alternativa para o fortalecimento da luta socialista em contraposição à democracia universal que acabou por converter-se numa via intermédia entre formas institucionais burguesas e a forma socialista.

Mavi Rodrigues encerra a *Parte I* com um capítulo que perscruta os caminhos que cruzam a trajetória de Carlos Nelson com o que Hobsbawn chamou de os *longos anos 60*. Ao relacionar os principais acontecimentos que marcaram o período, desde a morte de Stálin e a divulgação do *Relatório Kruschev* até o emblemático *1968*, com os rumos do movimento comunista e do marxismo (inclusive no Brasil), Rodrigues consegue identificar a presença desses aspectos históricos na formação intelectual e política de Coutinho: "sua vida e obra são partes integrantes dos *longos anos 1960*. Sua formação, ocorrida após a denúncia dos crimes de Stálin, foi substancialmente diferente da geração de comunistas que, entre os anos de 1930 e a primeira metade de 1950, conhecera o marxismo via manuais de divulgação do marxismo-leninismo. Tendo escapado da doutrinação stalinista (...) Coutinho, junto a outros tantos jovens comunistas do seu tempo, pôde não somente nutrir-se de um marxismo aberto e plural, mas, fundamentalmente, reencontrar a riqueza categorial de Marx" (p. 132).

Na *Parte II*, Antonio Carlos Mazzeo abre os debates em torno da contribuição de Coutinho para pensar o Brasil: "Konder e Coutinho representaram a intermediação entre uma geração do marxismo brasileiro – cujas referências imediatas eram Nelson Werneck Sodré e Caio Padro Jr., dois magníficos intelectuais de grande poder de reflexão e produção – e uma geração renovadora que ampliou essas referências (...). Tendo como referência as elaborações caiopradeanas Konder e Coutinho desenvolvem formulações teóricas de grande oxigenação, especialmente Coutinho a partir de suas reflexões sobre a cultura brasileira, introduzindo no debate marxista brasileiro o corpo conceitual de György Lukács e Antonio Gramsci" (p. 141). Mazzeo desenvolve um fraterno e explícito debate com a leitura do Brasil feita por CNC, em especial com o modo pelo qual ele manejou a categoria lenineana de "via prussiana" na análise da formação sócio-histórica brasileira, donde se percebem leituras certamente divergentes de Lênin e de Lukács. Em sua análise acerca do que denomina "via prussiano-colonial" conclui: "Em consonância com as análises caiopradeanas, pensamos que no grau em que se consolidou contemporaneamente o capitalismo será impossível para um país de extração prussiano-colonial, como o Brasil, chegar a 'etapas' que permitam o desenvolvimento de um capitalismo autônomo e nacional" (p. 158).

Marcelo Braz, em seu capítulo, mostra como CNC percebeu antecipadamente que a "questão democrática" ganhara força no interior do debate do PCB desde 1958, e como tal questão transformou-se nas ideias de Coutinho no próprio centro da estratégia revolucionária, culminando na polêmica apresentada no ensaio *A democracia como valor universal*, de 1979. Retomando um debate de fundo que o ensaio suscita, explora os nexos históricos que enlaçam as ideias de Coutinho às discussões no interior do movimento comunista brasileiro e internacional a partir do final dos anos 1950, articulando as polêmicas às respostas concretas que a realidade exigia dos comunistas. Braz percorre os embates no interior do PCB para levantar os pontos de viragem que levaram ao processo de renovação pecebista. Seu objetivo no capítulo é "apresentar, de modo sintético, o debate em torno das posições adotadas pelo PCB após 1956 a partir de alguns dos estudos mais conhecidos e do exame parcial dos documentos do partido. A intenção é apenas fornecer um quadro aproximativo que permita vincular, de algum modo, as ideias expostas por Coutinho em 1979 com os dilemas que os comunistas enfrentaram a partir de 1956" (p. 162).

O capítulo escrito por Marcos Del Roio explora as posições de CNC publicadas na *Voz Operária*, veículo do PCB, entre os anos 1977 e 1979, até chegar à polêmica do "valor universal" da democracia. Del Roio pretende "bosquejar as formulações de Carlos Nelson Coutinho sobre a questão democrática no Brasil em alguns artigos escritos na *Voz Operária* entre 1977 e 1979, quando usou o pseudônimo de Josimar Teixeira, e no ensaio que publicou em 1979, com o título de *A democracia como valor universal*, que suscitou muita polêmica" (p. 184). E identifica que Carlos Nelson "adere às concepções teóricas e políticas que o PCI vinha desenvolvendo, inclusive certa leitura da obra de Gramsci que lhe dava suporte. No PCB forjou-se uma vertente que exatamente tinha o PCI por referência, isso no que toca a valorização da democracia como bandeira e como escopo e uma posição crítica mais dura frente ao chamado "socialismo real". Carlos Nelson Coutinho foi uma das referências intelectuais mais importantes dessa vertente, que predominou por certo tempo na elaboração do mensário *Voz Operária*, o porta-voz do partido" (p. 199).

Já o capítulo de Mauro Iasi apresenta um debate com Coutinho especialmente no que diz respeito ao acento estratégico revolucionário posto na centralidade da "questão democrática" face aos limites da institucionalidade burguesa nas condições brasileiras. Para ele, "democratização da sociedade brasileira resultou não no enfraquecimento da hegemonia burguesa e na possibilidade de uma contra-hegemonia proletária, mas, ao contrário, completou e consolidou a hegemonia burguesa no Brasil de maneira lenta, gradual e controlada, como aliás os militares preconizaram". Iasi relembra a formulação de Florestan Fernandes acerca da "democracia de cooptação" com a qual problematiza a estratégia centrada na democracia que sobressai na obra de Coutinho. Para ele, o caráter de classe do Estado impede que se avance em processos democráticos substantivos, reiterando formas de transformismo e de revoluções pelo alto em nosso país: o "Estado burguês continua o espaço restrito da decisão das camadas dominantes; as massas populares e a classe trabalhadora continuam fora e muito longe de intervir nas grandes decisões políticas" (p. 212).

Milton Temer repisa a mesma "questão democrática" como problema central para se pensar a revolução brasileira. Destaca a relevância do processo eleitoral em nosso país e a luta dos socialistas no Parlamento como formas reais que podem unificar as diversas realidades e as demandas estruturais que caracterizam o Brasil. Temer indaga e polemiza: "É viável a insurreição num país como o Brasil? Na prática, e é isto o que me interessa, o que une ou qual o eixo unitário da ação do extrativista do Amazonas, do cidadão autônomo da classe urbana do Sudeste brasileiro, do trabalhador operário do ABC e do gaúcho do pampa? Eu só conheço um ponto que unifica todos esses setores desse conjunto de 'nações' que constituem nosso país: é a campanha presidencial de quatro em quatro anos" (p. 214). O jornalista e dirigente socialista sustenta a necessidade de se criar unidade entre as esquerdas em torno de lutas concretas que desconstruam o capitalismo. Afirma reivindicando uma categoria coutineana: "Carlos Nelson Coutinho escreveu sobre a sua formulação de reformismo revolucionário: o socialismo não começa do zero, se inicia da forma em que se desconstrói o capitalismo. É aí que se abre caminho para o socialismo. Logo, a tarefa fundamental – de acordo não só com Gramsci, mas também Lênin – é essa desconstrução do capitalismo, com a formação das frentes necessárias para isso, para o enfraquecimento e a divisão dos adversários, para que se estabeleça uma hegemonia de transformação qualitativa e revolucionária para o fim do capitalismo, a única saída de sobrevivência para o gênero humano" (p. 222).

Lúcia Neves finaliza o livro apontando a presença de Coutinho no debate da Educação, indicando os três princípios norteadores de sua obra que exerceram maior influência em suas atividades de pesquisa: "o seu compromisso com a atualização do marxismo, a sua filiação a Antonio Gramsci, mas não só, à tradição humanista e historicista do marxismo, e a ênfase no consenso e na hegemonia como formas de dominação política de classe nas sociedades ocidentais ou em processo de ocidentalização" (p. 226). Neves lembra a atitude generosa e terna com que Coutinho discutia suas ideias em palestras e aulas e destaca a influência de suas reflexões na análise da política educacional brasileira contemporânea, mostrando como suas ideias foram determinantes para a elaboração de conceitos no campo da educação, donde se destaca o de "pedagogia da hegemonia".

Os elementos sumariados acima justificam o subtítulo dessa coletânea – *Para debater as ideias de Carlos Nelson*. A forma como CNC procurou incorporar, criticamente, as lições de seus mestres é a mesma que deve conduzir nossa tarefa ao debater suas ideias. Se vivo, ele certamente não objetaria a discutir, com a honestidade e a simplicidade que lhe eram próprias, as diversas interpretações da sua obra compiladas nesta coletânea, ainda que estivesse em desacordo com elas.

Lisboa/Rio de Janeiro, outubro de 2015.

**MARCELO BRAZ E MAVI RODRIGUES**

# PREFÁCIO

*A plena realização da democracia implica a superação da ordem social capitalista.*

[ CARLOS NELSON COUTINHO ][1]

A presente coletânea, organizada pelos professores da Escola de Serviço Social da UFRJ Marcelo Braz e Mavi Rodrigues, congrega algumas das intervenções realizadas no *Seminário internacional Carlos Nelson Coutinho e a renovação do marxismo* (2013) e textos de outros autores, que, embora não presentes no evento, também contribuíram com suas reflexões e testemunhos, como parte de "uma geração que deu o melhor de si por outro mundo".

É tarefa complexa analisar a grandeza da obra de um autor do quilate de Carlos Nelson Coutinho, cuja vasta produção inovou profundamente a reflexão marxista brasileira, tanto no campo da crítica literária e filosófica quanto no âmbito da teoria política, apresentando-se como terreno fértil para o contínuo diálogo sobre o tempo passado, as inquietações do presente e os desafios futuros. Sua luta incansável pela construção de um outro projeto de sociedade sempre esteve pautada no fio da radicalidade democrática e na crença de "que, se sem democracia não há socialismo, tampouco há democracia plena e consolidada sem o socialismo".

Os textos reunidos neste livro direcionam-se justamente para esse espectro, tendo como eixo articulador os temas da democracia e do socialismo na perspectiva tematizada na obra de Coutinho. Além de recuperar suas "fundamentais contribuições ao marxismo brasileiro" e "à interpretação

1 C. N. Coutinho, Intervenções. O marxismo na batalha das ideias. São Paulo: Cortez, 2006.

histórico-concreta do Brasil", retomam parte expressiva do rico e vasto universo categorial imanente ao seu ideário socialista.

Um "filósofo democrático", de projeção internacional, Carlos Nelson não foi somente um *gramscista*, um estudioso de Gramsci, mas procurou ser em primeiro lugar *gramsciano*, um "intelectual orgânico", não somente a um partido ou a uma classe, mas "orgânico a toda a grande massa de subalternos", numa trajetória marcada pela "presença pública e pelo compromisso cultural e político como militante, sempre de um ponto de vista comunista". Para Guido Liguori, no artigo em que abre a primeira parte da coletânea, a leitura gramsciana de Coutinho desvenda o Gramsci "comunista e democrático". Liguori nos lembra, em brilhante síntese, que o "essencial do pensamento político de Carlos Nelson" é justamente "a conjugação de democracia e socialismo, ou, em seus termos, de democracia e comunismo", considerando o vínculo indissolúvel entre ambos. Nestes tempos de recusa da totalidade, de dominação e desumanização profundas, a obra de Coutinho representa uma referência inequívoca "para aqueles que pretendem pensar o mundo de hoje com as lentes de um marxismo não dogmático", mas em permanente renovação.

Francisco Louçã, vindo de além-mar, nos instiga com suas indagações, quem "responde pela desumanização, quem responde contra a desumanização?", para em seguida afirmar que "responde a democracia, porque a cultura é essa democracia, e responde o socialismo, porque o socialismo é uma estratégia para a democracia e para a cultura". Em sua profícua análise, Louçã evidencia a perversidade disciplinar da lógica capitalista, produtora do espaço público burguês que nos enreda para a ilusão, o desencantamento e a naturalização da vida social. E para desvendar esse campo contraditório de "consentimento e de hegemonia", torna-se premente "retomar o primado da política emancipatória", forjador de uma nova ordem intelectual e moral efetivamente democrática. A compreensão do binômio "democracia e socialismo" só pode ser encontrada na radicalidade da filosofia de Carlos Nelson, no seu humanismo revolucionário e no seu genuíno conhecimento do marxismo.

O conhecimento e a formação marxista, solidamente alicerçados em Lukács e Gramsci, são os pilares da obra de Coutinho, conforme atentamente examina Antonino Infranca. A presença desses dois grandes pensadores marxistas do século XX é inequívoca na extensa produção do nosso autor a iluminar sua criativa interpretação da realidade brasileira. Categorias como a de "via prussiana" e "revolução passiva", a expressão "intimismo à sombra do poder", perfilam a análise da intelectualidade em nosso país como características próprias da cultura burguesa brasileira. Infranca percorre as obras de Coutinho, localizando as proximidades e divergências entre Lukács e Gramsci, em torno às críticas da Segunda e Terceira Internacional, os conceitos de práxis, catarse e ideologia. Revela que a marca deixada pelos pensadores, no rigor do método marxista, permitiu-lhe defrontar-se com o novo, "sem temor", deslindado em sua totalidade, na insistente e perseverante "busca da verdade".

Sob outra angulação, é igualmente marcante a presença lukacsiana na crítica ao irracionalismo moderno, através do brilhante livro *O estruturalismo e a miséria da razão*. A célebre obra *A destruição da razão*, de Lúkács, inspira a *miséria da razão*, categoria criada por Coutinho, estabelecendo os nexos entre razão miserável e ideologia da segurança, constitutivas da "cultura burguesa e da sociedade comandada pelo capital", conforme a irretocável síntese apresentada por José Paulo Netto. Republicado em 2010, *O estruturalismo e a miséria da razão* não apenas aprofunda a crítica ontológica às bases do pensamento estruturalista, mas oferece elementos imprescindíveis à análise das correntes teórico-filosóficas, ideológicas e políticas posteriores reatualizadas nas abordagens pós-modernas. Netto reafirma a atualidade do texto, como "obra essencial, absolutamente indispensável para todos os que não capitulam em face da regressão ídeo-teórica que hoje impera nos círculos intelectuais da sociedade tardo-burguesa e campeia, quase sem limites, nos meios acadêmicos brasileiros".

E qual o significado de "valor universal" na obra de Coutinho? A resposta de Michael Löwy é objetiva: "a democracia não é unicamente um 'instrumento' útil para a luta do trabalhador no quadro da sociedade burguesa, mas um aspecto essencial do programa socialista". Retomando *A democracia como valor universal*, Löwy considera o polêmico ensaio como um *ponto de chegada* na dissociação de Coutinho com o socialismo real, mas igualmente um *ponto de partida* para reflexões posteriores sobre o Brasil, os eventos mundiais e a dominação do neoliberalismo. Frente a essa nova conjuntura, Carlos Nelson seguiu enfatizando que "não há socialismo sem democracia", completando, dialeticamente, seu argumento: "sem socialismo, não pode existir democracia autêntica".

A crítica corajosa e contundente de Carlos Nelson Coutinho em *O estruturalismo e a miséria da razão* e sua intensa e substantiva relação com o pensamento marxista são indissociáveis dos *longos anos 1960* ou a denominada "época de ouro do marxismo". E é justamente no contexto desse tempo histórico que Mavi Rodrigues situa a formação intelectual de Coutinho, mediante a incorporação e a divulgação de pensadores da grandeza de Lukács, Gramsci, Marcuse, Lefebvre, Sartre ou Goldman, evidenciando seu protagonismo na formação marxista brasileira e na defesa inconteste do socialismo. Para a autora, se as maiores esperanças revolucionárias encontradas na história das lutas sociais têm seu registro em dois eventos marcantes – os anos de 1848 e 1968, neles, relevaram-se, contraditoriamente, a "urgência da revolução socialista" e, também, o seu "retumbante fracasso". No balanço das perspectivas desses grandes eventos, Mavi Rodrigues traça com maestria os nexos estreitos entre ambos, alertando para os impasses e desafios na defesa do projeto socialista revolucionário em meio à indômita barbárie contemporânea.

A segunda parte da obra inicia-se com *Polêmicas em torno da via prussiana no Brasil*, de Antonio Carlos Mazzeo, para quem Carlos Nelson foi um dos mais importantes renovadores do marxismo brasileiro. As contribuições para a construção de uma "imagem alternativa do Brasil" e as vias "não clássicas" de transição ao capitalismo, realizadas por magníficos intelectuais como Nelson Werneck Sodré, Caio Padro Jr. e Florestan Fernandes, entre outros, foram foco do trabalho de Coutinho, especialmente em seu livro *Cultura e sociedade no Brasil*. Em um rigoroso percurso sócio-histórico, Mazzeo demarca a influência concreta daqueles pensadores na nova geração de intelectuais comunistas, dentre eles Coutinho, especialmente nas análises sobre a cultura brasileira. Se as reflexões de Coutinho absorvem claramente os conceitos desenvolvidos por Lukács e Gramsci, como os de "via prussiana" e de "revolução passiva", determinantes no diálogo com Caio Prado Jr., pontos de ruptura com as formulações caiopradeanas são levantados por Mazzeo em relação às interpretações da "particularidade histórica" e da "gênese do capitalismo brasileiro".

Marcelo Braz, em sua fina análise, retoma os temas da "questão democrática" e da "revolução brasileira", trazendo em cena o debate em torno das posições adotadas pelo Partido Comunista Brasileiro (PCB) após 1956 e nos anos posteriores ao golpe de 1964, demarcando os elementos aproximativos entre as pautas do partido e as ideias defendidas por Coutinho em 1979. Na interlocução com Coutinho, Braz lembra que a "questão democrática" também se constituía como estratégia central do PCB, não somente no enfrentamento da ditadura em fins da década de 1970, mas com raízes nas discussões pecebistas a partir de 1956/1958. Ao recuperar a riqueza desse processo histórico o autor situa o momento particular de retorno de Coutinho ao Brasil, após o *soggiorno* italiano, destacando sua contribuição às discussões do PCB acerca das possibilidades teóricas e políticas da "questão democrática" e sua centralidade na construção do socialismo.

Em seus anos de exílio em Bolonha, na década de 1970, Coutinho contribuiu assiduamente na análise da realidade brasileira nos Anos de Chumbo em artigos publicados no mensário comunista *Voz Operária*, "órgão central do Partido Comunista Brasileiro", sob o pseudônimo de Josimar Teixeira. Marcos Del Roio faz um contraponto entre as posições de Coutinho no período, inicialmente alinhadas ao PCB, e os rumos tomados posteriormente, sob influência da cultura política italiana, ou seja, do eurocomunismo. Debruçando-se sobre o ensaio *A democracia como valor universal* Del Roio fomenta o debate sobre a questão da democracia situada no terreno do universal ou do particular, as estratégias de "transição democrática" ou de "ruptura democrática", os percalços e as possibilidades na construção da hegemonia e a eliminação do Estado burguês.

A questão da democracia e a preocupação com os caminhos da transformação social são temas que perpassam os textos de Coutinho, "indissoluvelmente ligados ao caráter e ao desenvolvimento do Estado brasileiro". Em sua instigante reflexão, Mauro Iasi também dialoga e polemiza com Coutinho acerca da perspectiva teórico-política relativa à democracia como valor, às relações entre Estado e sociedade civil, à concepção de hegemonia na síntese de coerção e consenso, à estratégia do reformismo revolucionário e das formas de cooptação via "transformismo". Com sólida fundamentação, Iasi argumenta ser o fenômeno do "transformismo" a categoria gramsciana que mais ilumina as análises do Estado brasileiro, inclusive os rumos tomados pelo Partido dos Trabalhadores, conforme também o fez Coutinho em suas últimas produções.

Como enfrentar a profunda alienação que o capital e as classes dominantes brasileiras conseguiram impor pela miséria a uma grande parte da população? Como romper com a fragmentação e o corporativismo presentes nos movimentos sociais na atualidade? Como organizar a sociedade civil?

Essas são as indagações candentes de Milton Temer, um dos fundadores do Partido Socialismo e Liberdade (PSOL), juntamente com Carlos Nelson. Ao analisar o Brasil contemporâneo e as ilusões perdidas com os governos petistas, assevera Temer: a revolução é uma proposta de "ontem" e de "hoje" e a deflagração de um processo revolucionário tem como base a organização da sociedade civil. É esse, segundo o autor, o "campo da disputa", o terreno da luta de classes. Ao se contrapor à estratégia "insurrecional", na esteira de Coutinho, defende o socialismo como "resultado de um processo" e a via eleitoral como caminho para aprofundar mudanças qualitativas na realidade brasileira, com a presença imprescindível do partido político como organizador da vontade coletiva.

A formação marxista de Coutinho revela-se também no tempo presente, abarcando várias áreas do conhecimento, destacando-se a ímpar contribuição à análise da política educacional brasileira, como no âmbito do grupo de pesquisa Coletivo de Estudos de Política Educacional (Coletivo), coordenado por Lúcia Neves. As reflexões do autor em torno de seu compromisso com a atualização do marxismo, sua perspectiva humanista e historicista e sua filiação ao pensamento de Gramsci iluminaram as análises do grupo de pesquisadores no desvendamento de novas formas de construção da "pedagogia da hegemonia", nos consensos elaborados em torno das configurações atuais da ordem do capital, nos processos de exploração e dominação e em sua materialização nas práticas educacionais.

Na trilha de Lúcia Neves, podemos asseverar que os textos desta coletânea já nascem essenciais "à análise marxista de importantes problemas teóricos, políticos e culturais do presente, com especial atenção para sua repercussão na batalha das ideias que se trava hoje no Brasil". Permeado por ensaios ao mesmo tempo ricos e provocativos, temos aqui um extraordinário diálogo dos interlocutores mais próximos a Carlos Nelson, plasmado no respeito e no afeto, mas nem por isso leniente com o rigor da crítica, indispensável ao avanço do conhecimento. As elaborações teóricas de Coutinho continuarão, sem dúvida, a fomentar novos debates em torno de questões cruciais a serem enfrentadas na realidade contemporânea, do ponto de vista da economia, da política, da ideologia, da cultura e da continua e necessária luta pelo socialismo, fio que unifica e perpassa o horizonte das reflexões aqui apresentadas.

O livro que o leitor tem em mãos traz as marcas da dedicação, da paixão e do profundo reconhecimento da Escola de Serviço Social da UFRJ à obra e à memória de Carlos Nelson Coutinho. Concretizada pelo magnífico trabalho dos professores Marcelo Braz e Mavi Rodrigues, a obra mantém aceso o espírito revolucionário – "vermelho devagarinho, mas vermelho com conveniente pressa", na bela e iluminada metáfora de Louçã, essencial para "reinventar o socialismo, tornando-o adequado ao século XXI", pois "só ele nos poderá livrar da barbárie em que estamos cada vez mais envolvidos".

Ilha de Santa Catarina, 2015.

**IVETE SIMIONATTO**

PARTE I

# Marxismo, socialismo e democracia

# Coutinho: “filósofo democrático”[1]

GUIDO LIGUORI

É uma grande honra ser chamado para recordar Carlos Nelson Coutinho, e não me deterei no valor que esse caro amigo teve para mim, mas antes na sua importância como pensador, estudioso e mestre.

Limito-me então a falar nesta ocasião do intelectual, dando a esta acepção – como explicarei mais adiante – o significado muito amplo que dá ao termo Antonio Gramsci, com aquele nexo indissolúvel de reflexão e de ação, de cultura e política, que foi próprio também a Carlos Nelson, como a muitos militantes comunistas e marxistas, sobretudo aqueles que se filiam em primeiro lugar a Gramsci.

## I

Carlos Nelson Coutinho foi um pensador importante não apenas para seu país, o Brasil, mas também, sob vários pontos de vista, para nós italianos, haja vista as relações estreitíssimas que teve com a Itália. Foi igualmente um intelectual de relevo internacional para gramscianos do mundo todo, e ainda para aqueles – creio eu – que querem pensar a atualidade com as lentes de um marxismo não dogmático, voltado a captar a realidade contemporânea.

Encontrei-o – se me permitem uma breve recordação pessoal – pela primeira vez em 1985 na Itália, na cidade de Ferrara, onde uma organização

1 Tradução de Plínio Freire Gomes.

cultural local do Partido Comunista Italiano promovia um congresso internacional sobre *As transformações políticas da América Latina: a presença de Gramsci na cultura latino-americana*, com a participação, além do Presidente do Instituto Gramsci de Roma, Nicola Badaloni, de alguns dos mais importantes estudiosos provenientes da Argentina, do Brasil, do México. Nomes conhecidos como os de José Aricó, Juan Carlos Portantiero, Nestor García Canclini e, do Brasil, Carlos Nelson Coutinho e Marco Aurélio Nogueira. As comunicações daquele congresso foram publicadas em português, no Brasil, precisamente sob a coordenação de Carlos Nelson e de Marco Aurélio, com o título *Gramsci e a América Latina*.[2]

Após Ferrara, Carlos Nelson retornou a Itália por ocasião do congresso sobre *Gramsci no mundo*, que teve lugar em Formia em 1989, onde falou sobre "Gramsci no Brasil",[3] quando já era então considerado como o mais importante estudioso brasileiro de Gramsci. Naquela ocasião em Formia foi apresentada pela primeira vez publicamente a International Gramsci Society, fundada poucos meses antes.

Passados alguns anos, em 1997, um "ano gramsciano", ou seja um decenal (o 60°) da morte do comunista sardo, Coutinho voltou à Itália mais duas vezes, para outros tantos congressos, um em Cagliari, organizado pela Fundação Gramsci,[4] e o outro, em Nápoles, o primeiro congresso mundial da International Gramsci Society.[5] Vieram a Nápoles nessa última ocasião uma centena de estudiosos e "militantes" gramscianos provenientes de todo o mundo, muitos deles do Brasil. A International Gramsci Society elegeu então pela primeira vez sua coordenação internacional. Daquela primeira diretoria da IGS também fazia parte Carlos Nelson, representando não apenas o Brasil, mas toda a América Latina.

Alguns anos mais tarde, em 2001 (para o 110° ano do nascimento de Gramsci), Carlos Nelson e Andrea Teixeira organizaram no Rio de Janeiro o segundo

---

2 C. N. Coutinho, M. A. Nogueira (org.), *Gramsci e a América Latina*, São Paulo: Paz e Terra, 1985.

3 Cf. M. L. Righi (org.), *Gramsci nel mondo*, Roma: Fondazione Istituto Gramsci, 1995.

4 Cf. G. Vacca (org.), *Gramsci e il Novecento*, 2 vol., Roma: Carocci, 1999.

5 Cf. G. Baratta, G. Liguori (org.), *Gramsci da un secolo all'altro*, Roma, Editori Riuniti, 1999.

congresso mundial da International Gramsci Society,[6] que teve lugar na universidade de ambos, a UFRJ. Então também vieram ao congresso da associação gramsciana estudiosos de vários países que oportunizaram debates muito intensos e interessantes, com uma participação ampla e rica, como apenas no Brasil me ocorreu ver, com uma ótima organização – mérito, sobretudo, de Andrea.

Se quisermos compreender o caminho que levou à tradução para o português das obras de Gramsci, publicadas no Brasil entre 1999 e 2005 e organizadas por Coutinho com a colaboração de Luiz Sérgio e Marco Aurélio, devemos regressar a 1997, quando os três se reencontraram na Itália, em Nápoles, após alguns anos afastados e já tendo trilhado percursos parcialmente distintos. Trata-se da conhecida edição em dez volumes das obras de Gramsci da Civilização Brasileira, que reproduz uma ampla coletânea de escritos juvenis de Gramsci (em dois volumes), uma coletânea de suas cartas (também em dois volumes) e uma nova edição dos *Cadernos do Cárcere* em seis volumes. Coutinho é quem foi o idealizador de todo este trabalho editorial crítico-temático que se constituiu como uma referência na difusão do pensamento gramsciano no Brasil, sendo o primeiro em língua portuguesa feito com base na publicação italiana organizada por Valentino Gerratana – que foi objeto de muita discussão, uma vez que nem todos os textos dos *Cadernos* foram incluídos ali, pois faltavam os textos da primeira redação que sucessivamente foram reescritos por Gramsci.

De 1997 em diante se reforçaram muito as relações de Coutinho com a Itália, onde começou a ir quase todos os anos, para participar de congressos, seminários, conferências, para rever companheiros e amigos e comprar livros.

Em 2006, saiu pela editora milanesa Unicopli a tradução italiana do mais importante livro de Carlos Nelson sobre Gramsci, e talvez o mais importante de toda a sua produção: *Gramsci. Um estudo sobre seu pensamento político*, publicado na Itália com algumas poucas alterações sob o título *Il pensiero politico di Gramsci*.[7] Tratou-se, aliás, de um pequeno evento, até porque fazia

6 Cf. os atos em C. N. Coutinho, A. de Paula Teixeira (org.), *Ler Gramsci, entender a realidade*, Rio de Janeiro: Civilização Brasileira, 2003.

7 Carlos Nelson Coutinho, *Il pensiero politico di Gramsci*, Milano: Edizioni Unicopli, 2006. Versão revista e atualizada de *Gramsci. Um estudo sobre seu pensamento político*, Rio de Janeiro: Civilização Brasileira, 1999 (reeditada em 2003). Tradução do português por Ambra Pelliccia.

anos, talvez décadas, que não se traduzia em italiano um livro sobre Gramsci publicado no estrangeiro. Por ter sido a primeira após muito tempo, a publicação deste livro atesta o crescente prestígio internacional do seu autor.

Em 2007 – é o último dado de memória pessoal que invoco – Carlos Nelson esteve ainda entre os protagonistas do terceiro congresso mundial da IGS, realizado de forma itinerante na Sardenha – a terra de Gramsci –, entre Cagliari, Ghilarza e Ales, os lugares e cidades onde nasceu e cresceu.

## II

Se Coutinho na Itália é reconhecido como estudioso e intérprete de Gramsci, no Brasil seu reconhecimento vai além. Em seu país ficou conhecido também quer como filósofo político em geral, quer como intelectual protagonista da vida pública e do debate político, quer ainda como professor, educador e organizador a um só tempo da cultura e da política.

Para Gramsci o intelectual deve ser concebido em primeiro lugar como um *organizador*. Coutinho foi – de acordo com uma linguagem gramsciana – um "intelectual orgânico". Orgânico mais que a um partido, a uma classe; orgânico a toda a grande massa dos "subalternos" – outro conceito gramsciano que hoje tem vasta fortuna em todo mundo.

Carlos Nelson Coutinho foi de fato o mais eminente e famoso estudioso brasileiro de Gramsci e um dos mais importantes estudiosos de Gramsci no mundo. Todavia, foi mais que um *gramscista*, isto é, um estudioso de Gramsci, posto que buscou ser *gramsciano*, ou seja, procurou viver a sua presença pública, o seu engajamento cultural e político com *militância gramsciana*. Não apenas assumindo uma posição "num lado da trincheira", no campo progressista obviamente, mas também manifestando em todos seus aspectos e de modo constante aquele espírito militante, de engajamento político concreto, de um ponto de vista comunista sobre a realidade contemporânea e expressando sempre muita paixão e disponibilidade para com todas e todos aqueles que considerava serem companheiras e companheiros – expressão simples que apreciava muito.

O modo pelo qual Coutinho compreendia a palavra comunista tinha muito a ver também com a Itália, com a história, a cultura, a tradição do comunismo italiano.

Carlos Nelson estivera exilado na Europa, por motivos políticos, na segunda metade dos anos 1970, durante a vigência da ditadura militar no Brasil. Era então um "revolucionário profissional", trabalhava para o Partido Comunista Brasileiro, embora contasse já com uma notável presença no campo teórico - seja na crítica literária, o ponto de partida da sua atividade intelectual, seja em estudos marxistas (é célebre sua correspondência juvenil com Lukács e seus estudos sobre o próprio Lukács) e ainda em estudos gramscianos, tendo de resto participado da primeira tradução (temática obviamente) dos *Cadernos do Cárcere* no Brasil, nos anos 1960.

Quando chegou à Itália como exilado, transcorrendo mais de um ano e meio em Bolonha (entre 1976 e 1977), Carlos Nelson manteve-se um intelectual engajado na luta política. Porém creio não ser equivocado afirmar que aquela experiência italiana marcou profunda e indelevelmente não apenas seu trabalho intelectual (com um salto de qualidade no conhecimento da língua italiana, do marxismo italiano, de Gramsci), mas também sua concepção política. Esses dois aspectos de resto estão tão estreitamente ligados e indistinguíveis em Carlos Nelson que seria injusto e errôneo separá-los. De acordo com a sua acepção, a dimensão intelecutal e a práxis política formam uma única totalidade com apenas uma motivação e objetivo: a luta pela hegemonia, ou seja, um modo de entender a política como afirmação de *um novo senso comum*.

Não surpreende, portanto, que, no ano vivido em Bolonha, Coutinho tenha se interessado profundamente pela política e pelo Partido Comunista italianos. Era o tempo em que Enrico Berlinguer tornava sempre mais claros e explícitos os motivos de dissensão do Partido Comunista Italiano em relação aos comunistas soviéticos, em nome da inseparabilidade entre democracia e socialismo.[8]

Aderindo com entusiasmo as posições do Partido Comunista Italiano - elaboradas ao longo do tempo por Togliatti, Berlinguer e Pietro Ingrao -, se fez seu *tradutor* no sentido não apenas linguístico, mas sim no sentido amplo, cultural, que Gramsci deu a essa palavra. Assim sendo, Coutinho foi tradutor

---

8 Sobre Berlinguer o leitor pode conferir o meu texto *Berlinguer rivoluzionario. Il pensiero politico di un comunista democratico*, Roma: Carocci, 2014.

não apenas porque desempenhou, como todos sabem, uma intensa atividade editorial, vertendo para língua portuguesa muitas dezenas de livros, mas porque além disso procurou traduzir os ensinamentos do comunismo italiano para a realidade brasileira e publicou em 1979 um ensaio intitulado significativamente *A democracia como valor universal*.[9]

Tal ensaio conheceu ampla repercussão no Brasil e mais particularmente na América Latina. Nele, Coutinho indicava a via de uma luta por um socialismo que fosse inseparável da democracia, e assim a via de uma renovação profunda de seu partido, sobre a base da ideia do valor universal da democracia.

A batalha pela conquista da democracia no Brasil triunfou após poucos anos. Mas aquela da renovação do Partido Comunista Brasileiro, não, e Coutinho deixou seu partido, como também fizeram muitos dos amigos e companheiros que haviam compartilhado sua batalha, que explicitamente se pretendia e se dizia eurocomunista e gramsciana.

Carlos Nelson continuou por outras vias a sua luta política, sem nunca renegar as ideias pelas quais tinha lutado.

## III

Os aspectos claramente políticos da relação de Coutinho com a Itália e com o Partido Comunista Italiano, tratados anteriormente, são essenciais à compreensão da leitura peculiar de Gramsci feita por Coutinho. Tal peculiaridade reside em primeiro lugar em sublinhar a novidade do marxismo de Gramsci, identificado na necessidade da busca do *consenso*, que se acha no centro de toda elaboração de *Cadernos do cárcere*, e não apenas nele.

Tomemos, como exemplo, seu livro clássico *Gramsci. Um estudo sobre seu pensamento político*, mencionado anteriormente.

É um livro de grande valor. Aparentemente, trata-se de uma simples "introdução a Gramsci", mas na verdade vai bem além desse primeiro nível, fundamentalmente por dois motivos:

---

9 Publicado pela primeira vez em *Encontros com a Civilização Brasileira*, março de 1979.

1. em primeiro lugar, pelo conhecimento profundo do autor sobre a elaboração gramsciana: Coutinho é um conhecedor íntimo da biografia de Gramsci e um pensador que sabia unir história e teoria, como é preciso para compreender o comunista sardo, que jamais fora um intelectual acadêmico, mas um combatente, mesmo quando pensava e escrevia no cárcere;
2. em segundo lugar, o livro é importante pelas peculiares contribuições interpretativas, as peculiaridades hermenêuticas que nele se acham, específicas da leitura de Coutinho.

*Gramsci. Um estudo sobre seu pensamento político* não é um livro indulgente com seu objeto. Não são poucas as indicações que Coutinho dá sobre alguns limites de Gramsci, principalmente do jovem Gramsci, especialmente antes da Revolução Russa, mas também na temporada dos Conselhos de Fábrica.[10] Naqueles mesmos anos, todavia, segundo Coutinho – cuja atenção se dirigiu para colher os elementos ligados à sua batalha política, julgados fundamentais –, Gramsci afirmara com força, contra os dogmáticos do Partido Comunista Italiano, que o socialismo não pode de modo algum ser confundido com a ditadura de um partido. O socialismo é uma democracia que deve ter como sujeito real todos os subalternos, não apenas o partido (por mais nobre que esse seja) como um substituto deles.

Coutinho sublinha esse elemento, frequentemente negligenciado nos estudos gramscianos, porque seu Gramsci é, desde os anos dos Conselhos de Fábrica, tanto comunista quanto democrático, um Gramsci que antes é comunista exatamente porque é intrinsecamente democrático. E por democracia, no sentido de democracia política, devemos entendê-la como o respeito a participação na disputa pela hegemonia a quem pensa diversamente de lutar para conquistar o consenso, ainda que incorramos na simplificação de muitos aspectos de um conceito que estou cônscio, como o estava Carlos Nelson, que é duplamente complexo.

Em primeiro lugar, porque com frequência são os próprios adeptos da democracia, tal como ela é comumente entendida, os primeiros a ocultar a

---

10 Cf. C. N. Coutinho, *Il pensiero politico di Gramsci*, cit., p. 36.

importância das precondições da democracia mesma. A democracia torna-se uma palavra vazia se as distâncias econômicas, sociais e culturais entre as classes e entre os indivíduos são grandes demais.

Em segundo lugar, porque, no que tange a Gramsci, a plena conquista da consciência sobre a importância da democracia política é sem dúvida, mesmo para ele, uma conquista gradual e que, sob alguns aspectos, representa apenas o fundamento a partir do qual será compreendida a necessidade de conjugar democracia e socialismo na obra dos seus sucessores políticos (Togliatti e Berlinguer).

Coutinho anota com cuidado e sublinha os elementos constitutivos desse percurso gramsciano. Após os primeiros anos de vida do Partido Comunista Italiano, já em 1924 e 1925, Coutinho vê em Gramsci a afirmação de alguns elementos novos, que derivam em grande parte da experiência realizada na União Soviética e do contato com Lênin e com a Nova Política Econômica, a NEP. Elementos tais como a política de aliança e a classe operária como classe verdadeiramente nacional, que se põe a tarefa – por meio de seu partido – de resolver os problemas de grande parte da sociedade.

Mas, acima de tudo, Coutinho coloca na base da reflexão madura de Gramsci o fato de que "o problema da hegemonia, da conquista do consenso, se transforma já aqui no problema central da estratégia gramsciana de transição para o socialismo".[11] A conquista do consenso *antes* da conquista do poder é o elemento fundamental da teoria gramsciana no que diz respeito ao Ocidente capitalista. Mas, em Gramsci, Coutinho vê a necessidade de um poder baseado no consenso mesmo nas sociedades "de menor complexidade política",[12] também em sociedades que Gramsci chama *orientais*.

Sobre esse ponto, a posição de Coutinho é inequívoca: seu antistalinismo é radical. O forte sinal da carta gramsciana de 1926 ao grupo dirigente do PCUS, as páginas contra o poder stalinista, as passagens dos *Cadernos do cárcere* são tomadas como evidências de que Gramsci propunha um tipo de socialismo radicalmente diverso do praticado pela União Soviética dos anos 1930.[13] A grandeza de Gramsci – para Carlos Nelson – reside, principalmente,

---

[11] Idem, p. 63.

[12] Idem, p. 65.

[13] Idem, p. 65-67.

no fato de o autor dos *Cadernos* ter desobstruído a via para a redefinição do conceito de socialismo conjugado indissoluvelmente com democracia.

Isso não comporta uma atitude de negação da tradição marxista. Ao contrário, Coutinho sustenta – e é outro elemento de grande interesse – um método de continuidade/superação do patrimônio teórico da tradição marxista: "sem uma renovação dialética permanente – ele escreve –, que acompanhe e corresponda à evolução da realidade, o marxismo se transforma num conjunto de dogmas".[14]

É importante manter a própria atitude crítica em relação à realidade, manter os próprios ideais, mas alterando também a própria visão das coisas porque o mundo muda continuamente. Foi esse, segundo Carlos Nelson, o método usado por Lênin com relação a Marx, e por Gramsci com relação a Lênin, e é esse o método – afirma Coutinho – que devemos usar em relação a Gramsci.[15] Para interpretarmos uma realidade sempre em mutação, dado que – como sublinha Gramsci – tudo é história, tudo vem a ser, tudo se transforma, não devemos simplesmente repetir Marx, temos que ser capazes de usar o seu método.

Gramsci ainda nos auxilia atualmente na medida em que foi intérprete de um mundo que continua a ser sob muitos aspectos o nosso mundo. Mas também porque nos ensina um método (o mesmo do melhor marxismo) segundo o qual é necessário partir da realidade, e não apenas dos textos, dos livros. É necessário indagar a realidade histórica-social, que muda continuamente, e não considerar o marxismo como uma bíblia, como um conjunto de dogmas. Sem essa tensão, sem essa capacidade, o *sono dogmático* provocará, para os comunistas e a esquerda, derrotas desastrosas.

---

14 Idem, p. 73.

15 Idem, pp. 73-74.

# IV

Ao lado da importância da democracia e do antidogmatismo, outro fundamental elemento que Coutinho sublinha na leitura de Gramsci é o da *centralidade da política.*

A política para Coutinho reside no centro de todo o pensamento de Gramsci, não apenas na sua atividade prática. Isso deriva – escreve Coutinho – da afirmação do "papel criativo da práxis humana na história", da "sua percepção das 'relações de força' como elemento constitutivo do ser social".[16] O que leva Gramsci a examinar "todas as esferas do ser social partindo de sua relação com a política":[17] o que é particularmente vivo nessas páginas é a forte e declarada influência do Lukács de *Ontologia do ser social* também nos estudos de Carlos Nelson sobre Gramsci.

Ao chegar em Gramsci, de fato, Coutinho não traíra seu "primeiro amor", Lukács. Esse permanecia em seu arsenal conceitual, ainda que talvez não mais em posição central. E aquilo que restava não era o Lukács que Coutinho cultivara longamente, o dos grandes livros e dos ensaios dos anos 1930, 1940, 1950, mas um Lukács novo, descoberto havia pouco, precisamente o da *Ontologia.*

Voltando a Gramsci e à centralidade da política, "são frequentes ao longo dos *Cadernos* [*do cárcere*] – escreve Coutinho – as referências ao fato de que 'tudo é política', seja a filosofia, a história, a cultura ou até mesmo a práxis em geral".[18] Para Gramsci, em outras palavras, "todas as esferas do ser social são atravessadas pela política (...) todas contêm a política como elemento real ou potencial não eliminável".[19]

Mas a política, afirma Coutinho, é entendida por Gramsci numa dupla acepção: num sentido mais amplo e num sentido mais próprio e restrito. Se Gramsci é um eminente teórico da política entendida em sentido amplo como equivalente à práxis humana livre, ativa, como "catarse" (uma categoria

16 Idem, p. 75.

17 Ibidem.

18 Idem, pp. 75-76.

19 Idem, p. 76.

gramsciana), a política como é comumente entendida não é para Gramsci algo natural e eterno, e assim Gramsci é, por esse segundo aspecto, um "crítico da política", exatamente como Marx é um estudioso da economia, mas também e sobretudo um crítico da economia política.

Para Coutinho, Gramsci é um crítico da política na medida em que no rastro dos elitistas, em particular de Gaetano Mosca, reconhece como primeiro elemento da práxis política e das instituições políticas a distinção entre governados e governantes, entre dirigentes e dirigidos, mas introduz (em oposição a Mosca) o tema da luta pela superação dessa divisão e da possibilidade dessa superação. Assim sendo, para Gramsci – nos recorda Coutinho – essa distinção entre governantes e governados "nem sempre foi, nem sempre será" tal como a distinção da sociedade em classes.

Além disso, Coutinho demonstra como Gramsci – embora tenha dado muita importância ao elemento superestrutural – não "inverte a prioridade ontológica da estrutura em relação à superestrutura, do modo pelo qual essa prioridade foi estabelecida por Marx e Engels".[20] Coutinho em outras palavras reage com força à tentativa operada por Bobbio,[21] e com ele mais tarde por tantos outros, de ver em Gramsci um "teórico das superestruturas", separando-o e contrapondo-o desse modo a Marx. E reitera algo que com muita frequência, mesmo nos dias de hoje, tende-se a esquecer: que o primeiro nível da célebre análise gramsciana das "relações de força" é aquele "ligado à estrutura", portanto a ação política se desenrola sempre "no âmbito das determinações postas pela estrutura". O momento "da liberdade, da teleologia, do dever ser, da iniciativa do sujeito, em suma, da política – comenta Coutinho – não é criação absoluta, não opera no vazio, mas dentro de determinações econômico-objetivas" que limitam a liberdade.[22]

O conceito gramsciano de sociedade civil é consequentemente diverso daquele que nos é dado pela interpretação de Bobbio que, embora não coincida com a concepção da sociedade civil hoje prevalecente, a ela abre o caminho. Sem a referência fundamental à divisão de classes e à luta de classes

---

20 Idem, p. 82.

21 Cf. N. Bobbio, *La società civile in Gramsci* [1967-69], in Id., *Saggi su Gramsci*, Milano: Feltrinelli, 1990.

22 C. N. Coutinho, *Il pensiero politico di Gramsci*, cit., p. 84.

se prepara de fato o terreno para a visão atual de sociedade civil como oposta à sociedade política, uma visão própria da ideologia liberal que perde a referência aos sujeitos que são protagonistas tanto na esfera social como na esfera política, ainda que de maneiras diversas: as classes e suas expressões políticas. Esses sujeitos são para Gramsci os partidos, ainda que hoje estejam em crise ou, em minha opinião, numa profunda transformação de adaptação à realidade contemporânea, a qual precisamos atentamente considerar.

## V

Muito insiste Coutinho, justamente, sobre a articulação gramsciana da política às suas categorias principais, à luz das quais ele afirma poder-se interpretar tanto a história contemporânea, inclusive a história de seu Brasil, país que só recentemente se tornou "ocidental" – de acordo com a linguagem de Gramsci –, ou seja, uma formação econômico-social avançada, capitalisticamente moderna.

Carlos Nelson deixou-nos admiráveis exemplos da utilização de categorias gramscianas para compreender a história e a sociedade brasileiras. Demonstrou como categorias gramscianas – tais como a de hegemonia, de revolução passiva, de Estado ampliado, de nacional-popular – são válidas para além do tempo e do espaço que foram próprios a Gramsci.

Coutinho igualmente insiste sobre a concepção gramsciana de ideologia, mais uma vez próxima àquela de Lukács da *Ontologia do ser social*. Ele recorda que Gramsci não analisa a ideologia de um ponto de vista gnoseológico (a célebre contraposição entre "falsa consciência" e "consciência verdadeira"), mas ontológico: como uma força real, capaz de modificar a realidade. A ideologia é (como dizia Benedetto Croce) uma religião, uma concepção do mundo com uma ética conforme: tanto uma representação daquilo que é a realidade (porquanto uma representação parcial, limitada às vezes), quanto uma ideia daquilo que essa realidade deveria ser. Portanto, daquilo pelo qual vale a pena lutar.

Não posso deter-me sobre essas (e sobre outras) páginas fundamentais do marxismo de Coutinho como elas mereceriam. A sua polêmica em relação a Althusser, por exemplo, quando é acusado de enviesar e deformar Gramsci, com referência ao conceito de Estado ampliado e de hegemonia, e onde novamente Coutinho volta a insistir sobre o fato de que a ideia gramsciana de revolução é uma teoria da transição como processo baseado no consenso, é "uma proposta democrática, até mesmo contratualista, de formação da esfera pública".[23] Ou ainda a sua interpretação da relação Rousseau-Gramsci, na qual elabora uma leitura muito original de Rousseau.

Retornemos assim ao aspecto essencial do pensamento político de Carlos Nelson (não apenas de sua interpretação de Gramsci): a existência de um vínculo indissolúvel entre democracia e socialismo, entre democracia e comunismo, uma vez que sem democracia não há socialismo, e sem socialismo não há democracia.[24] Em *Contra a corrente – ensaios sobre democracia e socialismo*[25] encontramos uma definição também derivada do pensamento de Enrico Berlinguer: a democracia não é uma via ao socialismo, mas a via ao socialismo. Trata-se obviamente de uma crítica radical aos modelos autoritários de sociedades socialistas no século XX e também uma crítica radical às formas de democracia hoje prevalecentes.

Contra os limites dessa democracia prevalecente na atualidade Coutinho não cessou jamais de lutar. A sua proposta de um *reformismo revolucionário* (que a mim, italiano, lembra de perto as "reformas de estrutura" de que falava Palmiro Togliatti) contém a proposta forte de uma reivindicação pela democracia liberal-parlamentar, de uma abertura aos movimentos sociais, às massas, ao povo, ao vasto segmento dos subalternos, dos sem poder – o que na expressão de Togliatti corresponderia a uma "democracia progressiva".

Carlos Nelson sempre pensou nas massas dos subalternos como verdadeiras protagonistas da democracia e da luta pelo socialismo. A democracia que ele perseguia, que tinha como um fim, era uma democracia a ser construída com as lutas, uma democracia de massa, "incompatível com o capitalismo".[26]

---

23 Idem, p. 93.

24 C. N. Coutinho, *Democrazia e socialismo in Gramsci*, in G. Baratta, G. Liguori (orgs.), *Gramsci da un secolo all'altro*, cit., p. 56.

25 C.N. Coutinho, *Contra a corrente. Ensaios sobre democracia e socialismo*, São Paulo: Cortez Editora, 2000.

26 *Marxismo e política*, p. 78.

Por isso Coutinho foi aquilo que Gramsci chamava de um "filósofo democrático", um pensador que estabeleceu uma relação dialética com seu *ambiente*, com aqueles que quer educar e com quem aceita igualmente aprender. Quem quer que tenha conhecido Carlos Nelson sabe que ele possuía uma grande capacidade de ouvir, uma grande capacidade de interlocução. E também a vontade não apenas de interpretar o mundo, como fazem os filósofos tradicionais, mas também de transformá-lo. É também esse um fator, não o único, do grande vazio que deixou e da saudade que nos acompanha quando pensamos nele.

# Reforma, revolução e reformismo revolucionário[1]

FRANCISCO LOUÇÃ

Visando contribuir com a reflexão sobre a obra de Carlos Nelson Coutinho, farei uma abordagem crítica, em primeiro lugar, da posição política dele, a partir do seu texto de 1979 *A democracia como valor universal*. Em seguida, tratarei da sua posição filosófica. E por fim e em conclusão falarei do marxismo como humanismo.

*A democracia como valor universal* é um texto, da metade de uma vida que foi demasiado curta, escrito quando Carlos Nelson Coutinho tinha trinta e seis anos, sob influência do seu exílio europeu e do seu contato com o eurocomunismo, em particular, e também com outros partidos comunistas. Trata-se de um texto que foi, portanto, publicado dez anos antes da queda do Muro de Berlim e que resulta das suas viagens europeias e, principalmente, de uma reflexão filosófica e de um pensamento político mais próximo da tradição italiana, de Berlinguer e especialmente de Pietro Ingrao, do que de Marchais ou Carrillo, que faziam parte da tríade eurocomunista. A ideia da democracia como valor universal, com a qual, em linhas gerais, compartilho e que foi corajosa no momento, suscita, no entanto, uma perplexidade política que queria tratar rapidamente.

Carlos Nelson apresenta a ideia da democracia como valor universal a partir de dois argumentos. O primeiro argumento é que a democracia resultou da revolução: a democracia é o resultado da força da insurgência do Terceiro Estado na Revolução Francesa, mas desenvolveu-se dentro das sociedades

[1] Texto transcrito por Diogo F. Machado, a partir da conferência realizada no *Seminário internacional Carlos Nelson Coutinho e renovação do marxismo*, em novembro de 2013.

capitalistas, que foram amadurecendo e mudando. Resulta da Revolução e cresceu no capitalismo moderno. Isso o leva a um segundo argumento, que é o de que não pode haver socialismo sem democracia, frase forte em 1979, cujo significado é a crítica ao stalinismo e a uma tradição tão comum nas esquerdas de seu tempo. Mas, acrescentava ele, "a democracia plena, consolidada" não pode existir sem socialismo. O problema é que o diabo está nos adjetivos, e o que é uma democracia plena e consolidada não sabemos bem. Menos ainda sabemos se uma democracia ainda não "plena", mas já avançada, pode existir sem socialismo. Por isso, vale a pena discutir esses dois argumentos.

Quando mais recentemente, no livro *Contra a corrente*, em 2000, Carlos Nelson, retomando a reflexão sobre seu texto de 1979, escreveu que "um novo patamar do processo de democratização", não a democracia, mas o "processo de democratização", a caminho de uma democracia plena e consolidada, "não requer, não exige, a condição prévia da tomada de poder pelos trabalhadores"[2], ele para tanto invocou a favor desse argumento a ideia de Gramsci de que no capitalismo, na sociedade burguesa, podem crescer instituições democráticas como sindicatos e partidos, que chamamos hoje de forças contra-hegemônicas. Essa premissa, que é inteiramente verdadeira, mas cuja conclusão é duvidosa, baseava-se numa primeira interpretação da antinomia gramsciana entre Estado-sociedade política, por um lado, e sociedade civil, por outro.

Carlos Nelson afirmava que podem crescer instituições democráticas que permitam novos patamares do processo de democratização, mas acrescentava, utilizando outra vez os adjetivos, que "no entanto, um desenvolvimento superior" só é possível se a dominação burguesa do Estado for destruída, e que, portanto, a realização da soberania popular exige a sociedade sem classes[3]. De tudo isso, Carlos Nelson Coutinho tirava a conclusão, que ele reafirma nesse livro de 2000, do seu compromisso com o que chamou – correndo o risco da contaminação da ideia, porque outros já o tinham feito – de *reformismo revolucionário*.

O reformismo revolucionário é uma coisa estranha, é um animal estranho, porque se refere simultaneamente ao meio e ao fim, ao processo

---

2 C. N. Coutinho. *Contra a corrente*. São Paulo: Cortez, 2000; 2ª edição ampliada em 2008, p. 24.

3 Idem.

e ao objetivo, e a uma contradição ou paradoxo. E se para entender, não tanto o que ele é, porque o que ele é só se saberá quando ele for, perguntarmos o que ele quer, o que ele muda, como muda e para que muda, a resposta é difícil. Responde Carlos Nelson Coutinho que se trata de aprofundar a democracia, o "processo de democratização", e depois superar o capitalismo, dois passos distintos, mas no mesmo caminho. Outra observação que Carlos Nelson Coutinho não objetaria, até mesmo porque gostaria de ser discutido e criticado, é que o paradoxo se acentua quando ele, no meio desse livro, sugere que uma estratégia possível poderia ser a de superar o antagonismo entre a social-democracia e o comunismo histórico. E até sugere mais, em 2000 – já com Tony Blair! –, que o limite da social-democracia seria não compreender que a burocracia do Estado não é neutra, quer dizer, a social-democracia, de algum modo, faz parte da classe dominante.

A pergunta que resulta das observações feitas até aqui sobre a posição política de Carlos Nelson Coutinho é esta: isso não é um paradoxo? Isso traz alguma luz? Porque se a ideia de superar esse antagonismo com a social democracia, uma ideia muito eurocomunista, é uma visão da política, então seria para ele, sim, a estratégia adequada. Ora, o capitalismo tardio, o capitalismo moderno, aquele que ele percebeu antes de tantos outros, tem recursos de coerção, de consentimento e de força que uma estratégia desse tipo não suporta e contra os quais não é eficaz. Será então essa a dificuldade de Carlos Nelson Coutinho.

Sugiro, então, uma resposta que radica na força da filosofia política do Carlos Nelson. O seu genuíno conhecimento do marxismo é a sua resposta a essa dificuldade do seu próprio pensamento político. E passo então ao segundo ponto.

Carlos Nelson Coutinho teve um breve contato com Sartre, autor cujo existencialismo o ajudou a perceber Kafka e, portanto, a criticar o seu mestre Lukács – quando se correspondeu com Lukács, através de seu amigo Leandro Konder, era ainda muito jovem. O livro de Lukács foi publicado no Brasil em 1969, e Carlos Nelson o prefacia em 1968, quando tinha vinte e seis anos. Nesse prefácio critica o seu mestre a propósito do livro *Realismo crítico hoje*, uma das publicações mais polêmicas de Lukács[4], mas é também uma

[4] G. Lukács. *Realismo crítico hoje*. Brasília: Coordenada, 1969.

das mais dramáticas, porque foi escrita em 1957 e lançada na Itália, quando Lukács não podia publicar no seu próprio país. Um ano antes, a insurreição húngara tinha sido destroçada pelos tanques soviéticos. O tema do debate entre Coutinho e Lukács era sobre a apreciação do Kafka e do Proust, sobretudo do Kafka. Escreveu Lukács nesse livro: "Kafka representa a predição, o desespero, a angústia, fatores essenciais que atribuem subjetivamente os comportamentos correspondentes"[5] à decadência da literatura. Contra o qual Coutinho sustenta que "Kafka e Proust, o Kafka porque é atacado e o Proust porque é omisso, não podem ser confundidos com o anti-humanismo de alguma experimentação formalista de outra parte da literatura" e reivindica um humanismo vigoroso que aprende com esses autores. Vai nessa direção a sua frase sobre o Kafka, "um humanismo vigoroso": é o encontro do ser humano, do homem ou da mulher, na sua angústia e na opressão.

Portanto, fica a questão: quem responde pela desumanização, quem responde contra a desumanização? Responde a democracia, porque a cultura é essa democracia, e responde o socialismo, porque o socialismo é uma estratégia para a democracia e para a cultura. E por isso a importância do Gramsci também. No livro que citei, *Contra a corrente*, Carlos Nelson utiliza surpreendentemente uma segunda interpretação da antinomia Estado-sociedade política e sociedade civil do Gramsci. As duas são contraditórias, ou é uma ou é outra. Nessa segunda visão o Estado conhece uma ampliação, que é um processo objetivo, tão objetivo quanto o desenvolvimento das forças produtivas no capitalismo vigente, e essa ampliação do Estado inclui na força do Estado a coerção e o consentimento. Ora, mas se é assim, as instituições da sociedade civil, que eram a base para uma disputa democrática dentro do Estado, são elas próprias absorvidas pelo Estado, e o Estado torna-se mais forte na coerção porque é capaz de impor consentimento. Aqui está a razão da importância da reflexão do Carlos Nelson sobre o *transformismo*, que na verdade é um argumento antieurocomunista e contrário à aproximação entre comunismo e social democracia, porque isso é precisamente o sentido do conceito *transformismo*.

O *transformismo* é a aceitação da ampliação do Estado, é a desistência da potência democrática de uma sociedade civil autônoma, é, portanto,

5 Idem.

uma estratégia sem objetivo de mudança. E o transformismo é a expressão do fracasso do reformismo, que mesmo que denominado "revolucionário", falhou no dia em que se tornou parte da opressão e da legitimação da acumulação do capital. E, portanto, a agência política que lidera o transformismo, sob a forma de um partido, e a política que ela representa, são desistentes de uma proposta de esquerda.

Temos então um paradoxo político, uma estratégia sem horizonte, e a resposta do Carlos Nelson é a radicalidade da filosofia, o compromisso de uma filosofia de transformação que é um marxismo democrático, porque é humanista e porque é revolucionário. É como se Carlos Nelson se corrigisse e se interrogasse a si próprio. E a compreensão dessa força da resposta à ampliação do Estado, ao Estado tentacular, que coloniza a sociedade civil, absorve as suas instituições, cala o consentimento, é mais uma vez a filosofia. Olhemos então para um livro extraordinário de 1972, *O estruturalismo e a miséria da razão*. O prefácio é entregue ao editor quando o autor tem 28 anos, um exemplo e estímulo ao trabalho dos que são mais jovens e estão nesta sala. Entre seus vinte e seis e vinte oito anos, Carlos Nelson já tinha discutido com seu mestre e publicado livros notáveis, que nós hoje ainda lemos porque precisamos aprender com eles.

Qual é a força desse livro? Podemos agarrar o seu significado atual, a crítica ao pós-modernismo, à ideia do efêmero, da retórica como comunicação, do desmembramento do sujeito, da colagem e do pastiche como forma de construção da cultura, da autorreferencialidade do sujeito esvaziado – em tudo isso a crítica atual mantém-se pela energia que tem. Mas há uma reflexão mais funda que queria propor porque é um tema do livro, e acho importante repensá-lo, que é a natureza do anti-humanismo, ou seja, sobre o que o anti-humanismo não consegue ver nos seres humanos. E, para isso, é fundamental a sua crítica de Foucault, em particular quanto a algumas das primeiras obras de Foucault.

Em Foucault, ou nesse Foucault que o Carlos Nelson discute, não há sujeito, porque o sujeito é totalmente manipulado, ou seja, fica vazio. E essa é a miséria da razão. Mas a ideia de manipulação de todas as formas de vida é uma ideia do Maio de 68 e é uma ideia de outros autores, mesmo quando não olham para o sujeito como Foucault. É também uma ideia de Marcuse (o homem unidimensional) e até, em certa medida, é uma ideia dos filósofos da totalidade como Lukács, quando argumenta que o próprio consumo no capitalismo tardio é vivido de todas as formas como uma cultura do consentimento. A força dessa rede, da expansão do capitalismo ou do seu Estado, consiste em esvaziar e manipular todas as formas de vida. E por isso, ser "profeta da era bárbara", um termo de Foucault, pode sugerir um niilismo nietzschiano perante a barbaridade, mas pode ser também a apreciação de que a barbaridade, para ser bárbara, nem sempre precisa ser bárbara, basta ser envolvente e consensual.

Ora, a essa perplexidade Foucault respondia da forma mais confusa (e que mais crítica suscitava de um marxista de formação sólida, como Carlos Nelson), sugerindo a noção de *biopoder* ou de poder sem sujeito, como base de um discurso sobre as práticas sociais de dominação, que resumiu na sua *História da sexualidade*: "o poder está em toda parte porque provém de todos os lugares", o que parece ser totalmente verdadeiro e totalmente falso.

Essa noção pode conduzir a extremos tão paralisantes como no caso de Toni Negri, que, no ano do ataque ao Iraque, podia escrever que o Império não tem centro e não tem direção, como se não soubesse no dia do início do bombardeio que havia um centro e que havia uma direção. Mas o interessante dessa polêmica não é só o que está escrito, porque o que está escrito, escrito ficou, é o avesso, o tema inverso do de Foucault: o humanismo radical e revolucionário deve perceber o que não preocupava Foucault, que é justamente o que é a organização da estrutura do poder. Sem compreender o poder não há uma estratégia para expropriar o poder.

Num samba famoso, *Dia de Graça*, que conheci num livro que Marcelo Braz[6] acabou de editar, Candeia cantava: "Mas depois da ilusão, coitado/Negro volta ao humilde barracão". Mas e se o tempo da ilusão não for só o dia de Carnaval? E se ao voltar ao barracão, a ilusão estiver também dentro do humilde barracão? E se a ilusão for a forma de organizar o consentimento em todas as dimensões possíveis? Essa é a crítica do Lefebvre a Foucault, por exemplo: ele ignora o conflito, idealiza o conflito, porque o seu pós-estruturalismo se baseia na ideia de que há um poder da linguagem, um código e uma disciplina que por si só organizam, ou que, como escreve José Paulo Netto, "a ubiquidade do poder

---

6 Braz, M. (org.) *Samba, cultura e sociedade: sambistas e trabalhadores entre a questão social e a questão cultural no Brasil*. São Paulo: Expressão Popular, 2013. Coleção Arte e Sociedade.

esconde o poder da ubiquidade". Ora, não estar em nenhum lado ou presumir estar em todo lado esconde o lugar exato onde está o poder. Assim, para essa reflexão não é tão importante como Foucault, ele próprio, mudou ao passar a admitir, em obras posteriores, o regresso ao sujeito, considerando o recalcamento, a estética da amizade, a ética. O que nos faz falta é uma análise do poder que não se limite a descrever o poder das instituições fechadas sobre si mesmas, que são espaços de comunicação que não comunicam – sejam prisões, escolas, ou a disciplina e o tempo que elas organizam. Precisamos compreender o poder na sua relação social de dominação, isto é, como acumulação, como reprodução, como máquina, como figuração.

No contexto original do Foucault das primeiras obras, a ação é vigiar e punir. O normal é o princípio da coerção. Ora, e se o normal não for só o princípio da coerção? E se o normal for vigiar sendo vigiado? E se o normal for punir mesmo quando não há punição? E se o normal for punir as escolhas, vigiando as escolhas? Não só nos corpos, mas na sociabilidade? Se o normal for que a ilusão está também dentro do barracão? Assim, a naturalização do consentimento é a força de uma sociedade burguesa que recorre à repressão, no Brasil como em Portugal, pois o século XX foi o século das ditaduras, e não nos venham falar que não há repressão. Mas recorre também, e de que forma, a máquinas de produção do senso comum, a máquinas que produzem a ilusão no barracão, nas praças, nas televisões, nas universidades, em todo o espaço público. E notem as palavras que colonizam a nossa vida – resgate, ajustamento, mercados, progresso, desenvolvimento, competitividade, até a palavra solidariedade, apropriada pela lógica mercantil –, como elas disputam a nossa imaginação e o senso comum.

A desumanização profunda, porque retira o conflito e se torna refrão da unanimidade, o desencantamento, a ilusão embutida como forma de consentimento, são as normas do espaço público burguês. E, portanto, a estratégia para o processo de democratização – onde encontramos Sartre, Lukács, Gramsci ou Carlos Nelson Coutinho – baseia-se na apreciação de que o tempo que organiza é o tempo social de dominação. No trabalho é o tempo serial, o tempo disciplinar da produção capitalista, mas na sociedade é também o tempo disciplinar do espaço público burguês, do lazer, da vida colonizada, da ilusão do Carnaval. É, portanto, um tempo de consentimento e de hegemonia. Ora, se esse processo é impulsionado pela extensão do Estado ou mesmo pela extensão da sociedade civil como forma de poder de Estado, e assim pela naturalização da opressão, então é preciso uma estratégia, é preciso retomar o primado da política emancipatória. E volto ao princípio do Carlos Nelson Coutinho, é preciso estratégia porque a democracia tem que ser uma estratégia.

Como o Carlos Nelson sabia, essa estratégia era, para Gramsci, a forma da concentração da vontade, o partido, uma expressão moderna de Maquiavel, que tem fama tão ruim, mas que representa a concentração da vontade que um partido lutador tem de ser. Ao estudar Lukács e os paradoxos da formação da consciência de classe para si, Carlos Nelson estava atento aos movimentos, mas não deixava nunca de sublinhar que é preciso um partido para a emancipação. Um partido de cultura política, de convergência política para a emancipação.

Alguém lembrava que no marxismo latino-americano, Mariátegui escreveu, todos sabem, que "nenhum marxismo vencerá na América Latina", digamos do lado sul do Equador, "se for uma cópia de outros marxismos ou de outras doutrinas". Precisa de criação heroica. Heroicidade em quê? Para quê? Heroicidade porque é criação. O simples fato de ser criação é heroico em si mesmo. Porque a disputa da naturalização da opressão é o confronto contra o consentimento.

Para sublinhar esse confronto contra o consentimento, que é a história da vida do nosso homenageado, quero concluir com umas palavras sobre esse homem. Vocês o conheceram, quase todos, muito melhor do que eu. Sabem que o humanismo revolucionário do Carlos Nelson Coutinho é a chave de toda sua obra.

Há poucos meses atrás, um jovem escritor angolano, Ondjaki, publicou um livro, e Carlos Nelson gostaria dele. É um livro fortemente realista que se chama *Os transparentes*.[7] É a história das famílias que vivem em Luanda, num prédio, com a vida sacrificada que é naquela cidade. No fim do livro, a riqueza do país, o petróleo, explode num incêndio gigantesco. E um dos habitantes do prédio, um velho, cego, pergunta ao neto: "Qual a cor do incêndio que vê aí?". O neto não responde. Ele volta a perguntar: "Qual a cor do incêndio que

---

7 São Paulo: Cia das Letras, 2013.

está aí?". E ele não responde. E volta a perguntar: "Qual a cor do incêndio que vê aí?". E o neto diz-lhe: "É vermelho devagarinho. Não será por 'conveniente pressa' porque é uma explosão".

Isso me lembra a vida desse homem que procurou com "conveniente pressa" a revolução que queria. Carlos Nelson Coutinho, devagarinho, de vermelho devagarinho, não porque não tinha pressa, porque há uma paciência impaciente em toda essa geração da qual ele foi um dos melhores. Ele saberá onde estão os incêndios, viveu tanto, viveu tão pouco, mas queria viver as mudanças que ansiava, apagar e acender, heroica criação. Mas há nessa resposta, vermelho devagarinho, uma convicção, um partido, uma batalha, uma causa, um programa, uma abertura, uma vontade, uma curiosidade, um compromisso, e tudo isso se chama humanismo. O humanismo é uma estratégia de emancipação porque é uma ação. É a humanidade toda de um vermelho devagarinho.

O Carlos Nelson Coutinho soube sempre por onde começar, e aqueles que polemizaram com ele ou aqueles que foram seus alunos talvez pudessem por um momento até fechar os olhos e lembrar-se do vermelho devagarinho, desse fogo que arde sem se ver do Carlos Nelson Coutinho, paixão e razão, porque era humanismo. O que ele sabia, e que nós ficamos a saber com ele, é que o marxismo só é revolucionário se for humanismo. O Carlos Nelson Coutinho, que homenageamos, era um humanista e, por isso, um revolucionário, vermelho devagarinho, mas vermelho com conveniente pressa.

# Carlos Nelson Coutinho: interlocutor e intérprete de Lukács[1]

ANTONINO INFRANCA

A fortuna de Lukács no Brasil está ligada ao nome de Coutinho, como ao de outros intelectuais brasileiros, e provavelmente em todo o mundo apenas o italiano Cesare Cases teve um papel análogo ao de Coutinho na difusão de Lukács dentro dos limites da própria cultura nacional. Mas o caso de Coutinho supera o de Cases em diversos aspectos: antes de mais nada, pela coerência com a qual ele permaneceu sempre lukacsiano até a morte, ao passo que Cases (como tantos outros lukacsianos no mundo, por exemplo a assim chamada "Escola de Budapeste") abandonou as ideias do filósofo húngaro, como também pelo uso crítico que Coutinho fez das concepções lukacsianas, enquanto Cases passou diretamente da fidelidade ao estranhamento, quando as abandonou. Coutinho dá a impressão de ter sido um intelectual original e autêntico, bem mais que Cases.

Naturalmente em seu longo aprendizado lukacsiano as posições de Coutinho ante o mestre húngaro não foram sempre as mesmas, indo do fascínio, que teve em idade juvenil, até a mais crítica e desapegada abordagem às concepções lukacsianas da maturidade. O fascínio juvenil modificou-se em abordagem crítica também porque Coutinho, após a abordagem inicial da obra de Lukács, aproximou-se das ideias de Antonio Gramsci, outro grande ponto de referência do seu pensamento. Na sua invejável capacidade de auto-julgamento, Coutinho reconheceu que "o uso de categorias gramscianas se acentua nos ensaios mais recentes, matizando e requalificando a ortodoxia

[1] Texto traduzido por Plínio Freire Gomes.

lukacsiana facilmente perceptível nos mais antigos".[2] Essa afirmação data do ano 2000, quando Coutinho republicou os ensaios dos anos 1960, portanto a partir de uma perspectiva mais madura em relação à juvenil ortodoxia lukacsiana. Porém, em 2000, algumas categorias lukacsianas são empregadas ao lado de outras gramscianas, como "via prussiana" e "revolução passiva", formando uma simbiose que no momento de preparação dos ensaios, nos anos 1960, não eram absolutamente simbióticas.

Gostaria de chamar a atenção do leitor precisamente para a categoria de "via prussiana". Coutinho a retoma de Lukács, que por sua vez a retomava de Lênin. Lukács a utilizou no ensaio *Über Preussentum*, publicado na coletânea intitulada *Schicksalwende* (A virada do destino), de 1948, vale dizer no início da stalinização da Hungria, onde retornara para viver, após o período moscovita da sua vida. Mas Coutinho a retoma a partir de *A destruição da razão*, publicada em 1954, ou seja, após a morte de Stálin. Por "via prussiana" , Lênin e em seguida Lukács entendiam e o modelo de modernização dos países da Europa centro-oriental idêntico ao adotado pela Prússia, isto é, uma "revolução passiva", que desencadeada pelo Estado passava-se de cima para baixo, da aristocracia aos estratos mais pobres da sociedade civil. O fator caracterizante da "via prussiana" era a função da aristocracia prussiana, que fornecia os quadros da alta administração do Estado e do alto oficialato do exército, colaborando assim com a monarquia no processo de modernização da sociedade civil. Na realidade, na Rússia ou na Escandinávia, esse modelo não foi realizado, porque a aristocracia se opôs à monarquia, ao passo que em certos países a alta burguesia se aliou com a monarquia em função da sua posição antiaristocrática.

No Brasil, inexistiam as condições típicas da sociedade civil centro-oriental europeia, vale dizer a estrutura sócio-econômica feudal, com a servidão da gleba. Existia sim a escravidão, sendo que a aristocracia era praticamente ausente. Adotar esse modelo interpretativo da modernização seria abusar da própria categoria lukacsiana. Coutinho chega a cometer um abuso parcial, porque utiliza "via prussiana" junto com "revolução

2 C. N. Coutinho, "Prefácio" a *Cultura e sociedade no Brasil. Ensaios sobre ideias e formas*, Rio de Janeiro: DePA, 2000, p. 9.

passiva",[3] que é notoriamente uma categoria gramsciana. O fato de que "via prussiana" seja empregada junto com "revolução passiva" deve induzir a pensar que Coutinho, por "via prussiana", quisesse usar uma alegoria e não visasse aplicar um modelo a uma realidade social tão estranha à europeia como a brasileira – uma pura alegoria desprovida de um conteúdo histórico. Caso contrário, a aplicação do modelo da "via prussiana" teria sido um juízo determinante à maneira kantiana, que era substancialmente incôngruo para a realidade social e histórica do Brasil. Essa interpretação do uso do conceito de "via prussiana" por parte de Coutinho é uma afirmação referida em nota de pé de página do ensaio ora citado: "análogo ao conceito gramsciano de 'revolução passiva' (ou 'revolução restauração', ou 'revolução pelo alto'), com o qual Gramsci pretende sintetizar a ausência de participação popular e o tipo de modernização conservadora que foram próprios do caminho italiano para o capitalismo".[4] Além disso, em outra passagem, a "via prussiana" vira um advérbio: "O Brasil se modernizou 'pelo alto' prussianamente, passivamente",[5] querendo dizer que se tratava precisamente de uma alegoria, de uma modalidade. Provavelmente Lênin, ao contrário, aplicava o modelo prussiano ao interpretar o atraso da sociedade russa; e por essa razão Lukács retomava a "via prussiana" de Lênin. Coutinho utilizava a "via prussiana" à maneira de Lukács para indicar alegoricamente o atraso do Brasil em relação aos processos de modernização capitalista, mas os conteúdos históricos do atraso brasileiro não eram transferíveis *in toto* da Prússia oitocentista.

---

3 Cf. Id., *Cultura e sociedade no Brasil*, cit., p. 50. No ano 2000, em uma entrevista, confirma a precisão do uso da "via prussiana" para explicar a história da sociedade civil brasileira: "O conceito de 'via prussiana' (...) é um conceito que me parece extremamente operatório para pensar, entre outros, o caso brasileiro" (Cfr. "Conversa com um marxista convicto e confesso", entrevista de M. Nobre e J. M. Rego a C. N. Coutinho, in *Carlos Nelson Coutinho e a renovação do marxismo no Brasil*, organizado por M. Braz, São Paulo: Expressão Popular, 2012, p. 418). Em 2004, sobre o mesmo argumento, Coutinho fala apenas de "revolução passiva", e não mais de "via prussiana", cf. "Intelectuais, luta política e hegemonia", entrevista publicada em livro organizado por D. de Moraes, *Combates e utopias: os intelectuais num mundo em crise*. Rio de Janeiro: Record, 2004, e republicada pela Revista *Praia Vermelha*, vol. 22, nº. 2, janeiro-junho de 2013, pp. 87-100.

4 *Idem*, nota 5, p. 51.

5 C. N. Coutinho, *Intervenções*, São Paulo: Cortez, 2006, p. 148.

Não resta dúvida, porém, que Coutinho transforma o conceito lukacsiano de "via prussiana" numa autêntica categoria, porque o usa para analisar e julgar o papel dos intelectuais na sociedade brasileira e, sobretudo, a falta de capacidade crítica desses em relação ao processo de modernização do Brasil e de sua subordinação ao capitalismo norte-americano e europeu. Coutinho considera os intelectuais brasileiros da cultura alto burguesa como refugiados no "intimismo à sombra do poder", isto é, conscientes da própria condição de classe e, ao mesmo tempo, indiferentes diante das contradições da situação social na qual vivem, propensos inclusive à "apologia indireta do existente".[6] O "intimismo à sombra do poder" é uma frase retomada de Lukács, que, por sua vez, a retoma de Thomas Mann e que exprime muito significativamente o consenso, em alguns casos ativo, como em Wagner, dos intelectuais alemães em relação ao projeto hegemônico da Alemanha guilhermiana sobre a sociedade europeia de fins do século XIX. Os intelectuais brasileiros, aos quais Coutinho aplica esta concepção lukacsiana, eram, ao contrário, conscientes em relação à estrutura social e econômica do incipiente capitalismo brasileiro da primeira metade do século XX. Também nesse caso Coutinho transforma uma concepção lukacsiana numa categoria de análise e de juízo do Brasil contemporâneo. Comparado à "via prussiana", porém, o "intimismo à sombra do poder" atinge melhor o alvo, porque o intimismo é uma atitude típica dos intelectuais nos momentos de crise, seja de crescimento como de decrescimento social. Assim, quando uma sociedade civil se encontra em fase de crescimento, os intelectuais mostram seu consenso sem, todavia, tecerem análises das contradições postas pelo crescimento, como por exemplo Flaubert, enquanto que na fase de decrescimento se declaram abertamente pelo intimismo, por exemplo Proust, sem levarem em conta as consequências sociais de tal decrescimento.

O intimismo é uma atitude da cultura da burguesia, que no Brasil, entre os anos 1960 e 80, era extremamente restrita, de uma pequeníssima, ainda que dominante, minoria. A grande maioria dos brasileiros era portadora de uma cultura nacional-popular, para dizer à la Gramsci, e, diante desta cultura

---

[6] C. N. Coutinho, *Cultura e sociedade no Brasil*, cit., p. 55. Eduardo Granja Coutinho ressaltou que a "via prussiana" recebeu vários usos por parte de C. N. Coutinho (cf. *Carlos Nelson Coutinho e a renovação do marxismo no Brasil*, cit. p. 326).

de massa, Lukács não oferecia concepções adequadas para a sua análise e julgamento. Coutinho retomou de Lukács a concepção do realismo crítico, mas dessa vez para analisar o nacional-popular, isto é, em simbiose com uma categoria de origem gramsciana, enquanto Lukács usava o realismo crítico para indicar qual escritor foi capaz de captar as contradições da sociedade capitalista. "O método do *realismo crítico* (na acepção que Lukács dá a esse conceito) *unifica na diversidade* as várias expressões concretas no terreno estético. Essa ideia da unidade do nacional-popular, porém, não deve levar de nenhum modo à negação do seu radical pluralismo"[7]. Nota-se a necessidade de Coutinho em anunciar que ele não pretende reduzir à unidade o nacional-popular brasileiro, que é muito diversificado por natureza, e assim vê-se obrigado a confessar de certo modo que está utilizando de forma alegórica as categorias lukacsianas e gramscianas. A realidade brasileira escapa a uma utilização mecânica daquelas categorias. De fato, é necessária uma compreensão dialética da realidade brasileira a partir de categorias genéricas como "via prussiana", "intimismo à sombra do poder", "realismo crítico", categorias lukacsianas empregadas por Coutinho como indicações em linha de máxima abstração para uma primeira análise da sociedade civil brasileira e do papel dos intelectuais em seu seio. Análise esta à qual foi levado a partir do estudo do pensamento de Lukács, onde apreendeu a importância da tradição.[8]

Coutinho, na sua análise, porém, não está ditando aos escritores cânones estéticos a serem aplicados à realidade brasileira. Está sugerindo aos críticos literários categorias de juízo. Para ele, "não há assim normas a priori para a arte de inspiração nacional-popular: é *direito* e *dever* de cada artista exercer a máxima liberdade de criação, no sentido de encontrar o seu modo peculiar e próprio de ampliar e de aprofundar as leis estéticas do gênero do qual trabalha".[9] Tudo isso também porque o nacional-popular brasileiro transborda de qualquer limitação em cânones estéticos pré-fixados e frequentemente não adaptados à sua peculiar natureza, que a cultura europeia não consegue captar. Coutinho fala de "vitória do realismo", outra concepção lukacsiana,

---

7 *Idem*, p. 63.

8 Como indica justamente Celso Frederico, "'Figuras de exceção': dois momentos de Carlos Nelson Coutinho", in *Carlos Nelson Coutinho e a renovação do marxismo no Brasil*, cit., p. 89.

9 C. N. Coutinho, *Cultura e sociedade no Brasil*, cit., p. 63.

mas de derivação engelsiana, quando pretende indicar um autor que exprime realisticamente o nacional-popular, que impôs àquele autor sua natureza diversificada, tumultuosa e mutável.

Coutinho usa Gramsci e Lukács, suas referências teóricas, como complementares, ainda que atribua a Lukács a função de referência filosófica-literária e a Gramsci a de referência política.[10] Em um ensaio do último período de sua vida,[11] empreendeu uma possível análise comparativa entre os dois pensadores, análise tentada muito raramente por outros na imensa bibliografia dos dois intelectuais. Coutinho sublinha a afinidade idealística nas primeiras abordagens ao marxismo por parte de ambos e a consequente condenação aos aspectos positivistas do marxismo seja da Segunda como da Terceira Internacional. Os dois criticaram o marxismo positivista e populista de Bukharin, notando a ausência da dialética materialista.[12] Ainda uma vez, porém, Coutinho utiliza Lukács como referência filosófica, tentando localizar em Gramsci os elementos ontológicos que possam aproximá-lo ao Lukács da maturidade.

Uma concepção, porém, parece homogeneizar o marxismo deles: "Ambos atribuem ao conceito de práxis (Gramsci chega mesmo a definir o marxismo como uma 'filosofia da práxis') uma posição central em suas reflexões".[13] Na realidade, quem definiu o marxismo como "filosofia da práxis" foi Labriola e, depois dele, Gentile, em seu livro *La filosofia di Marx*, de 1899, resenhado favoravelmente inclusive por Lênin. Lukács, em sua temporada florentina, entre 1910 e 1911, frequentou ambientes filosóficos italianos próximos a Gentile. Provavelmente não leu jamais o livro de Gentile, mas não se pode excluir que ouvira falar dele em tais ambientes. Lukács nunca aprendeu o italiano e seu conhecimento de Gramsci foi limitado por essa ignorância linguística. Assim, quem tinha conhecimento da concepção marxista da práxis era sem dúvida Gramsci, e, de fato, Coutinho utiliza a concepção gramsciana da práxis para

---

10 Cf. "Conversa com um marxista convicto e confesso", cit., p. 397.

11 C. N. Coutinho, "Lukács e Gramsci: apontamentos preliminares para uma análise comparativa", in *De Rousseau a Gramsci*, São Paulo: Boitempo, 2011, pp. 149-168.

12 Aliás, o próprio Lênin, em seu testamento, destacou a ausência de dialética materialista no pensamento de Bukharin e por isso sugeriu excluí-lo da própria sucessão.

13 *Idem*, p. 157.

corrigir a lukacsiana de interação: para Lukács o espelhamento desantropomorfizante é usado quer na ciência como no trabalho e no conhecimento das intenções práticas de outros homens, enquanto Coutinho sugere utilizar a concepção gramsciana da práxis na interação sobre outros homens. No conhecimento deve-se fazer referência a um espelhamento desantropomorfizante, porque essa é a esfera teleológico-casualística da natureza dentro da qual agem os homens, com leis naturais constantes e estáveis: enquanto na esfera antropomórfica das ações humanas é necessário pensar em termos de subjetividade/objetividade, isto é, tentar reconstituir aquilo que os outros homens podem pensar. Coutinho não leva em conta que no caso da interação com ações humanas faz-se referência a uma consciência possível, isto é, a uma concepção típica do jovem Lukács. Há, porém, uma clara distinção entre a ação para com o não humano e a ação para com a esfera do humano.

Para Coutinho, à *Ontologia do ser social* parecia faltar uma reflexão política. É essa, em síntese, a principal reserva em relação à última obra do Lukács maduro: "Penso que o 'elo perdido', a principal lacuna na cadeia de mediações posta em movimento pela *Ontologia*, é precisamente a práxis política enquanto momento privilegiado da reprodução e da interação social. Não há na *Ontologia* (como, de resto, em toda a obra marxista de Lukács) um tratamento autônomo satisfatório da especificidade da política enquanto esfera do ser social. Decerto, toda a produção lukacsiana é marcada por uma forte preocupação política".[14] Na realidade, Coutinho sabia bem que Lukács, nos anos em que concebia a *Ontologia*, escrevera uma obra explicitamente política intitulada *Demokratisierung heute und morgen* (Democratização ontem e hoje), que tivera uma profunda influência sobre ele, a ponto de induzi-lo, após lê-la em fins dos anos 80, a reconsiderar seu célebre ensaio *Democracia*

---

[14] C. N. Coutinho, "Lukács, a ontologia e a política" in C. N. Coutinho, *Marxismo e política*, São Paulo, Cortez, 1996, pp. 154-155. Numa entrevista de 2001, Coutinho reconhece que Lukács "era um intelectual político, o que nós também tentávamos ser, na medida do possível" ("Presença de Lukács no Brasil", entrevista de M. O. Pinassi e S. Lessa com Leandro Konder e Carlos Nelson Coutinho in *Lukács e a atualidade do marxismo*, organizado por M. O. Pinassi e S. Lessa, São Paulo: Boitempo, 2002, p. 171). Konder sustentou que Gramsci serviu a Coutinho para equilibrar certas esquematizações típicas do pensamento de Lukács (cfr. *Carlos Nelson Coutinho e a renovação do marxismo no Brasil*, cit., p. 23).

*como valor universal* na forma de uma *Democratização como valor universal*.[15] Na última frase da citação feita acima deve ter reconhecido que a inteira obra de Lukács é fortemente marcada pela política, mesmo onde esta não é tratada como argumento principal. Acrescento que na *Ontologia* a elaboração da política está presente explicitamente com argumentos políticos, como, por exemplo, a liberdade e a escolha entre alternativas na passagem do momento ideal ao da práxis humana. Em Lukács, diversamente de Gramsci, não é comum encontrar-se reflexões políticas de curto prazo. Antes, encontram-se notas teoréticas a partir das quais se poderiam desenvolver teorias políticas. De resto, a formação espiritual de Lukács era a do filósofo que algumas vezes na vida se empenhou na luta política, ao passo que Gramsci era um intelectual empenhado por toda a vida na luta política.

A crítica de Coutinho está aqui claramente condicionada por seu referencial político, isto é, por Gramsci: em Lukács, Coutinho não podia encontrar aquilo que era característico de Gramsci, e vice-versa. Coutinho faz uma leitura redutora de Lukács quando sustenta que sua proposta política da época da maturidade limitava-se a um "retorno a Lênin".[16] Esse retorno a Lênin era claramente uma deslegitimação do stalinismo, porque se era necessário voltar a Lênin, Stálin teria se afastado dele, o que equivalia a negar a herança leninista do stalinismo. Coutinho, não levando em conta esse aspecto, exprime um juízo demasiado severo em relação a Lukács e também a Lênin, porque a grande riqueza do pensamento de Lênin, se tomada *in toto*, era suficiente para uma reflexão política ampla e profunda. Como foi dito antes, porém, o confronto entre Lukács e Gramsci no campo da política era claramente favorável ao segundo.

Há, contudo, uma concepção lukacsiana e gramsciana que permite a Coutinho dar um passo atrás em relação à ausência de uma política na *Ontologia* de Lukács: é o conceito de catarse, que ambos pensadores interpretam

---

15 "Talvez eu hoje mudasse o título do meu artigo para 'A democratização como valor universal', porque a democracia é necessariamente alguma coisa que se aprofunda e que combina indissoluvelmente reformas políticas com reformas econômicas" (C. N. Coutinho, "A democratização como valor universal", entrevista de 1999, republicada em C. N. Coutinho, *Contra a corrente*, São Paulo: Cortez, 2000, p. 129). São esses conceitos típicos da obra de Lukács que Coutinho pôde conhecer apenas em 1987, quando a mesma foi traduzida e publicada em italiano.

16 Cf. C. N. Coutinho, "Lukács, a ontologia e a política", p. 156.

como a passagem do ser individual ao ser genérico, do ser ligado ao particular ao ser universal, da causalidade à teleologia, da necessidade à liberdade. Se fosse possível integrar as duas concepções da catarse, então para Coutinho dar-se-ia uma ampliação do pensamento lukacsiano à política e sua integração com as melhores concepções filosóficas de Gramsci, depuradas de incrustações idealísticas.[17] Para Coutinho, a herança lukacsiana se resumia em dois conceitos: totalidade e razão. A primeira é a contribuição mais relevante do marxismo de Lukács, sem distinções entre o período juvenil e o da maturidade, e a segunda levou Coutinho a escrever o brilhante livro *O estruturalismo e a miséria da razão*.[18]

O ponto de maior divergência entre os dois pensadores é, assim, sublinhado por Coutinho na teoria gnoseológica do marxismo. Segundo Coutinho, Gramsci resta imóvel numa concepção gnoseológica idealística, enquanto Lukács toma de Lênin a teoria do espelhamento, que contempla a teoria gnoseológica materialística. Coutinho tenta fazer uma mediação, perfeitamente equilibrada, entre as duas posições: "A meu ver, a solução correta do problema evocado deve ser encontrada num *tertium datur* que articule, sem privilégio de uma ou outra, as determinações materialista e histórico-dialética do método marxista, o que os dois pensadores quase sempre fazem em suas concretas reflexões filosóficas".[19] Não obstante essa tentativa de uma equilibrada mediação, nota-se como Coutinho permanece irredutível na sua convicção de que Lukács era a sua referência filosófica e Gramsci a sua referência política, tanto que na análise das duas concepções de ideologia e de política faz com que prevaleça a de Gramsci sobre a de Lukács, enquanto sobre a arte e a estética reconhece a superioridade do húngaro sobre o italiano. Mas, sobre a atitude do crítico literário, Coutinho viu uma superioridade de Gramsci sobre Lukács: "Gramsci estava certo quando disse que a crítica literária não pode se converter num massacre."[20] Coutinho, de fato,

---

17 Cfr. *Idem*, pp. 159-160.

18 Cf. "Conversa com um marxista convicto e confesso", entrevista com C. N. Coutinho, in *Carlos Nelson Coutinho e a renovação do marxismo no Brasil*, cit., pp. 403-404.

19 C. N. Coutinho, "Lukács e Gramsci: apontamentos preliminares para uma análise comparativa", p. 160.

20 "Presença de Lukács no Brasil", cit., p. 175.

não aceitava a atitude de Lukács que com frequência reduzia a crítica literária a uma escolha "*aut aut*", por exemplo, entre Kafka e Thomas Mann. Num belíssimo ensaio dedicado a dois autores condenados por Lukács, ou seja Proust e Kafka, Coutinho chega a aplicar o método estético de Lukács para além de seus severos e injustos juízos críticos: "As análises de Proust e Kafka que empreenderei em seguida orientam-se em duas direções convergentes: por um lado, visam a avaliar esses autores à luz do método histórico-sistemático elaborado por Lukács, mas abandonado por ele em *Realismo crítico hoje*, e, por outro, como consequência, tentam dar uma forma relativamente sistemática às indicações fornecidas pelo filósofo em seus últimos anos de vida".[21] Essas indicações às quais Coutinho faz referência estão contidas numa carta que Lukács lhe escreveu, tomando distância de seu próprio livro, *Realismo crítico hoje*, e afirmou que Kafka possuía aspectos novelísticos interessantes, sobretudo em *A metamorfose*.[22] Trata-se de uma das raríssimas ocasiões, se não a única, em que Lukács reviu seu juízo sobre Kafka, e assim o estímulo crítico de Coutinho revelou-se particularmente precioso por ter induzido seu mestre a tal revisão.

Nas cartas precedentes, Coutinho perguntara a Lukács seu juízo em sua própria obra, *História e consciência de classe*, sobre Goldmann, Sartre e Della Volpe, além de Gramsci. Lukács respondeu que *História e consciência de classe* era ainda uma obra fortemente hegeliana, "a alienação (*Verfremdung*) ainda é tratada no sentido hegeliano, ou seja, a reificação (*Verdinglinchung*), enquanto categoria filosófica universal, compreende em si tanto a objetivação (*Vergegenständlichung*) em sentido geral quanto a alienação (*Verfremdung*) em sentido social específico".[23] Consequentemente, Goldmann e Sartre, que restam ainda estáticos nessa posição, lhe faziam surgir diversas dúvidas quanto à correção de seu marxismo. Considerava a tentativa de Della Volpe de sintetizar neopositivismo e marxismo completamente impossível. Nenhuma palavra sobre Gramsci. Coutinho, já então, tomou uma posição autônoma em relação àquele que considerava seu mestre e, numa carta sucessiva, embora

---

21 C. N. Coutinho, *Lukács Proust e Kafka. Literatura e sociedade no século XX*, Rio de Janeiro: Civilização Brasileira, 2005, p. 47.

22 G. Lukács, carta de 26 de fevereiro de 1968, in *Lukács e a atualidade do marxismo*, cit., p. 153.

23 G. Lukács, carta de 31 de agosto de 1963, in *Lukács e a atualidade do marxismo*, cit. p. 144.

aceitando a consideração de Lukács, reitera seu juízo positivo sobre a análise da reificação em *História e consciência de classe*, e sobre Sartre e Goldmann. Enfim, chega inclusive a traduzir uma passagem de Gramsci para ouvir o juízo de Lukács. O filósofo húngaro lhe responde que um pensador marxista é tal quando aceita o marxismo *in toto*, e não pode, como Sartre e Goldmann, recusar o materialismo dialético, isto é, a existência de uma realidade dialética independente da consciência humana e o fato de que o homem nasce como ser social, e não é "lançado ao mundo", como pensa Heidegger. Ainda nenhuma palavra sobre Gramsci. Coutinho reescreverá apenas três anos mais tarde, afirmando ter aceitado *in toto* os conselhos de Lukács e acrescentando: "superei minha concepção 'historicista' do marxismo, ou seja, a redução que eu fazia - segundo Goldmann, Sartre, Gramsci e o jovem Lukács - do marxismo ao materialismo histórico".[24] Mesmo Gramsci parece ter sido redimensionado à luz da correção lukacsiana, mas não o será por muito tempo, como se viu acima.[25]

A motivação principal de sua pesquisa sobre os dois autores é declarada em uma passagem sobre a análise gramsciana da arte: "Gramsci não nos fornece as categorias que permitem distinguir entre o verdadeiro artista e o simples borra-botas".[26] Coutinho buscava nos dois autores categorias que lhe servissem para descobrir a verdade. "Estou convencido de que, em última instância, minha pesquisa pode ser considerada 'ortodoxamente' lukacsiana, se considerarmos o conceito de 'ortodoxia' precisamente no sentido que o próprio Lukács lhe atribui, ou seja, no sentido da fidelidade ao método e não necessariamente às afirmações particulares concretas de um autor".[27] Nisto consistiu a coerência de Carlos Nelson Coutinho: a busca constante, durante

---

24 C. N. Coutinho, carta de 20 de setembro de 1967, in *Lukács e a atualidade do marxismo*, cit., p. 148.

25 José Paulo Netto recorda que a passagem por Lukács não se deu pacificamente, mas comportou esforços de síntese e de balanços (Cf. J. P. Netto, "Breve nota sobre um marxista convicto e confesso" in *Carlos Nelson Coutinho e a renovação do marxismo no Brasil*, organizado por M. Braz, São Paulo: Expressão Popular, 2012, pp. 69-70).

26 C. N. Coutinho, "Lukács e Gramsci: apontamentos preliminares para uma análise comparativa", p. 167.

27 C. N. Coutinho, *Lukács Proust e Kafka*, cit., p. 47. De resto, seu grande amigo Leandro Konder ressaltou essa fidelidade de Coutinho ao método de Lukács (cf. *Carlos Nelson Coutinho e a renovação do marxismo no Brasil* organizado por M. Braz, São Paulo: Expressão Popular, 2012, p. 19).

toda a vida, da verdade, busca conduzida com uma análise concreta da realidade, graças ao método marxista que lhe permitia se defrontar sem temor algum com o novo que a realidade continuamente lhe apresentava. Quem busca o novo, aceita-o como tal e compreende-o sem temor, restando jovem por toda a vida. Esta é a lembrança que todos nós, que pudemos gozar de sua amizade conservamos de sua alta figura.

# A mais importante "obra juvenil" de Carlos Nelson Coutinho[1]

JOSÉ PAULO NETTO

Este livro, que agora sai em segunda edição quase quatro décadas depois de seu lançamento, viu a luz, originalmente, no primeiro semestre de 1972 e teve, ainda, uma versão publicada no México[2]. Desaparecido das livrarias desde meados dos anos 1970 e com a tradução castelhana praticamente inacessível, porquanto também esgotada, *O estruturalismo e a miséria da razão* tornou-se, para os brasileiros – especialmente para as gerações que ingressaram na vida intelectual depois de 1980 –, uma daquelas citações bibliográficas um pouco que rituais, que se fazem formal e obrigatoriamente pela simples razão de o seu autor ter conquistado merecida e indiscutível relevância no panorama cultural brasileiro nos últimos 30 anos.

Cabe, pois, perguntar se a iniciativa – tomada a meu ver em ótima hora pela *Expressão Popular*, há uma década imersa numa meritória "batalha das ideias" – de reeditar este livro, passados 38 anos, possui algum sentido para além de uma remissão histórica ou de um eventual preito de homenagem a seu autor. A resposta, decerto, parece-me inequívoca: *O estruturalismo e a miséria da razão* é obra essencial, absolutamente *indispensável* para todos os que não

1 Publicado originalmente como posfácio à segunda edição de Carlos Nelson Coutinho, *O estruturalismo e a miséria da razão*. São Paulo: Expressão Popular, 2010. Agradecemos à Editora Expressão Popular a autorização para reprodução do texto nesta coletânea. Em seu ensaio "Breve nota sobre um marxista convicto e confesso", redigido posteriormente e coligido em Marcelo Braz (org.), *Carlos Nelson Coutinho e a renovação do marxismo no Brasil*. São Paulo: Expressão Popular, 2012, José Paulo Netto reconstrói o conjunto da trajetória intelectual de Carlos Nelson e arrola seus trabalhos e publicações editados até pouco antes de sua morte.

2 *O estruturalismo e a miséria da razão*. Rio de Janeiro: Paz e Terra, 1972 e *El estructuralismo y la miseria de la razón*. México: Era, 1973.

capitulam em face da regressão ídeo-teórica que hoje impera nos círculos intelectuais da sociedade tardo-burguesa e campeia, quase sem limites, nos meios acadêmicos brasileiros. E é como obra *necessária* que deve ser lida, posto que fundamental na batalha contemporânea das ideias; mas acrescento: é obra também *insuficiente*. Penso que, sem ela, encontramo-nos como que desarmados frente à avassaladora maré da cultura regressiva; porém, *apenas com ela* não nos será possível a crítica radical e as proposições superadoras.

As notações que se seguem têm um objetivo muito singelo: dar fundamento a esta resposta acerca da relevância da reedição e da leitura de *O estruturalismo e a miséria da razão* e sumariamente indicar, prosseguindo no espírito deste livro, as linhas gerais do que sinalizo como *cultura regressiva*.

## I

Observei, inicialmente, que as referências a *O estruturalismo e a miséria da razão* certamente se devem mais ao reconhecimento intelectual que se creditou a seu autor no decurso dos últimos 30 anos que ao próprio livro, desaparecido em parte pela própria natureza do chamado *mercado de bens simbólicos*, em parte pelos escrúpulos de Carlos Nelson Coutinho, que hesitou por anos a fio em republicar a sua mais importante "obra juvenil".

Se, por um lado, tais escrúpulos nunca me pareceram fundados e/ou pertinentes (e espero que o leitor dos dias atuais, depois de percorrer as páginas de *O estruturalismo e a miséria da razão*, também os considere da mesma forma), por outro lado é mais que compreensível que a referência meio que ritual ao livro venha condicionada pelo prestígio que os anos seguintes conferiram ao seu autor.

Depois que seu ensaio *A democracia como valor universal*, ecoando nitidamente os influxos do à época influente eurocomunismo, foi publicado em 1979,[3] a remissão a Carlos Nelson converteu-se em uma quase obrigação para

[3] O ensaio, originalmente dado a público na revista *Encontros com a Civilização Brasileira*. Rio de Janeiro: Civilização Brasileira, vol. 9, 1979 fez parte do livro *A democracia como valor*

aqueles que se movimentam no território da (mal) chamada Ciência Política – afinal, com aquele ensaio polêmico, o autor abriu entre nós, nomeadamente na esquerda marxista, uma discussão que ainda hoje repercute e reverbera em novas e expressivas contribuições e em mal-entendidos não tão novos mas igualmente expressivos. De qualquer modo, trata-se de um texto cuja ressonância foi indiscutível: não por outro motivo, extratos dele foram coligidos pelo sempre atento Michael Löwy, a partir da quarta edição, na sua antologia, divulgada em vários idiomas, *O marxismo na América Latina*.[4]

Ao longo da década de 1980, já tornado "cientista político" – rotulação inteiramente imprópria ao autor e que ele, gentil e sabiamente, recusa – e ingressando na vida e na atividade acadêmicas, que se desenvolvem paralelas à sua militância partidária (desvinculado do PCB em 1982, adere depois ao PT,[5] do qual se desliga para integrar o PSOL), Carlos Nelson prossegue em seu trabalho ensaístico, de que outro exemplo é *A dualidade de poderes*,[6] ganha a cena pública como conferencista de nomeada em eventos acadêmicos e políticos nacionais e internacionais (de que resultam intervenções publicadas em vários volumes coletivos)[7] e tem trabalhos divulgados na América Latina e na Europa. Conquista, em suma, ao fim da década de 1980 e na entrada dos

---

*universal* (S. Paulo: Ciências Humanas, 1980); posteriormente, foi ampliado e reeditado sob o título *A democracia como valor universal e outros ensaios*. Rio de Janeiro: Salamandra, 1984. Logo que publicado em sua primeira versão (março de 1979), o texto deflagrou uma polêmica que se prolonga até hoje, provocando réplicas de diversos matizes do pensamento marxista brasileiro, especialmente sinalizadas em Adelmo Genro Filho, "A democracia como valor operário e popular". *Encontros com a Civilização Brasileira*. Rio de Janeiro: Civilização Brasileira, 17, novembro de 1979; José Paulo Netto, "Notas sobre democracia e transição socialista". *Temas de ciências humanas*. S. Paulo: Ciências Humanas, 7, 1980 (recolhido depois em *Democracia e transição socialista*. Belo Horizonte: Oficina de Livros, 1990) e João Quartim de Moraes, "Contra a canonização da democracia". *Crítica marxista*. S. Paulo: Boitempo, 12, 2001.

4 M. Löwy (org.), *O marxismo na América Latina. Uma antologia de 1909 aos dias atuais*. S. Paulo: Ed. Fund. Perseu Abramo, 1999.

5 De cujo "governo sombra", nos anos 1980, participou como "Ministro da Cultura".

6 S. Paulo: Brasiliense, 1985. Uma nova edição, com acréscimos expressivos, saiu sob o título *Marxismo e política. A dualidade de poderes e outros ensaios* (S. Paulo: Cortez, 1996).

7 A produção ensaística do autor esparsa em volumes coletivos é numerosa e impossível de listar minimamente aqui – só algumas dessas peças serão citadas.

anos 1990, no panorama cultural brasileiro, uma visibilidade incontestável que, desde então, só veio em crescendo.

No processo em que Carlos Nelson se torna um intelectual de projeção, conta muito a sua relação com a obra de A. Gramsci, que, de fato, data ainda dos anos 1960, quando se incumbiu da tradução de *Concepção dialética da história*, *Literatura e vida nacional* e *Os intelectuais e a organização da cultura*.[8] Muito antes do comunista sardo converter-se no butim de que se nutrem ilegítima e alegremente serventuários das mais diversas repartições públicas e oficinas ideológicas, Carlos Nelson dedicava a ele especial atenção; este cuidado analítico – aprofundado durante o período em que, na condição de exilado político, viveu na Itália –[9] haveria de constituir, na ulterior evolução do nosso autor, não só uma referência teórico-política privilegiada, mas sobretudo um permanente objeto de pesquisa. O primeiro produto específico desta pesquisa foi o estudo introdutório à antologia gramsciana que Carlos Nelson publicou em 1980;[10] tal estudo, já ampliado, constituiria depois o livro *Gramsci. Um estudo sobre seu pensamento político*[11] – que, após quase uma década, voltaria a ser alvo de uma significativa extensão, em edição que serviria de base para a sua tradução ao italiano.[12]

---

8 Todos lançados pela Editora Civilização Brasileira, do Rio de Janeiro – o primeiro em 1966 e os dois outros em 1968.

9 Carlos Nelson nasceu em Itabuna (BA), a 28 de junho de 1943. Licenciado em Filosofia pela Universidade Federal da Bahia (1965), transferiu-se para o Rio de Janeiro e aí viveu como tradutor até inícios de 1976, quando a vaga repressiva que atingiu o PCB obrigou-o ao exílio (na Itália e na França, com uma breve passagem por Portugal). No período em que esteve na França, foi um dos principais colaboradores (com o pseudônimo de Josimar Teixeira) da *Voz Operária*, órgão do Comitê Central do PCB então sob a responsabilidade de Armênio Guedes, editado no exterior para circular clandestinamente no Brasil. Retornou ao país em finais de 1978, voltou a fixar-se no Rio de Janeiro, frequentou disciplinas no IUPERJ e, a partir de 1983, iniciou suas atividades no magistério superior (Faculdades Benett) e ingressou – por concurso de livre-docência, em 1986 – na Escola de Serviço Social da Universidade Federal do Rio de Janeiro. Atualmente, além das suas tarefas docentes na pós-graduação, é diretor da Editora UFRJ e membro de conselhos consultivos/editorais de periódicos da área de Ciências Sociais no Brasil e no exterior. [Nota dos organizadores: recorde-se que este texto foi redigido em 2010.]

10 *Gramsci*. Porto Alegre: L&PM, coleção "Fontes do pensamento político", 1981. O estudo que abre o livro foi traduzido ao castelhano: *Introducción a Gramsci* (México: Era, 1986).

11 Rio de Janeiro: Campus, 1989.

12 *Gramsci. Um estudo sobre seu pensamento político* (Rio de Janeiro: Civilização Brasileira, 1999); edição italiana: *Il pensiero político di Gramsci* (Milano: Unicopli, 2006).

Esta contínua reflexão sobre a obra gramsciana expressa-se praticamente em todas as intervenções de Carlos Nelson pós-1980, tanto naquelas especificamente dedicadas ao fundador do *Partido Comunista Italiano*[13] quanto em análises de conjunturas políticas e culturais.[14] Mas a culminação desta incansável pesquisa em torno do legado gramsciano veio na abertura dos anos 2000: coube a Carlos Nelson a iniciativa e a responsabilidade da edição, em traduções suas[15] e de Marco Aurélio Nogueira e Luiz S. Henriques, de praticamente toda a obra de A. Gramsci: os seis volumes dos *Cadernos do cárcere*, os dois volumes dos *Escritos políticos* e também os dois volumes das *Cartas do cárcere*.[16]

Tão notável empreendimento e o conjunto de análises sobre a formação social e cultural brasileira que atravessa a sua produção ensaística valeram a Carlos Nelson o reconhecimento internacional - seja como "o decano dos estudiosos brasileiros de Gramsci", seja como aquele que "soube utilizar algumas das principais categorias teóricas gramscianas para interpretar a história política e cultural do seu país nos últimos decênios".[17] Mas, já antes,

---

13 Algumas das quais estão disponíveis em Carlos Nelson Coutinho e Marco Aurélio Nogueira (orgs.), *Gramsci e a América Latina* (Rio de Janeiro: Paz e Terra, 1988); Eric J. Hobsbawm *et alii*, *Gramsci in Europa e in America* (Roma-Bari: Laterza, 1995); Carlos Nelson Coutinho e Andréa de Paula Teixeira (orgs.), *Ler Gramsci, entender a realidade* (Rio de Janeiro: Civilização Brasileira, 2003).

14 Cf. *Contra a corrente* (S. Paulo: Cortez, 2000; 2ª ed. ampliada, 2008) e *Intervenções* (S. Paulo: Cortez, 2006). Também no livro *Cultura e sociedade no Brasil* (Belo Horizonte: Oficina de Livros, 1990; 2ª ed. ampliada: Rio de Janeiro: DP&A, 2000) há fortes incidências da contínua remissão a Gramsci, ainda que nesta obra se encontrem ensaios que remetem à outra fonte da formação intelectual do autor (cf. *infra*); neste livro, há um ensaio (precisamente o que dá título ao volume) para o qual chamo a atenção do leitor, uma vez que, nele, Carlos Nelson apresenta a chave heurística com que vem conduzindo concretamente a sua análise da relação cultura/sociedade no Brasil; igualmente, são preciosos os seus estudos sobre Caio Prado Jr. e Florestan Fernandes.

15 Cumpre observar que Carlos Nelson, de meados dos anos 1960 ao fim dos anos 1980, foi dos mais prolíficos tradutores profissionais. Por suas mãos passaram, entre muitos, originais de G. Lukács, A. Gramsci, A. S. Vázquez, W. Benjamin, A. Heller, G. Markus, H. Lefebvre, Eric J. Hobsbawm, N. Bobbio, J. Habermas, J. Scherrer, M. L. Salvadori, L. Gruppi, A. Walicki, V. Gerratana, G. De Paola, M. Telò, P. Grimal e T. H. Donghi. Nos anos 1980, foi um dos principais tradutores da obra coletiva organizada por E. J. Hobsbawm, *História do marxismo* (Rio de Janeiro: Paz e Terra, 12 vols., 1980-1989).

16 Todos publicados pela Editora Civilização Brasileira, do Rio de Janeiro, entre 1999 e 2005.

17 G. Liguori, *in* Carlos Nelson Coutinho, *Il pensiero político di Gramsci*, ed. cit., p. 10-11. Guido Liguori, membro da International Gramsci Society, é professor da Universidade de Cosenza e redator-chefe da revista italiana *Critica marxista*.

o reconhecimento nacional viera nas referências que a ele foram feitas, com respeito e admiração, entre tantos, por Nelson Werneck Sodré, Octavio Ianni, Raymundo Faoro e Alfredo Bosi.

## II

A imagem de Carlos Nelson como "gramsciano" é adequada – aliás, não por acaso, ele é vice-presidente da International Gramsci Society –, mas tem contribuído para deixar na sombra, em boa medida, a matriz teórica que embasou originalmente a sua formação marxista e, em escala também decisiva, a sua produção intelectual.

Com efeito, já nos seus anos de formação em Filosofia, ainda na Bahia, Carlos Nelson lia o teórico que haveria de marcar fundamente a sua relação com a obra de Marx: György Lukács. Sem deixar qualquer margem a dúvidas, é possível afirmar que *a apropriação e a utilização que Carlos Nelson vai realizar dos clássicos do marxismo e da tradição marxista mesma, de inícios dos anos 1960 à primeira metade da década de 1970, é toda ela vincada pela mediação do pensamento de Lukács.*

De um ponto de vista histórico, parece inteiramente consensual que devemos a Leandro Konder e a Carlos Nelson o trabalho sistemático, nos anos 1960, de trazer a referência lukacsiana à cultura brasileira[18] – na verdade,

[18] Já na primeira antologia de textos de Lukács publicada no Brasil, organizada por Leandro Konder, com quem haveria de formar uma parceria intelectual que perdura até hoje, Carlos Nelson contribui como um dos tradutores (cf. G. Lukács, *Ensaios sobre literatura*. Rio de Janeiro: Civilização Brasileira, 1965). Nos anos imediatamente seguintes, ele organiza, traduz e/ou prepara introduções a antologias e/ou textos de Lukács: *Marxismo e teoria da literatura* (Rio de Janeiro: Civilização Brasileira, 1968), *Introdução a uma estética marxista* (*idem*), *Realismo crítico hoje* (Brasília: Coordenada, 1969). Igualmente, há a colaboração de Carlos Nelson, como tradutor, na edição brasileira das longas entrevistas que Lukács concedeu a H. H. Holz, L. Kofler e W. Abendroth (*Conversando com Lukács*. Rio de Janeiro: Paz e Terra, 1969). Também se devem a ele as primeiras traduções de dois capítulos da última grande obra de Lukács: *Ontologia do ser social. A verdadeira e a falsa ontologia de Hegel* e *Ontologia do ser social. Os princípios ontológicos fundamentais de Marx* (ambos editados pela Ciências Humanas, de São Paulo, 1979). Mais recentemente, coube-lhe, em parceria, a organização, a introdução

é impossível estudar a recepção das ideias de Lukács em nosso país sem levar em conta o protagonismo de Leandro Konder e Carlos Nelson.[19] No entanto, não tem a mesma evidência o trabalho crítico – literário e filosófico – realizado por Carlos Nelson, de meados dos anos 1960 à primeira metade da década de 1970, sob a direta influência de Lukács. De algum modo, o seu deslocamento da crítica literária e filosófica para a dita Ciência Política, concomitante ao seu giro na direção do pensamento de Gramsci, tem obscurecido aquela dimensão do seu trabalho intelectual.

Decerto seria um equívoco sinalizar, na evolução teórico-política de Carlos Nelson, uma "fase lukacsiana" e uma "fase gramsciana". O próprio Carlos Nelson, reiteradas vezes, em conferências e debates, tem insistido – e não há nenhum motivo para questionar esta insistência – em que, para ele, nunca se colocou a alternativa *Lukács ou Gramsci*; antes, ele terá escolhido a combinatória *Lukács e Gramsci*: entende Carlos Nelson que, no que diz respeito à esfera da política, o pensamento de Lukács contém limitações de que não enferma o pensamento de Gramsci; porém, entende ainda a possibilidade de uma "integração dialética" de ambos.[20] Está claro que uma tal "integração dialética" não se processa (se, a meu juízo, se processar) sem problemas: não só há diferenças, mas verdadeiras colisões entre a ontologia social formulada por Lukács e o substrato filosófico das concepções de Gramsci – mas também está claro que Carlos Nelson, com sua sensibilidade crítica, não minimiza tais problemas.[21] E está igualmente claro que, quando retoma temáticas crítico-literárias, mesmo já tendo incorporado decisivamente o legado gramsciano, Carlos Nelson conserva (igualmente de modo critico) a sua inspiração lukacsiana – prova-o, nitidamente, o último livro que publicou

---

e a tradução de três antologias lukacsianas: *O jovem Marx e outros escritos de filosofia*, *Socialismo e democratização. Escritos políticos. 1956-1971* e *Arte e sociedade. Escritos estéticos. 1932-1967* (lançadas pela Editora UFRJ, do Rio de Janeiro, respectivamente em 2007, 2008 e 2009).

19 Cf. a visão que sobre este aspecto têm os dois pensadores em M. O. Pinassi e S. Lessa (orgs.), *Lukács e a atualidade do marxismo* (S. Paulo: Boitempo, 2002).

20 Cf. a intervenção de Carlos Nelson reproduzida em R. Antunes e W. L. Rêgo (orgs.), *Lukács. Um Galileu no século XX* (S. Paulo: Boitempo, 1996).

21 Cf. especialmente o item 5 ("As concepções filosóficas de Gramsci") do cap. IV de *Gramsci. Um estudo sobre seu pensamento político* (ed. cit. de 1999, pp. 102-118).

sobre a temática.[22] Tudo isto me permite inferir, creio que sem violentar o caráter unitário da evolução e da obra de Carlos Nelson, que tal unidade quer se alimentar de uma diferenciada remissão marxista: aos fundamentos teórico-filosóficos e à alta cultura caberia a matriz lukacsiana, à cultura em sentido largo e à esfera estritamente política caberia a referência gramsciana, ambas tomadas crítica e criadoramente.

Isto posto, insisto no fato de a atividade crítica (literária e filosófica) de Carlos Nelson *anterior* à sua intervenção no domínio teórico-político estar injustamente obscurecida. Constituem as peças centrais desta atividade, exercitada sob *direto* influxo lukacsiano, dois livros: *Literatura e humanismo* e *O estruturalismo e a miséria da razão*.

O primeiro deles[23] revelou ao país um crítico cuja estreia em livro, aliás precoce (os ensaios que compõem o volume foram escritos *antes* do autor completar vinte e três anos), oxigenava a análise literária brasileira e trazia ao debate questões inovadoras. Ademais de um largo ensaio sobre a estética lukacsiana (tematizando o *realismo* como a sua categoria central) e de uma aproximação bastante peculiar ao pensamento de Sartre – nos quais a argúcia estética e filosófica do jovem crítico se mostrava nitidamente –, dentre os textos de crítica literária avultavam belos estudos sobre Dostoiévski e Semprun e, especialmente, um original e criativo estudo da obra romanesca de Graciliano Ramos. A contribuição de Carlos Nelson a uma *nova* abordagem do universo do autor de *São Bernardo* – na qual umas poucas cedências a sugestões de L. Goldmann não ferem a substantividade da inspiração lukacsiana – acabou por se tornar um dos mais exitosos e acabados exemplos da crítica literária marxista no Brasil:[24] quem pretende um conhecimento da estrutura do romance de Graciliano não pode passar por alto peça analítica de tal quilate.[25]

---

22 *Lukács, Proust e Kafka. Literatura e sociedade no século XX* (Rio de Janeiro: Civilização Brasileira, 2005).

23 Lançado no segundo semestre de 1967 pela Editora Paz e Terra, do Rio de Janeiro.

24 Com pequenas mudanças (que, aliás, expurgam as concessões a Goldmann), este ensaio está hoje disponível em *Cultura e sociedade no Brasil* (ed. cit.).

25 Atesta-o o fato de, numa coleção dirigida por Afrânio Coutinho, renomado crítico cujas referências teóricas, estéticas e políticas eram antípodas às de Carlos Nelson, o ensaio aparecer reproduzido – cf. o vol. 2 da série "Fortuna crítica", preparado por S. Brayner e dedicado a Graciliano Ramos (Rio de Janeiro: Civilização Brasileira, 1977).

Aliás, a excepcional qualificação de Carlos Nelson para a análise da estrutura romanesca, que veio reafirmada na sua plena maturidade pelos estudos publicados no antes citado *Lukács, Proust e Kafka. Literatura e sociedade no século XX*, apareceu já inteiramente consolidada na sua contribuição, na entrada dos anos 1970, ao volume coletivo *Realismo e antirrealismo na literatura brasileira.*[26] Este contributo, um ensaio sobre Lima Barreto, tornou-se, tanto quanto o tratamento oferecido a Graciliano, material de consulta obrigatória para críticos e historiadores literários – seja pela abordagem imanente da obra romanesca de Lima, em especial d´*O triste fim de Policarpo Quaresma* (na qual Carlos Nelson toma como criativa chave de análise a *bizarria*, tal como posta por Lukács), seja pela inovadora interpretação da peculiaridade histórica da inserção sócio-política dos escritores na nossa sociedade (a partir da também lukacsiana indicação do *intimismo* à *sombra do poder*).

No nível crítico-filosófico, a maior prova do talento de Carlos Nelson oferece-a *O estruturalismo e a miséria da razão*, livro que – verdadeiro *tour de force* para um intelectual que ainda não chegara aos trinta anos de idade (a primeira redação do texto é de 1969/70, com a sua forma definitiva concluída em julho de 1971, ou seja: trata-se de livro escrito entre os vinte e sete e os vinte e oito anos)[27] – só agora conhece a sua segunda edição.

A conjuntura em que *O estruturalismo e a miséria da razão* foi redigido e publicado era asfixiante: o terrorismo estatal estava a pleno vapor, a coberto da ignomínia do Ato Institucional nº 5, que mudou a natureza do regime instaurado pelo golpe de 1964. Após cerca de quatro anos de paradoxal hegemonia

---

26 Cf. C. N. Coutinho *et alii*, *Realismo e anti-realismo na literatura brasileira*. Rio de Janeiro: Paz e Terra, 1972. A contribuição aqui referida foi, ulteriormente, também recolhida no já mencionado *Cultura e sociedade no Brasil*.

27 A publicação de *O estruturalismo e a miséria da razão* teve lances só dignos do Brasil do AI-5: quando os originais já estavam na gráfica, segundo a informação do poeta Moacyr Félix, responsável pela edição, a polícia política, sempre muito ativa contra os empreendimentos de Ênio Silveira (a editora e a livraria Civilização Brasileira e a editora Paz e Terra), apreendeu o livro e desapareceu com ele. Carlos Nelson tinha uma cópia, insistiu em revisá-la substancialmente e só depois ela foi, então, novamente composta e impressa, desta vez sem a interveniência das "autoridades". Enfim, no primeiro semestre de 1972, a obra chegou às livrarias.

cultural da esquerda sob uma ditadura reacionária,[28] o fascistizado regime do 1º de abril direcionou a sua grosseira ferocidade também para a intelectualidade que até então não capitulara frente ao arbítrio e ao obscurantismo. A *razzia* nas instituições universitárias veio em fins de 1969 e foi melhor operacionalizada pelo ominoso Decreto-lei nº 477 – para descrever o quadro cultural vigente na entrada da década de 1970, um intelectual delicado como Alceu de Amoroso Lima não encontrou outro qualificativo senão o de *vazio*.

No terreno específico da filosofia, refletia-se bem aquele estado de coisas deprimente porque, se desde o primeiro momento do golpe, o Instituto Brasileiro de Filosofia o respaldara, na sequência do AI-5 os filósofos e professores de Filosofia mais qualificados e recém-ingressados na sua maturidade, dispostos e qualificados a prosseguir na pesquisa crítica, foram simplesmente alijados de seus postos acadêmicos pela sanha ditatorial – são emblemáticas, aqui, as perseguições sofridas por pensadores como Gerd Bornheim, em Porto Alegre, José Arthur Giannotti e Ruy Fausto, em São Paulo, e José Américo Pessanha, no Rio de Janeiro. Com perdas de tamanha profundidade, o que restou de inteligência filosófica nas universidades ficou à espera de tempos melhores (para retomar a canção de Chico Buarque, tratou de guardar-se "para quando o carnaval chegar") e, sem querê-lo, deixou em aberto um espaço significativo, que logo foi ocupado: se as primeiras expressões estruturalistas entre nós vêm de 1966/1967 – quando Otto Maria Carpeaux já advertia que *o estruturalismo* é o ópio *dos literatos*,[29] nos

---

28 A instauração da ditadura, em 1964, não foi imediatamente sucedida por ganhos ideológicos e culturais por parte da direita – ao contrário, até a imposição do AI-5, registrou-se uma hegemonia cultural da esquerda; sobre este paradoxo, cf. o instigante trabalho que devemos a R. Schwarz, publicado ainda em 1970, na França (*Les Temps Modernes*. Paris: julho de 1970, nº 288), depois coligido em *O pai de família e outros estudos*. Rio de Janeiro: Paz e Terra, 1978; também Carlos Nelson, numa publicação clandestina e sob a firma de Guilherme Marques (outro dos pseudônimos que foi obrigado a usar durante a ditadura), tematizou este paradoxo, mas explorando os seus desdobramentos para além do AI-5, no texto "Cultura e política no Brasil contemporâneo". Rio de Janeiro, mímeo, 1972.

29 O. M. Carpeaux, "O estruturalismo é o ópio dos literatos". *Revista Civilização Brasileira*. Rio de Janeiro: Civilização Brasileira, ano III, nº 14, julho de 1967; o provocativo texto de Carpeaux foi imediatamente replicado por Carlos Henrique Escobar, na revista que então se tornou um dos órgãos de divulgação do estruturalismo no país (cf. "Resposta a Carpeaux: estruturalismo", *in Revista Tempo Brasileiro*. Rio de Janeiro, Tempo Brasileiro, nº 15/16, s.d.). Mas um debate mais amplo sobre o estruturalismo – que dominara de tal forma a crítica literária que até o comedido

anos imediatamente seguintes registra-se uma maré-montante de correntes estruturalistas de matizes diversos, que invadiram praticamente todos os departamentos de Ciências Humanas e Sociais.

A adesão ao estruturalismo galvanizou a intelectualidade acadêmica, envolvendo desde pesquisadores sérios aos oportunistas de ocasião e de sempre – assim, não só a filosofia, mas a crítica literária, a linguística, as ciências sociais tornaram-se o couto de caça da "estrutura", com o florescimento, inclusive, de uma espécie de "marxismo legal-acadêmico" (ecoando, em especial, a contribuição althusseriana). Se se leva em conta a constituição, à época, de um mercado *nacional* de bens simbólicos, colada ao erguimento de uma *indústria cultural* monopolizada e centralizada,[30] ambos integrando a intelectualidade acadêmica, torna-se compreensível que as correntes estruturalistas tenham se convertido, então, numa espécie de senso comum do mundo letrado – e senso comum sem oposição ou dissensão expressiva.[31]

Com efeito, a maré-montante estruturalista, no Brasil, moveu-se com olímpico desprezo das críticas (Sartre, Goldmann e Lefebvre) que já eram bastante conhecidas a seus mais evidentes equívocos e a seus cacoetes mais grosseiros. E poucos, muito poucos, tiveram condições e desassombro para enfrentá-la – entre os raros intelectuais que se dispuseram a remar contra a corrente, recordem-se os nomes de José Arthur Giannotti e, da cadeia onde

---

Carlos Drummond de Andrade, em "Exorcismo", motejara da moda estruturalista – só teria lugar anos mais tarde, com intervenções de vários intelectuais (inclusive Carlos Nelson), em novembro/dezembro de 1975, no semanário *Opinião*, do Rio de Janeiro, tribuna da frente democrática.

30 Sobre este ponto, cf. o ainda hoje sugestivo estudo de R. Ortiz, *A moderna tradição brasileira*. S. Paulo: Brasiliense, 1988.

31 Não é esta a oportunidade para sequer tangenciar o legado da voga estruturalista no Brasil, mas é indiscutível que ele não se esgota nas dimensões meramente episódicas de uma simples moda intelectual.

pagava por um "crime político", Caio Prado Jr.[32] É precisamente neste quadro que *O estruturalismo e a miséria da razão* sai à luz – o que, por si só, diz da coragem intelectual de seu autor.

# III

*O estruturalismo e a miséria da razão* é tributário de fundamentais determinações teórico-metodológicas lukacsianas: é obra de um discípulo (como, aliás, Carlos Nelson se reconhece na dedicatória que abre o livro). Mas se trata mesmo de um *discípulo*, não de um simples seguidor ou epígono – ou seja: é obra de um intelectual que, incorporando a perspectiva teórico-metodológica explorada pelo "mestre" e suas conquistas analíticas, desenvolve a partir delas uma *crítica original* sobre um complexo de problemas que, até então, estivera fora de uma consideração similar. Neste sentido, o trabalho do "discípulo" é criativo e inovador; mais: pode ser tomado como autêntica e legítima continuação do trabalho do "mestre". Se é verdade que sem este não haveria aquele, é igualmente verdadeiro que o "discípulo" (tal como aqui se o entende) oferece à tradição teórico-crítica em que se inscreve contributos essenciais e inéditos.

A filiação lukacsiana de *O estruturalismo e a miséria da razão* é expressamente assumida pelo seu autor, que se remete explicitamente aos núcleos teórico-críticos de *A destruição da razão* e às formulações do "último Lukács",

---

32 Cf. J. A. Giannotti, "Contra Althusser". *Teoria e prática*. S. Paulo: nº 3, 1968 e Caio Prado Jr., *Estruturalismo de Lévi-Strauss e marxismo de Althusser*. S. Paulo: Brasiliense, 1971; cumpre não esquecer, ainda, na entrada dos anos 1970, a crítica ao estruturalismo althusseriano na teoria política feita pelo então sociólogo Fernando Henrique Cardoso (cf. *O modelo político brasileiro*. S. Paulo: DIFEL, 1972). Não me parece que a posição de Carlos Nelson, substantivamente, seja credora de Giannotti e/ou de Caio; quanto a Cardoso, a título de justiça histórica e curiosidade, cumpre recordar que desde os anos 1970 Carlos Nelson criticou (sem prejuízo do reconhecimento da sua importância) as concepções teórico-políticas do "príncipe da sociologia brasileira": veja-se o seu ensaio, firmado sob o pseudônimo de Guilherme Marques, "Économie et politique au Brésil aujourd'hui", publicado por revista mantida no exterior pelo PCB (Études brésiliennes. Leuven, année 3, n. 4, 1977).

nomeadamente às ideias que o pensador húngaro adiantava, à época, acerca da ontologia do ser social – e que Carlos Nelson só podia recolher esparsamente, em depoimentos e entrevistas de Lukács, uma vez que a obra conclusiva do itinerário lukacsiano ainda não fora publicada.[33]

Este é um aspecto essencial de *O estruturalismo e a miséria da razão*, que singulariza o trato do estruturalismo operado por Carlos Nelson: é medular na sua crítica de fundo ao pensamento estruturalista a tese de que este (como, aliás, todas as versões do pensamento neopositivista) tem por substrato a liquidação da dimensão ontológica na análise dos seus objetos; substantivamente, *a crítica de Carlos Nelson* às *matrizes estruturalistas incide na autonomização que promovem da epistemologia em relação* à *ontologia, conduzindo, no limite,* à *eliminação desta* (com o que, decorrentemente, se suprime a possibilidade de apreender concretamente a *historicidade* dos processos sociais). Exatamente aqui comparece o constitutivo central da elaboração de Carlos Nelson: desconhecendo as formulações da então inédita *Ontologia do ser social*, apoiado apenas em sumárias e episódicas indicações lukacsianas, ele foi capaz de conduzir uma operação crítico-analítica inteiramente consequente com o espírito do último Lukács.[34]

Mas esta operação crítico-analítica, sustentada no caráter ontológico que Lukács corretamente atribuiu à teoria social de Marx, funda-se ainda noutro pilar: a categoria de *decadência ideológica* – tão pouco compreendida e desprezada inclusive por pensadores do porte de um Sartre –, que Lukács extraiu de

---

33 Como se sabe, a *Ontologia do ser social* (*Zur Ontologie des gesellschaftlischen Seins*, a "Grande Ontologia") só viria a público, integralmente, em 1976-1981, na edição italiana (Roma, Riuniti); a "Pequena Ontologia" (*Prolegomena zur Ontologie des gesellschaftlischen Seins. Prinzipienfragen einer heute möglich gewordenen Onotologie* (Prolegômenos à ontologia do ser social. Questões de princípio de uma ontologia hoje tornada possível) somente mais tarde sairia à luz. [Nota dos organizadores: O conjunto de materiais da *Ontologia* foi publicado posteriormente no Brasil pela Boitempo, de S. Paulo: cf. G. Lukács, *Prolegômenos para uma ontologia do ser social* (2010) e *Para uma ontologia do ser social* I (2012) e II (2013).]

34 Parece-me claro que não há nada de estranho nestas brilhantes antecipações de Carlos Nelson – sua base, a meu juízo, reside no profundo conhecimento que ele detinha da *Estética* de Lukács, onde a impostação ontológica (mesmo não qualificada como tal) é dominante.

Marx já nos anos 1930[35] e que está na base das concepções desenvolvidas pelo filósofo húngaro em *A destruição da razão*. Nesta obra ciclópica e polêmica, Lukács privilegia a contraposição entre razão e irrazão[36] e demonstra que o moderno irracionalismo (cujos suportes são lançados por Schelling, mas cuja instauração cabe mesmo a Nietzsche), acabando por abrir o caminho ideológico para o horror nazista, fornece uma resposta evasionista em face da realidade histórico-social – e a evasão diante dos dilemas histórico-sociais mais decisivos é um traço peculiar ao pensamento decadente.

---

35 Não é possível, nos limites deste posfácio, apresentar, mesmo esquematicamente, a concepção lukacsiana da decadência ideológica, que o leitor encontrará no ensaio "Marx e o problema da decadência ideológica", recolhido em G. Lukács, *Marxismo e teoria da literatura* (Rio de Janeiro: Civilização Brasileira, 1968) e que tematizei, há mais de trinta anos, num breve estudo (cf. J. P. Netto, *Lukács e a crítica da filosofia burguesa*. Lisboa: Seara Nova, 1978). Mas, dada a importância da categoria, é preciso dedicar-lhe umas poucas linhas.
Seguindo indicações de Marx, Lukács vê nas revoluções de 1848 uma inflexão no processo de desenvolvimento do pensamento burguês: se, até então, ainda se conservavam nele as conquistas (especialmente a dialética) próprias do período de ascensão revolucionária da burguesia em sua luta contra o *Ancien Régime*, a resposta burguesa aos eventos revolucionários de 1848, revelando o esgotamento de seu papel historicamente progressista e seu trânsito ao campo do conservadorismo, mostra que ela, *enquanto classe*, já não pode mais enfrentar teoricamente os problemas decisivos da vida social. Um pensamento funcional aos interesses da burguesia, a partir de então, e à diferença do período anterior a 1848, deve resvalar necessariamente para a apologia (direta e/ou indireta) da ordem estabelecida, expressando-se nos marcos do racionalismo (James Mill) ou do irracionalismo (de que a ulterior obra de Nietzsche será emblemática). Esta direção teórico-filosófica expressa precisamente a *decadência ideológica*, consistente na ruptura com a herança cultural do período anterior, na negação do caráter contraditório e transitório da sociedade burguesa e no evasionismo em face das questões decisivas da vida social – centralmente, a exploração do trabalho pelo capital (por isto, em primeiro lugar, a evicção da Economia Política clássica e as construções ideológicas que conduziram à economia vulgar). Do ponto de vista da filosofia, a decadência ideológica se manifesta pela assunção do ecletismo, do relativismo e pela dissolução das elaborações sistemáticas. No domínio da estética, a decadência se evidencia na substituição do realismo pelo naturalismo como método de figuração artística. Lukács entende que a decadência ideológica não é uma condição, mas um processo historicamente constituído – e, por isto, apresenta traços que variam conforme o evolver do capitalismo (no estágio imperialista, a decadência ideológica apresenta particularidades antes inexistentes). É imperioso ressaltar que as determinações da decadência dizem respeito à burguesia como classe – o que significa que indivíduos desta classe podem romper com ela e lutar exitosamente contra as trágicas limitações que ela lhes impõe.

36 Privilégio que, como se sabe, custou a Lukács duras críticas, provindas de setores representativos do dogmatismo stalinista, que o acusaram de subestimar, no âmbito filosófico, a contraposição *idealismo/materialismo*. Como uma quase curiosidade bibliográfica, vale lembrar que *A destruição da razão*, nunca traduzida ao português, teve um "resumo" elaborado e publicado por Rodolfo Gomes Pessanha na segunda parte de seu livro *Navegando com o irracionalismo* (Niterói: Clube de Literatura Cromos, 1995).

Estes são, expressamente, os débitos fundamentais de Carlos Nelson para com seu "mestre" Lukács. Mas, a partir deles, sobrelevam os desenvolvimentos formulados pelo "discípulo". A originalidade de *O estruturalismo e a miséria da razão* é cristalina e pode ser verificada em dois níveis claramente articulados: em primeiro lugar, na crítica ao racionalismo formal, com a introdução da categoria de *miséria da razão*; em segundo lugar, estabelecendo a relação entre a *razão miserável* e a *ideologia da segurança* (temáticas específicas dos capítulos I e II deste livro).

A categoria de *miséria da razão* é uma elaboração pessoal de Carlos Nelson. Como se sabe, n'*A destruição da razão*, Lukács não opera suficientes discriminações ídeo-teóricas no campo da razão, de modo que permanece sem tratamento uma importantíssima vertente do pensamento ocidental moderno que, embora sendo formalmente racionalista, de fato capitula em face da realidade, aceitando a sua *imediaticidade* (isto é, a sua aparência reificada) e assumindo, como se fora implicação necessária do caráter relativo de todo conhecimento, um relativismo que redunda no agnosticismo social: trata-se das correntes positivistas e neopositivistas – nas quais o capitulacionismo em face da realidade quase sempre se assegura à base do epistemologismo.[37] As formulações de Carlos Nelson sobre a *razão miserável*, que, certamente, recuperam crítica e seletivamente um largo legado intelectual – que arranca de Hegel (com a notável distinção, apresentada no prefácio à primeira edição da *Ciência da lógica*, entre *Verstand* e *Vernunft*), passa pelos problemáticos Lukács e Korsch de 1923 e vem desaguar em alguns representantes da "escola de Frankfurt"[38] e em pensadores influenciados diretamente por Marx, como Lefebvre e Goldmann) – tais formulações são inovadoras e criativas, esclarecendo sobretudo a *relação de complementaridade* entre racionalismo formal e

37 Ao que sei, a primeira reação crítica ao neopositivismo, a partir de uma posição inspirada em Lukács, foi a polêmica levantada por Cesare Cases na Itália (cf. o seu ensaio *Marxismo e neopositivismo*. Torino, Einaudi, 1958). É fato que o último Lukács teve plena consciência da relevância, neste sentido, do positivismo e do neopositivismo – capítulo seminal da *Ontologia do ser social* cuida precisamente do neopositivismo.

38 Julgo haver algum débito de Carlos Nelson, em *O estruturalismo e a miséria da razão*, para com Horkheimer e Marcuse (especialmente o de *O homem unidimensional*) – mas é preciso sublinhar que ele altera essencialmente as sugestões que deles recebe com a impostação ontológica das suas análises.

irracionalismo moderno na cultura própria ao capitalismo do século XX (ou, se se quiser, ao capitalismo dos monopólios em sua plena maturidade, que, para Carlos Nelson, configura o "capitalismo manipulatório"), cultura que é expressão inequívoca da decadência ideológica. Esta relação de complementaridade, Carlos Nelson descobre-a na *função ideológica* que moderno irracionalismo (a "destruição da razão") e racionalismo formal (a "razão miserável") desempenham como constitutivos da cultura burguesa no marco das tensões, oscilações e contradições da sociedade comandada pelo capital: entre a "angústia" e a "segurança", operam como constelações ídeo-teóricas sobre as quais se erguem "concepções de mundo" conservadoras/estabilizadoras da ordem.

*O estruturalismo e a miséria da razão* não se detém, todavia, no que Carlos Nelson designou como a "análise da gênese histórico-filosófica do estruturalismo". Se esta análise é imprescindível, a exigência especificamente teórico-filosófica requer mais: requer ainda o exame imanente e sistemático das elaborações estruturalistas (o exame interno do "discurso teórico-filosófico") – e este é o objeto dos capítulos III, IV e V do livro que está nas mãos do leitor. Sem concessões ao sociologismo (ou a qualquer outro tipo de reducionismo), a argumentação de Carlos Nelson avança para apreender os nexos internos do pensamento estruturalista e suas efetivas e mediadas conexões com a realidade histórico-social de que é constituinte e componente indescartável. O passo inicial deste percurso analítico compõe o capítulo III e se complementa no item 1 do capítulo IV: vinculam-se dialeticamente o brilhante excurso sobre linguagem, práxis e razão, a esclarecedora análise do trânsito do neopositivismo ao estruturalismo e a ousada crítica a Lévi-Strauss.

Até esta altura, *O estruturalismo e a miséria da razão* revela a sua força e a sua atualidade – mais exatamente, os traços que respondem pela sua consideração como livro a ser *necessariamente* compulsado nos dias correntes. Daí em diante, ou seja: os itens 2 e 3 do capítulo IV, bem como o capítulo V, fica clara a *insuficiência* do texto.

Tratemos de evitar mal-entendidos: a meu juízo, o exame crítico a que Carlos Nelson submete o pensamento de Foucault e Althusser – e de um autor efetivamente menor, mas influente, como Barthes – não contém nenhum equívoco. As suas análises, todavia, estão limitadas porque o material sobre o qual operou a sua crítica é também limitado: Althusser e Foucault prosseguiram em sua atividade intelectual num arco temporal mais amplo e produziram textos que assinalaram inflexões em sua evolução ídeo-política. Basta lembrar que Althusser (cuja vida intelectual foi brutalmente interrompida pela tragédia pessoal de que todos temos notícia),[39] ao tempo em que Carlos Nelson escrevia, ainda não dera à luz a *Réponse* à *John Lewis* (1972), *Philosophie et philosophie spontannée des savants* (1973), Éléments *d'autocritique* (1974), bem como alguns textos de *Positions* (1976);[40] nestes materiais, em maior ou menor medida, encontram-se elementos ausentes nos textos analisados por Carlos Nelson.[41] No que toca a Foucault, a questão é ainda mais complicada, posto que ele tenha não só escrito e publicado abundantemente depois de 1969 – ano da publicação d'*Arqueologia do saber* que, com *As palavras e as coisas* (1966), é objeto da crítica de Carlos Nelson – como, sobretudo, que ele tenha incorporado ao seu universo intelectual, ampliando-o sensivelmente, autores e temas ausentes em sua produção até fins dos anos 1960. Textos diferenciados e fundantes do que se poderia designar como "foucaultianismo" – como *Surveiller et punir*, *Microphysique du pouvoir* e os três volumes da *Histoire*

---

[39] Tragédia de que resultou um dos mais extraordinários documentos confessionais do século XX, a meu ver ainda não devidamente avaliado: trata-se da dolorosa autobiografia de Althusser: *O futuro dura muito tempo* (S. Paulo: Cia. das Letras, 1992).

[40] Cf. L. Althusser, *Resposta a John Lewis*. Lisboa: Estampa, 1973; *Filosofia e filosofia espontânea dos cientistas*. Lisboa: Presença, 1979; *Elementos de autocrítica*. Rio de Janeiro: Graal, 1978; *Posições*. 1-2. Rio de Janeiro: Graal, 1977-1980.

[41] Para críticas a Althusser posteriores à análise de Carlos Nelson, cf., entre outros, E. P. Thompson, *A miséria da teoria ou um planetário de erros (uma crítica ao pensamento de Althusser)*. Rio de Janeiro: Zahar, 1981 (a edição original é de 1978); A. S. Vázquez, *Ciência e revolução. O marxismo de Althusser*. Rio de Janeiro: Civilização Brasileira, 1980 (também é de 1978 a edição original); J. Rancière, *La leçon d'Althusser*. Paris, Gallimard, 1974; P. Fougeirollas, *Contre Lévi-Strauss, Lacan et Althusser*. Paris: Savelli, 1976; A. Callinicos, *Althusser's Marxism*. London: Camelot Press, 1976; J. O'Neill, *For Marx against Althusser*. Washington: University Press of America, 1982; G. Elliot, *Althusser. The detour of theory*. London: Verso, 1987 e D. Avenas *et alii*, *Contre Althusser pour Marx*. Paris: La Passion, 1999. Em defesa de Althusser, cite-se o ensaio de S. Karsz, *Théorie et politique. Louis Althusser*, Paris: Fayard, 1974 e a obra de Yann Moulier-Boutang, *Louis Althusser. Une biographie*. Paris: Librairie Générale Française, 1-2, 2002, que ainda não cobre o inteiro percurso humano e intelectual de Althusser, é referência para o seu estudo.

*de la sexualité*, ademais dos *Dits et* écrits[42] – obviamente não podiam ser considerados por Carlos Nelson. Esta ampliação do universo intelectual de Foucault foi necessariamente coetânea a indiscutíveis giros na sua reflexão, que conformaram, a partir dos anos 1970, um novo perfil deste pensador – que, é claro, não foi analisado por Carlos Nelson.

Em resumo: a crítica a que, em *O estruturalismo e a miséria da razão*, são submetidos os textos de Althusser e Foucault *não dá conta do conjunto da obra de ambos*. Isto não significa que tal crítica possa ser desconsiderada: ao contrário, deve ser necessariamente levada em conta se se quiser compreender a *totalidade* do pensamento dos dois autores – contudo, e também necessariamente, há que sublinhar os seus limites: apenas com ela não se compreenderá o inteiro percurso teórico-filosófico e ídeo-político de Althusser e, especialmente, de Foucault. Ademais, há que lembrar que o interesse de Carlos Nelson em relação aos estruturalistas foi, obviamente, seletivo: sua abordagem incide sobre aqueles (Althusser e Foucault) que mais diretamente impactavam o campo da tradição marxista e, nomeadamente, o "marxismo legal" que começava a se constituir no Brasil – eis o que explica, penso, que ele não se tenha detido sobre autores cuja relevância tornou-se muito mais flagrante no decurso dos anos 1970 (parece-me o caso específico de Lacan), nem, ainda, sobre os rebatimentos do estruturalismo para além da França (em especial, nos Estados Unidos, onde, na transição dos anos 1960 aos 1970, figuras francesas de proeminência como Derrida já desfrutavam de prestígio).[43]

---

42 Cf. M. Foucault, *Vigiar e punir*. Petrópolis: Vozes, 1977; *Microfísica do poder*. Rio de Janeiro: Graal, 1979; *História da sexualidade. 1. A vontade de saber*. Rio de Janeiro: Graal, 15ª ed., 2003; 2. *O uso dos prazeres*. Rio de Janeiro: Graal, 9ª ed., 2001; 3. *O cuidado de si*. Rio de Janeiro: Graal, 7ª ed., 2002; *Ditos e escritos*. 1-5. Rio de Janeiro: Forense Universitária, 2002-2006. Para críticas a textos foucaultianos não estudados por Carlos Nelson, cf., entre outros: J. G. Merquior, *Michel Foucault ou o niilismo de cátedra*. Rio de Janeiro: Nova Fronteira, 1985; J. Habermas, *O discurso filosófico da* modernidade. Lisboa: D. Quixote,1990; Vv. Aa., *Inicios de partida. Coloquio sobre la obra de Michel Foucault*. La Habana: Centro de Investigación y Desarrollo de la Cultura Cubana Juan Marinello, Cátedra Antonio Gramsci, 2000; T. Flynn, *Sartre, Foucault and Historical Reason. 2. A post-structuralism mapping of history*. Chicago: Chicago University Press, 2003. Para referências biobibliográficas sobre o pensador francês, cf., entre outros, D. Eribon, *Foucault. Uma biografia*. S. Paulo: Cia. das Letras, 1990 e P. Veyne, *Michel Foucault, sa pensée, sa personne*. Paris: Albin Michel, 2008.

43 Para a influência posterior de estruturalistas na cultura norte-americana, cf. F. Cusset, *French Theory*. Paris: La Découverte, 2003.

Tais limitações de *O estruturalismo e a miséria da razão*, que hoje se revelam evidentes e mostram a sua insuficiência, não podem ocultar a sua força: nas páginas de Carlos Nelson que o leitor acabou de percorrer, está realizada uma exemplar crítica ontológica que não fere apenas as bases do pensamento estruturalista – *trata-se de crítica sem a qual é impensável o tratamento rigorosamente marxista (e lukacsiano) de correntes teórico-filosóficas e* ídeo-políticas *que se desenvolveram depois do estruturalismo.*

## IV

Em obra fartamente documentada, François Dosse observa que a explosão de maio de 1968 favoreceu decisivamente o pensamento estruturalista. Escreve ele: "Os estruturalistas eram, em sua maior parte, marginais até 1968. A contestação estudantil de maio, a modernização da universidade, a implosão da Sorbonne, vão permitir-lhes realizar a desejada penetração num mundo universitário, no qual fazem a sua entrada maciça". E anota: "Se existe ambiguidade sobre as consequências do evento-68, no plano teórico, não é esse o caso no plano institucional: o estruturalismo é o grande beneficiário do movimento de contestação".[44] Esta conclusão parece inteiramente legítima e nada mais emblemático dela que o ingresso do "marginal" Foucault no *Collège de France* (2 de dezembro de 1970).[45]

De fato, nos anos imediatamente posteriores ao maio de 1968, os estruturalistas dominaram a cena intelectual francesa. Pelo menos até meados da década seguinte, o pensamento estruturalista, nos seus diversos matizes – mas, basicamente, nas vertentes althusseriana e foucaultiana, aliás compatíveis e complementares –, hegemonizou a cultura acadêmica francesa e, no exterior da França,

[44] Cf. F. Dosse, *História do estruturalismo. 2. O canto do cisne, de 1967 a nossos dias*. S. Paulo/Campinas: Ensaio/UNICAMP, 1994, p. 161.

[45] Nas páginas imediatamente seguintes à da citação anterior, Dosse detalha o ingresso dos estruturalistas na estrutura acadêmica parisiense.

a cultura francófila e francófona.[46] Os dilaceramentos ídeo-políticos dentro do campo estruturalista (exemplificados, por exemplo, nos rumos da revista *Tel Quel*, de Philippe Sollers, que transita para o maoísmo) não põem em questão esta hegemonia, que, porém, será logo (a partir de meados dos anos 1970) erodida por razões e motivos de outra natureza – não é por acaso, aliás, que tal hegemonia acabará por configurar o que Dosse designa como "o canto de cisne" do estruturalismo.

Estes anos de hegemonia estruturalista terão em Althusser e Foucault seus "mestres pensadores". Na abertura da década de 1970, inicialmente o proscênio caberá a Althusser. O Althusser deste período *não alterará substantivamente as suas concepções teórico-metodológicas* – por isto, as críticas fundamentais que lhe são dirigidas em *O estruturalismo e a miséria da razão* permanecem válidas: no seu pensamento, a dissolução das determinações ontológicas em proveito do epistemologismo não sofrerá alterações; ao contrário, elas se consolidarão (rebatendo na produção de Dominique Lecourt e Pierre Raymond),[47] simultaneamente ao espraiamento da influência althusseriana para o campo da antropologia (Emmanuel Terray e, em especial, Marc Augé).[48]

No entanto, ademais de um discreto e formal distanciamento das correntes estruturalistas – que alguns autores interpretarão como movimento de natureza autocrítica[49] –, há algo de flagrantemente novo na reflexão althusseriana: o esforço para abandonar o *teoricismo* que marcou a sua produção anterior. Praticamente todos os analistas de sua obra ressaltam que esta tentativa

---

46 Não é possível, aqui, esboçar sequer uma súmula do desenvolvimento e da abrangência do pensamento estruturalista no pós-68 – neste espaço, limitar-me-ei sumariamente ao que diz respeito, diretamente, ao conteúdo do livro de Carlos Nelson; para aproximar-se àquele desenvolvimento e abrangência, a obra já citada de Dosse continua sendo indispensável, mas a bibliografia pertinente é enorme; para algumas indicações interessantes, cf., entre outros, A. Giddens, "El estructuralismo, el post-estructuralismo y la producción de la cultura", *in* A. Giddens *et alii*, *La teoria social, hoy*. Madrid: Alianza, 1990; Didier Eribon, *Michel Foucault et ses contemporains*. Paris: Fayard, 1994; J.-C. Milner, *Le périple structural. Figures et paradigmes*. Paris: Seuil, 2002 e E. Roudinesco, *Filósofos na tormenta*. Rio de Janeiro: Jorge Zahar, 2006.

47 Cf. D. Lecourt, *Pour une critique de l´épistemologie*. Paris: Maspero, 1972 (há edição portuguesa: *Para uma crítica da epistemologia*. Lisboa: Assírio & Alvim, 1980) e *Lyssenko. Histoire réelle d´une "science prolétarienne"*. Paris: Maspero, 1976; P. Raymond, *Matérialisme dialectique et logique*. Paris: Maspero, 1977.

48 Cf. M. Augé, *Symbole, function, histoire*. Paris: Hachette, 1979.

49 Cf. Vázquez, *Ciencia y revolución*. Madrid: Alianza, 1978, esp. pp. 12 e 112; Dosse, *História do estruturalismo*, ed. e vol. cit., p. 209 e ss.

(obviamente marcada pela experiência de 1968, quando Althusser manteve um distanciado e prudente silêncio em face da explosão de maio) tem seu ponto de arranque no célebre ensaio sobre os aparelhos ideológicos de Estado (que veio à luz em 1970),[50] no qual reverberam ecos gramscianos. Dosse chega mesmo a afirmar que, neste texto, definidor de "um vasto programa de pesquisa", Althusser abre o passo a um deslocamento em que transita "de um ponto de vista puramente teórico, especulativo, para uma consideração da 'análise concreta de uma situação concreta'"[51] – mas este esforço não se expressou em nenhuma elaboração analítica do próprio Althusser, revelando-se antes como uma petição de princípio; neste deslocamento, contudo, havia uma abertura de Althusser para muito mais que "práticas teóricas" – em especial, as práticas institucionais (das quais aquelas próprias da instituição escolar seriam amplamente destacadas).[52]

E o último trabalho significativo de Althusser, de 1978, é uma clara implicação de tal deslocamento: constitui uma intervenção que destoa completamente do teoricismo anterior – trata-se da reunião, em um opúsculo intitulado *Ce qui ne peut plus durer dans le Parti Communiste*,[53] de artigos publicados em *Le Monde* (abril de 1978). Neste conjunto textual, Althusser, reafirmando a sua discreta crítica ao stalinismo (um "desvio"), já esboçada na *Resposta a John Lewis*, enfrenta a problemática efetiva do PCF, questionando não só a sua estrutura organizacional mas, sobretudo, a sua natureza institucional e suas práticas excludentes em relação à militância. Nunca, até então, Althusser se manifestara tão nítida e expressamente sobre a prática política concreta do seu partido[54] – e com incidências sobre o conjunto das suas ideias, já que me parece correto dizer que, "na medida em que suas reflexões sobre as questões de organização afetam o problema medular das

---

50 L. Athusser, *Aparelhos ideológicos de Estado*. Rio de Janeiro: Graal, 10. ed., 2007.

51 Cf. Dosse, *op. cit.*, p. 195.

52 É clara a inspiração althusseriana em C. Baudelot e R. Establet, *L´école capitaliste en France*. Paris: Maspero, 1971; Dosse (*op. cit.*, p. 196) aponta a mesma influência em R. Balibar e D. Laporte, em *Le français national* (Paris: Hachette, 1973) e, de autoria da primeira, *Les français fictifs* (*idem*).

53 L. Althusser, *Ce qui ne peut plus durer dans le Parti Communiste*, Paris: Maspero, 1978. A intervenção de Althusser seguiu-se quase imediatamente às eleições francesas (março de 1978), nas quais o novo PS sobrepujou o PCF.

54 Carlos Nelson lembra que, "diante da invasão da Tchecoslováquia, dos rumorosos debates que culminaram na expulsão de Garaudy do PCF, Althusser manteve um prudente silêncio: um silêncio conformista e conservador" (cf., nesta edição d'*O estruturalismo*..., a p. 185).

relações entre teoria e prática, concluímos que, neste domínio, Althusser alcança um ponto de não retorno em face de seu anterior teoricismo".[55] Sua tragédia pessoal impediu-o de dar (ou não) consequência a este giro; de qualquer forma, ele oferece elementos de problematização para a conclusão *política* a que Carlos Nelson chega em *O estruturalismo e a miséria da razão*: "sua conversão no único filosófo marxista francês 'oficial' [é] sintoma de que o caráter direitista ou conservador do pensamento de Althusser – já evidente no plano especificamente teórico – poderá rapidamente converter-se também numa realidade prática e política".[56] Certamente que, se pudesse levar em conta *Ce qui ne peut plus durer dans le Parti Communiste*, Carlos Nelson reconsideraria esta prospecção.

Portanto, a meu juízo, a insuficiência de *O estruturalismo e a razão*, no que toca à análise de Althusser, reside em não dar conta – explicavelmente, por razões que já se indicou – do itinerário ídeo-político do Althusser posterior a 1970. Diversa é a insuficiência no que diz respeito a Foucault – aqui, a questão é mais complexa.

Um bom número de críticos qualificados distingue, no conjunto da obra foucaultiana, diferentes momentos evolutivos;[57] apesar dos seus distintos quadros analíticos, há um consenso entre eles: *A arqueologia do saber* (1969) assinala o fim de um estágio no processo constitutivo do pensamento de Foucault, que ganha, especialmente após a "implosão da grade althusseriana",[58] uma formidável influência sobre a cultura francesa (e não só). Ora, independentemente da apreciação que se faça sobre as clivagens encontráveis na

---

55 A. S. Vázquez, *op. cit.*, p. 205.

56 Cf., nesta edição d'O *estruturalismo...*, a p. 185).

57 Merquior e Dosse, nas obras já citadas, e também Scott Lash, *Sociology of postmodernism*. London: Routledge, 1990, apontam dois momentos na obra de Foucault: o primeiro ("arqueológico"), até *A arqueologia do saber* e, depois dele, um segundo ("genealógico"). Em F. Ortega, *Amizade e estética da existência em Foucault*. Rio de Janeiro: Graal, 1999 e em G. Castelo Branco e V. Portocarrero (orgs.), *Retratos de Foucault*. Rio de Janeiro: Nau, 2002, encontra-se uma discriminação maior, compreendendo um momento "arqueológico" (da *História da loucura*, 1961, a *A arqueologia...*, 1969), um "genealógico" (que compreende *Vigiar e punir*, 1975 e o primeiro volume da *História da sexualidade*, 1978) e, enfim, o "ético" (o segundo e o terceiro volumes da *História da sexualidade*). Sobre a "arqueologia", cf. Sérgio Paulo Rouanet *et alii*. *O homem e o discurso. A arqueologia de Michel Foucault*. Rio de Janeiro: Tempo Brasileiro, 1971. Vale, ainda, a leitura de G. Deleuze, *Foucault*. S. Paulo: Brasiliense, 1988.

58 Acerca da "implosão" da *grade althusseriana*, que marca o início do ocaso da influência de Althusser, cf. Dosse (*op. cit.*, p. 210 e ss).

obra de Foucault, o que é factual consiste em que o mais ponderável - sob todos os aspectos - da produção foucaultiana é *posterior* ao livro de 1969; isto significa que a crítica de Carlos Nelson, vazada em *O estruturalismo e a miséria da razão*, incide tão somente sobre o "primeiro Foucault", não recobrindo a essencialidade do trabalho do autor da *História da loucura*. E, com efeito, fica fora do campo textual da crítica de Carlos Nelson toda a reflexão que Foucault desenvolve a partir do seu ingresso no *Collège de France*. Numa palavra: o leitor de *O estruturalismo e a miséria da razão* não encontra aqui nada que vá além do "momento arqueológico" que Foucault encerraria em 1969.

Como já indiquei sumariamente, há fontes que permitem ir bem adiante na crítica a Foucault (cf. as notas 42 e 43). Entretanto, na bibliografia disponível, a linha analítica inaugurada por Carlos Nelson não teve maiores desenvolvimentos, exceto no caso do trabalho de Mavi Rodrigues.[59] Pesquisadora rigorosa e disposta à polêmica, Rodrigues dedicou ao conjunto da obra de Foucault uma crítica radical que, embasada explícita e justamente em *O estruturalismo e a miséria da razão*, procura dar conta do *inteiro* Foucault, da *História da loucura* ao terceiro volume da *História da sexualidade*. Formulando ideias que colidem com a maioria das interpretações correntes, ela sustenta o caráter *sistemático e unitário* do pensamento foucaultiano - sem prejuízo das suas metamorfoses - e conclui que Foucault, sempre na fronteira entre a *destruição* e a *miséria da razão*, realizou uma operação ídeo-teórica específica, consistente em "*celebrar o irracional por meio de uma desconstrução racionalista formal da Ratio Moderna*" e, com isto, abriu o caminho à pós-modernidade.[60]

---

59 Mavi Rodrigues, *Michel Foucault sem espelhos: um pensador* proto *pós-moderno*/Mavi Rodrigues. Rio de Janeiro: UFRJ/ESS, 2006, 259 p. Esta tese de doutoramento pode ser acessada por via eletrônica: http://teses.ufrj.br/ESS D/MaviRodrigues.pdf. Mas há que recordar o oportuno opúsculo (1992) de João Emanuel Evangelista, *Crise do marxismo e irracionalismo pós-moderno*. S. Paulo: Cortez, 3ª. ed., 2002.

60 É provável que Sérgio Paulo Rouanet problematize esta conclusão de Rodrigues (cf. o ensaio "Foucault e a modernidade", inserido em S. P. Rouanet, *As razões do iluminismo*. S. Paulo: Cia. das Letras, 1987). Mas a complementaridade entre *miséria da razão* e *destruição da razão* parece-me inconteste: a "desconstrução da *Ratio moderna*" é coetânea ao surgimento de um neo-irracionalismo que tem como novidade, ao contrário do irracionalismo "clássico", o fato de *não* vincular-se politicamente à direita, antes pretendendo-se de esquerda, "subversivo" (não é casual que um Michel Maffesoli comece a visibilizar-se na segunda metade dos anos 1970). Para manifestações desse fenômeno no Brasil, cf. o mesmo Rouanet, *op. cit.*, pp. 124-146.

Se a análise de Rodrigues for essencialmente correta – e a mim me parece que é, à parte elementos adjetivos –, seu trabalho tem, em relação a *O estruturalismo e a miséria da razão*, uma dupla significação: primeiro, demonstra a necessidade (a força e a atualidade) da crítica de Carlos Nelson para a consideração totalizante de Foucault; segundo, constitui uma contribuição indispensável para superar os limites (a insuficiência) daquela crítica.

## V

Escapa aos limites deste posfácio a referência aos desdobramentos e descolamentos ocorridos no interior do campo estruturalista durante e após a sua hegemonia intelectual.[61] Importa, porém, sublinhar com a máxima ênfase que a dominância estruturalista, com suas características imanentes, contribuiu com força para infletir vetores nucleares que até então incidiam vigorosamente no pensamento francês, operando com nítidos rebatimentos na conformação da cultura que a sucedeu. Tais características podem ser resumidas em três traços medulares do pensamento estruturalista, que se inscreveram determinantemente no pensamento francês desde então: 1. *o deslocamento de Hegel em favor de Nietzsche (e Heidegger)*; 2. *a dissolução da ideia de verdade* e 3. *uma historicização categorial que cancela toda referência ao universal.*[62] Mais adiante nos encontraremos com esta herança estruturalista.

O refluxo do pensamento estruturalista, visível a partir da segunda metade dos anos 1970, cedendo lugar ao mal chamado "pós-estruturalismo",[63] foi sem dúvidas um fenômeno marcante: o pensamento francês posterior distingue-se radicalmente do que foi o espírito francês dos anos 1960 e autores que estiveram na base da dominância estruturalista são bastante críticos

---

61 Para tais desdobramentos, a obra de Dosse, que venho citando, constitui referência obrigatória.

62 Cf. Luc Ferry e Alain Renaut, *Pensamento 68. Ensaio sobre o anti-humanismo contemporâneo*. S. Paulo, Ensaio, 1988, p. 26 e ss.

63 É evidente que este rótulo – "pós-estruturalismo" – é um fácil recurso para tergiversar a análise e a crítica das várias correntes teóricas emergentes a partir de meados dos anos 1970. Sem qualquer significado crítico, aqui é empregado por simples comodidade.

em relação ao que a sucedeu.[64] Com efeito, na abertura dos anos 1960, tudo indicava que Sartre vocalizava um sentimento generalizado na cultura francesa ao afirmar que "o marxismo, como quadro formal de todo pensamento filosófico de hoje, é insuperável".[65] Mas o que Sartre não levava em conta, seu opositor Raymond Aron (que, precisamente, seria entronizado como grande pensador na sequência do maio de 1968) perceberia com sensibilidade: "A *intelligentzia* dos anos 1960 tinha por deus não mais o Sartre do pós-guerra, mas uma mistura de Lévi-Strauss, Foucault, Althusser e Lacan"[66] – e esta não era uma diferença qualquer. Nos anos seguintes ao turbilhão de 1968, tal diferença viria à tona e haveria de configurar, no espaço público, entre outras mutações, o eclipse do *intelectual universal*, obscurecido pelo *intelectual específico* – de que a ilustração mais emblemática é o ocaso da ressonância de Sartre em paralelo à ascendência da referencialidade de Foucault.

Ao observador mais atento o que não escapa é que o refluxo do pensamento estruturalista representou, visto à distância que permite uma perspectivação mais abrangente, um momento de transição no sentido da inflexão mencionada linhas acima, para a qual ele, objetivamente, colaborou: a transição à emersão do que viria ser designado como pós-modernidade – e, nesta transição, um giro extraordinário, surpreendente até mesmo para os corifeus do estruturalismo: *um violento giro à direita*. Na cultura francesa, a segunda metade dos anos 1970 assistirá ao fulgor dos *novos filósofos* – formuladores midiáticos de um pensamento nítida e expressamente restaurador que, à diferença do conservador ilustrado (R. Aron), se propõem a ser o batalhão de choque da guerra ideológica contra *todo* o pensamento da esquerda, tal como o documentam duas obras típicas deste período: *La cuisinière et le mangeur d'hommes* (1975), de André Gluksmann[67] e *La barbarie à visage humain* (1977), de Bernard-Henri Lévy, ambos ex-maoístas, antes "campeões da adesão

---

[64] Em entrevista concedida a Paulo Moreira Leite, em 2003, Claude Lévi-Strauss declarava: "Penso que existem períodos notáveis, do ponto de vista da produção intelectual, e períodos de vazio, e acredito que a fase atual é do segundo tipo" (*Veja*. S. Paulo, Abril, edição de 24 de setembro de 2003).

[65] Carta a R. Garaudy, publicada por este em seu *Perspectivas do homem* (Rio de Janeiro: Civilização Brasileira, 1965, p. 113).

[66] R. Aron, *La révoluton introuvable*. Paris, Fayard, 1968, p. 136.

[67] Há tradução ao português: *A cozinheira e o canibal*. S. Paulo: Paz e Terra, 1978.

mística ao *grande timoneiro* (...) [que] descobrem então o discreto charme do liberalismo"[68]. Este giro à direita tem raízes já no pré-68, como o mostra um aroniano como Winock;[69] porém é notável, nele, a presença de protagonistas que, nos eventos de 1968, exibiam um extremado radicalismo esquerdista[70] (ainda que, note-se, nem todos os *novos filósofos* disponham desse episódio no seu currículo). A novidade ídeo-política é aqui indiscutível: se mesmo entre os estruturalistas não marxistas havia um denominador comum anticapitalista (talvez seja possível verificar, neles, a reiteração daquela epistemologia "de direita" justaposta a uma ética "de esquerda" de que falava Lukács), os *novos filósofos* rompem expressamente com ele: agora, trata-se de prioritariamente defender a ordem burguesa em nome da "liberdade", inclusive porque é ela que se mostra a mais adequada para o combate ao "totalitarismo" - leia-se: ao socialismo, não só identificado como a experiência soviética, mas como derivação necessária das ideias de Marx.[71]

Esta profunda viragem à direita, que não envolveu os principais corifeus do estruturalismo, agora nos castelos de prestigiados nichos acadêmicos, foi frequentemente analisada como resultante do impacto causado na França pela divulgação d'*O arquipélago Gulag*, de Solzenitsyn[72] - é evidente que se trata de explicação falaciosa: as "revelações" de Solzenitsyn eram conhecidas de há muito e intelectuais de esquerda (como, por exemplo, marxistas

---

68 Dosse, *op. cit.*, p. 306-307. Se estas duas figuras são as mais conhecidas, não se pode esquecer, entre os *novos filósofos*, os nomes de G. Lardreau, C. Jambet, J.-M. Bénoist e A. Comte-Sponville. Sobre esta "nova filosofia", cf. F. Aubral e X. Delcourt, *Contre la nouvelle philosophie*. Paris: Gallimard, 1977; e sobre Bernard-Henri Lévy, talvez a estrela maior dos *novos filósofos*, cf. Daniel Bensaïd, *Un nouveau théologien: Bernard-Henri Lévy*. Fécamp: Nouvelles Éditions Lignes, 2008.

69 Cf. o seu celebrado *O século dos intelectuais*. Rio de Janeiro: Bertrand Brasil, 2000, p. 756 e ss.

70 O radicalismo esquerdista de 1968 não se metamorfoseou apenas na França: não é por acaso que uma liderança à época destacadíssima, como Daniel Cohn-Bendit - em maio de 1968, "Dani, o vermelho" -, tenha se convertido num "idiota histórico da economia de mercado", exemplo de "medíocre democrata ecológico" (Robert Kurz, *Os últimos combates*. Petrópolis, Vozes, 1997, p. 294). Conversões deste gênero se multiplicaram, em todos os quadrantes, a partir de meados dos anos 1970.

71 São, estreitas, obviamente, as vinculações entre os *novos filósofos* e a *nova direita* de Alain de Bénoist - tão estreitas que quase chegam a se confundir.

72 Winock (*op. cit.*, esp. p. 772) parece compartilhar desta explicação. Mas é indiscutível que a obra repercutiu fortemente em termos de "opinião pública": lançado em junho de 1974, o seu primeiro volume em poucas semanas vendeu cerca de 700 mil exemplares.

de inspiração trotskista) que as tomavam a sério operaram a crítica ao stalinismo e sua continuidade sem, com isto, se tornarem necessariamente trânsfugas ou renegados – não se puseram a questão de escolher entre Stálin e Joana d'Arc, como o fizeram G. Lardreau e C. Jambet em seu *L'Ange* (desnecessário dizer da opção pela santa)[73].

Esta viragem envolveu, também na sequência dos eventos de maio de 1968, um outro território: o da história. O Foucault d'*A arqueologia do saber* impacta fortemente alguns autores ligados ao marco da tradição da revista *Annales*, criada em 1929 por Marc Bloch e Lucien Febvre e matrizadora da pesquisa histórica francesa mais significativa.[74] Este impacto, especialmente visível nas formulações de Paul Veyne, mas também nas de Emmanuel Le Roy Ladurie (embora, no caso deste, seja marcante o influxo de C. Lévi-Strauss)[75], tem por resultado uma ruptura com as concepções fundantes de Bloch e Febvre (e também de F. Braudel); sob a influência estruturalista, articula-se a "nova história", que haverá de apresentar-se *como uma máquina de guerra contra o pensamento dialético*.[76] É nesta atmosfera que um historiador assumidamente reacionário, Phillippe Ariès,[77] até então pouco valorizado, ganha saliência e que o giro à direita de historiadores franceses adquire caráter emblemático com a evolução de um ex-stalinista, François Furet, convertido ao "credo democrático" nos anos 1960 e autor de vários estudos sobre a

73 G. Lardreau e C. Jambet, *L'Ange*. Paris: Grasset, 1976.

74 Sobre *Annales* e alguns de seus desdobramentos, inclusive a "Nova História", cf., entre outros, F. Dosse, *A história em migalhas. Dos* Annales à Nova história. S. Paulo/Campinas: Ensaio/UNICAMP, 1992; Jacques Le Goff, *História nova*. S. Paulo: Martins Fontes, 1990; Peter Burke, *A escola francesa dos* Annales. *1929-1989*. S. Paulo: UNESP, 1992 e Josep Fontana, *História: análise do passado e projeto social*. Bauru: EDUSC, 1998.

75 Cf. P. Veyne, *Como se escreve a história/Foucault revoluciona a história*. Brasília: UnB, 1998; E. Le Roy Ladurie, *Territoire de l'histoire*. Paris: Gallimard, I, 1973.

76 A feliz expressão é de F. Dosse, *A história em migalhas...*, ed. cit., p. 232.

77 Segundo Dosse (*A história em migalhas...*, ed. cit., p. 219), Ariès assim se caracteriza: "Sou um homem de direita, um verdadeiro reacionário" (cf. *Un historien du dimanche*. Paris: Seuil, 1980, p. 202. Esta obra, editada por M. Winock, dispõe de tradução: *Um historiador diletante*. Rio de Janeiro: Bertrand Brasil, 1994).

Revolução Francesa[78] – estudos nos quais a interpretação da revolução se altera ao sabor das variações ideológicas do autor, que, arrancando de um Marx stalinizado, termina nos braços de Alexis de Tocqueville e Augustin Cochin.[79]

Esta referência à franca direitização da cultura francesa, seja no domínio da filosofia, seja no da história, deve ser tomada apenas como indicadora do novo *espírito do tempo* (*Zeitgeist*) que emerge a partir de meados dos anos 1970 e que será responsável pelo aviltamento e a degradação de boa parte da produção ídeo-teórica e da publicística francesas das duas últimas décadas, que tem canonizado, com especiais recursos midiáticos, verdadeiros casos de delinquência intelectual.[80] Mas a sua referência necessária não pode conduzir a uma indevida generalização – de fato, se se infletiu uma linha de força progressista que vinha da Libertação e se se abriu uma quadra histórica em que a *decadência ideológica* iria alcançar uma profunda extensão, nem por isto a elaboração filosófico-teórica francesa deixou de apresentar, em diferentes quadrantes ideológicos e políticos, vetores de continuidade com a sua tradição anterior, progressista, humanista e de alto nível, seja com pensadores maduros (P. Ricoeur, P. Bourdieu), seja com intelectuais mais jovens (P. Tort, D. Bensaïd). Contudo, a tendência dominante, desde meados dos anos 1970, não é esta.

E não só na cultura francesa: a *decadência ideológica*, subjacente ao novo *espírito do tempo*, não tem fronteiras nacionais e envolve o conjunto do mundo ocidental; "a verdade é que nos cinco anos que vão de 1974 a 1979, tudo mudou dramaticamente na Europa e nos Estados Unidos, impondo-se um conservadorismo cada

---

78 Dentre os vários títulos de Furet traduzidos ao português, destaque-se: *Pensando a Revolução Francesa*. Rio de Janeiro: Paz e Terra, 1989; *Marx e a Revolução Francesa*. Rio de Janeiro: Jorge Zahar, 1989; *A revolução em debate*. Bauru: EDUSC, 2001 e, em colaboração com Mona Ozouf, *Dicionário crítico da Revolução Francesa*. Rio de Janeiro: Nova Fronteira, 1989. As concepções políticas "maduras" de Furet são facilmente perceptíveis com a leitura do seu *O passado de uma ilusão. Ensaio sobre o ideário comunista do século XX*. S. Paulo: Siciliano, 1995.

79 Um analista das interpretações "revisionistas" de Furet chega a identificar nelas uma sequência de três etapas (cf. François Dosse, *A história à prova do tempo*. S. Paulo: UNESP, 2001).

80 De que é exemplo Jacques Attali – para que se verifique do "nível" de sua elogiada produção é paradigmático o seu *Karl Marx ou O espírito do mundo*. Rio de Janeiro: Record, 2007, que critiquei rapidamente em "Marx por *Monsieur* Attali: a incongruência intelectual como guia". *Em pauta. Teoria social e realidade contemporânea*. Rio de Janeiro: UERJ/Faculdade de Serviço Social, 21, 2008 (o título deste artigo, publicado originalmente pelo jornal *Inverta*. Rio de Janeiro, ed. 416, de 20/09/2007, "Marx por *Monsieur* Attali: um caso de delinquência intelectual", foi modificado pelos editores da revista).

vez mais beligerante" – constata um analista latino-americano que, tratando a seguir a "década de 1980 como uma era de conservadorismo", conclui: "eis aí o grande triunfo da burguesia imperialista"[81] (e esta conclusão, como se verá adiante, tem toda razão de ser). Esta apreciação está longe de ser um juízo isolado; vários estudiosos, a partir de perspectivas teóricas distintas, verificam e analisam a maré-montante conservadora e direitizante (quando não francamente de direita, abertamente regressiva) em que submerge a cultura dos últimos 30 anos em praticamente todo o mundo.[82]

## VI

O novo *espírito do tempo* encontrará a sua formulação mais conhecida precisamente num texto de 1979: *A condição pós-moderna*, de J.-F. Lyotard[83] – tendências epistemológicas gestadas há muito, resgates seletivos do neopositivismo e a herança do estruturalismo confluem neste pequeno ensaio que, em especial graças à midiatização cultural própria da França pós-68 (e, em seguida, de praticamente todo o mundo ocidental), para muitos estratos intelectuais se tornou fundacional. Mas há que se ressaltar que as expressões do pensamento pós-moderno não nascem em 1979, como já o demonstrou uma

---

81 Cf. Agustín Cueva (org.), *Tempos conservadores. A direitização no Ocidente e na América Latina*. S. Paulo: Hucitec, 1989, pp. 11 e 32. Mas se o fenômeno é mundial, "a França oferece um exemplo particularmente adequado a esse respeito. Nas duas últimas décadas, em parte alguma a virada para a direita entre os intelectuais foi mais dramática que na margem esquerda do rio Sena, em Paris" (I. Mészáros, *O poder da ideologia*. S. Paulo: Boitempo, 2004, p. 112; recorde-se que Mészáros escreve estas linhas em 1989).

82 Cf., por exemplo, G. D. Green, *The new right. The counter-revolution in Political Economy and Social Thought*. London: Harvester, 1988; R. Miliband *et* alii, *El conservadurismo en Gran Bretaña y Estados Unidos*. Valencia: Alfons El Magnanim, 1992; Helmut Dubiel, *Que es neoconservadurismo?*. Barcelona: Anthropos, 1993; R. Kurz, *Os últimos combates*, já citado; Mónica Verea C. e Silvia Núñez G. (orgs.), *El conservadurismo em Estados Unidos y Canadá*. México: UNAM, 1997; e, para uma análise totalizante, I. Mészáros, a longa "introdução" a *O poder da ideologia*, já citado.

83 J.-F. Lyotard, *A condição pós-moderna*. Rio de Janeiro: José Olympio, 5ª. ed., 1988.

acreditada documentação;[84] ademais, no seu eclético substrato comparecem autores e linhagens intelectuais que de longe antecedem o *espírito do tempo* que ela encarna.[85] É, porém, seguramente a partir do livrinho de Lyotard que o pensamento pós-moderno assume o primeiro plano na cultura do Ocidente capitalista, irrompe nos domínios do saber, invade as manifestações estéticas, contagia as práticas políticas e, nas duas décadas seguintes, constituirá um campo teórico diferenciado e desencadeará a produção de uma bibliografia enorme, muito mais apologética que crítica.[86]

---

84 Da qual são citações obrigatórias: D. Harvey, *Condição pós-moderna*. S. Paulo: Loyola, 6ª. ed., 1996, parte I; P. Anderson, *As origens da pós-modernidade*. Rio de Janeiro: Jorge Zahar, 1999.

85 Aqui, são particularmente importantes as notações de Mészáros, *op. cit.*, pp. 68-103. A crítica a que Mészáros, neste mesmo livro (pp. 152-192), submete a obra de Adorno permite encontrar conexões entre ela e vertentes pós-modernas, como, aliás, sinaliza P. Dews, "Adorno, pós-estruturalismo e a crítica da identidade", *in* S. Zizek, *Um mapa da ideologia*. Rio de Janeiro: Contraponto, 1996; para um posição distinta, cf. as últimas páginas de F. Jameson, *O marxismo tardio. Adorno ou a persistência da dialética*. S. Paulo: UNESP/Boitempo, 1997 e ainda M. Menegat, *Depois do fim do mundo*. Rio de Janeiro: Relume-Dumará/FAPERJ, 2003 e *O olho da barbárie*. S. Paulo: Expressão Popular, 2006. Problema igualmente complexo é o das conexões entre a obra de Habermas e o campo pós-moderno, malgrado a sua explícita defesa da modernidade; sua perspectiva anti-ontológica – nítida na *Teoria da ação comunicativa* –, com todas as suas consequências, parece-me ser congruente com vários vetores do pensamento pós-moderno, ademais de suas concepções sobre o capitalismo contemporâneo; acerca de toda esta problemática, cf. Mészáros, *op. cit.*; Vv. Aa., *Habermas y la postmodernidad*. Madrid: Cátedra, 1991; Ricardo Antunes, *Os sentidos do trabalho*. S. Paulo: Boitempo, 1999; Sérgio Lessa. *O mundo dos homens*. S. Paulo: Boitempo, 2002 e como org., *Habermas e Lukács. Método, trabalho e objetividade*. Maceió: EDUFAL, 1996; J. H. Carvalho Organista, *O debate sobre a centralidade do trabalho*. S. Paulo: Expressão Popular, 2006; Francisco Teixeira e Celso Frederico, *Marx no século XXI*. S. Paulo: Cortez, 2008.

86 Apenas a título de indicação, liste-se: J. Arac (ed.), *Postmodernism and politics*. Manchester: Manchester University Press, 1986; A. Callinicos, *Against Postmodernism*. Cambridge: Polity Press, 1989; N. Casullo (org.), *El debate modernidad/posmodernidad*. Buenos Aires: El Cielo por Asalto, 1993; T. Eagleton, *As ilusões do pós-modernismo*. Rio de Janeiro: Jorge Zahar, 1998 e *Depois da teoria. Um olhar sobre os estudos culturais e o pós-modernismo*. Rio de Janeiro, Civilização Brasileira, 2005; A. Giddens, *As consequências da modernidade*. S. Paulo: UNESP, 1991; H. B. Hollanda (org.), *Pós-modernismo e política*. Rio de Janeiro: Rocco, 1992; F. Jameson, *Pós-modernismo. A lógica cultural do capitalismo tardio*. S. Paulo: Ática, 1996 e *Una modernidad singular. Ensayo sobre la ontología del presente*. Barcelona: Gedisa, 2004; E. A. Kaplan (org.), *O mal-estar no pós-modernismo*. Rio de Janeiro: Jorge Zahar, 1993; H. S. Kariel, *The Desesperate Politics of Postmodernism*. Amherst: University Massachusetts Press, 1989; Norris, C., *Teoría acrítica. Posmodernismo, intelectuales y la Guerra del Golfo*. Madrid: Cátedra, 1997; S. Connor, *Cultura pós-moderna*. S. Paulo, Loyola, 1993; J. Picó (comp.), *Modernidad y postmodernidad*. Madrid: Alianza, 1992; Paolo Portoguesi, *Le post-moderne*. Paris/Milano: Electa Moniteur,

Os analistas mais críticos procuraram vincular o *espírito do tempo* expresso pelo pensamento pós-moderno às transformações econômico-políticas e societárias operadas no mundo a partir dos anos 1970 – num esforço de que o resultado mais conhecido foi o alcançado por Harvey.[87] Consideradas na sua inclusividade, tais mudanças operaram, sem quaisquer dúvidas, uma inteira reconfiguração da ordem do capital, sem eliminar (antes, recolocando-as em novos patamares e aprofundando-as) as suas contradições elementares e a sua dinâmica essencialmente exploradora; a reconfiguração então implementada e ainda em curso veio e vem exponenciando, no nível econômico, a sua tendência a concentrar polarizadamente riqueza e pauperismo, no nível social a barbarizar a interação humana, no nível político a acentuar a antidemocracia e, em relação ao meio ambiente, a sua destrutividade –

1983; Pauline M. Rosenau, *Post-modernism and the social sciences: insights, inroads and intrusions*. New Jersey: Princeton University Press, 1992; S. P. Rouanet, *Mal-estar na modernidade*. S. Paulo, Cia. das Letras, 1993; Boaventura S. Santos, *Introdução a uma ciência pós-moderna*. Porto: Afrontamento, 1989, *Um discurso sobre as ciências*. S. Paulo: Cortez, 2003, *Pela mão de Alice. O social e o político na pós-modernidade*. S. Paulo: Cortez, 1995, *A crítica da razão indolente. Contra o desperdício da experiência*. S. Paulo: Cortez, 2000 e org., *Conhecimento prudente para uma vida decente*. Porto: Afrontamento, 2003; S. Sim (org.), *The icon critical dictionary of post-modern thought*. Cambridge: Icon Books, 1998; B. Smart, *A pós-modernidade*. Lisboa: Europa--América, 1993; A. Sokal e J. Bricmont, *Imposturas intelectuais. O abuso da ciência pelos filósofos pós-modernos*. Rio de Janeiro: Record, 1999; A. Touraine, *Crítica da modernidade*. Petrópolis: Vozes, 1994; G. Vattimo *et alii*, *En torno a la posmodernidad*. Barcelona/Santa Fé de Bogotá: Anthropos/Siglo del Hombre, 1994 e, como autor solo, *O fim da modernidade. Niilismo e hermenêutica na cultura pós-moderna*. S. Paulo: Martins Fontes, 1996; E. M. Wood e J. B. Forster (orgs.), *Em defesa da história. Marxismo e pós-modernismo*. Rio de Janeiro: Jorge Zahar, 1999; *Teoria social pós-moderna. Introdução crítica*. Porto Alegre: Sulina, 2007.

87 Cf. D. Harvey, *Condição pós-moderna*, ed. cit.; concorre com ele, em termos de divulgação, o contributo de Jameson em *Pós-modernismo...*, ed. cit. Para estabelecer mediatamente aquelas vinculações, há elementos substanciais, embora muito diferenciados do ponto de vista teórico, em E. Mandel, *O capitalismo tardio*. S. Paulo: Abril Cultural, 1982; François Chesnais, *A mundialização do capital*. S. Paulo: Xamã, 1996 e *A mundialização financeira: gênese, custos e riscos*. S. Paulo: Xamã, 1986; François Chesnais *et alii*, *Une nouvelle phase du capitalisme*. Paris: Syllepse, 2001; Samir Amin, *Au-delà du capitalisme sénile*. Paris: PUF, 2001; J.-C. Delaunay *et alii*, *Le capitalisme contemporain. Questions de fond*. Paris: L'Harmattan, 2001; M. Vakaloulis, *Le capitalisme postmoderne*. Élements pour une critique sociologique. Paris: PUF, 2001; D. Harvey, *O novo imperialismo*. S. Paulo: Loyola, 2004; I. Mészáros, *Para além do capital*. S. Paulo/Campinas: Boitempo/UNICAMP, 2002 e *O desafio e o fardo do tempo histórico*. S. Paulo: Boitempo, 2007.

características do capitalismo contemporâneo, emergente a partir de meados dos anos 1970, que a retórica da "globalização" oculta e mistifica.[88]

Estas transformações não sinalizam um processo evolutivo "natural" da sociedade burguesa. Constituem, a partir de limites e possibilidades objetivos, uma *resposta estratégica* dos núcleos dirigentes capitalistas à problematização da ordem do capital, avolumada nos anos 1960 – da qual a explosão de maio de 1968 foi apenas um indicador, ainda que grandemente expressivo – e adensada na entrada dos anos 1970. A recessão de 1974/1975, a primeira "generalizada desde a Segunda Guerra Mundial, sendo a única, até então, a golpear simultaneamente *todas* as grandes potências imperialistas",[89] acendeu a luz vermelha para aqueles núcleos, que se puseram, articuladamente, numa ofensiva prático-política para a plena restauração do poder do capital. Conjugando intervenções repressivas (de que logo após a destruição do movimento sindical mineiro inglês por Thatcher se tornaria exemplar) e operações ideológicas de grande fôlego – das quais o grande marco seria, na sequência dos anos 1980, a edificação do ideário neoliberal[90] – criaram as condições necessárias, inclusive com as rápidas absorção e conversão em novas tecnologias das conquistas da revolução científica que estava em curso desde os anos 1960 (agora tomando as cores da revolução informacional), para

---

88 Cf. R. A. Dreifuss, *A época das perplexidades*. Petrópolis: Vozes, 1996; I. Mészáros, *Produção destrutiva e Estado capitalista*. S. Paulo: Ensaio, 1996; H.-P. e H. Schumann, *A armadilha da globalização. O assalto à democracia e ao bem-estar social*. Lisboa: Terramar, 1998; Michel Chossudovsky, *A globalização da pobreza*. S. Paulo: Moderna, 1999; L. Wacquant, *Punir os pobres: a nova gestão da pobreza nos Estados Unidos*. Rio de Janeiro: Revan/Instituto Carioca de Criminologia, 2002; D. Losurdo, *Democracia ou bonapartismo*. Rio de Janeiro/S. Paulo: UFRJ/UNESP, 2004, cap. 8; O. Coggiola, "Crise ecológica, biotecnologia e imperialismo", acessível em http://www.insrolux.org/textos2006/coggiolaecologia; J. P. Netto, "Desigualdade, pobreza e Serviço Social", *Em pauta. Teoria social e realidade contemporânea*. Rio de Janeiro: UERJ/Faculdade de Serviço Social, 19, 2007; L. Vasapolo, *Por uma política de classe. Uma interpretação marxista do mundo globalizado*. S. Paulo: Expressão Popular, 2007; E. Costa, *A globalização e o capitalismo contemporâneo*. S. Paulo: Expressão Popular, 2008.

89 E. Mandel, *A crise do capital. Os fatos e sua interpretação marxista*. S. Paulo/Campinas: Ensaio/UNESP, 1990, p. 9.

90 Cf., entre outras abordagens críticas, Suzanne de Brunhoff, *A hora do mercado. Crítica do liberalismo*. S. Paulo: UNESP, 1991; J. A. Avelãs Nunes, *O keynesianismo e a contra-revolução monetarista*. Coimbra: Universidade de Coimbra, Separata do Boletim de Ciências Econômicas, 1991; R. Villarreal, *A contra-revolução monetarista. Teoria, política econômica e ideologia do neoliberalismo*. Rio de Janeiro: Record, 1994; E. Sader e P. Gentilli (orgs.), *Pós-neoliberalismo: as políticas sociais e o Estado democrático*. Rio de Janeiro: Paz e Terra, 1995; V. Navarro, *Neoliberalismo y Estado del bien-estar*. Barcelona: Ariel, 1998; e D. Harvey, *O neoliberalismo. História e implicações*. S. Paulo: Loyola, 2008.

a sua empreitada, que teve como base material a "reestruturação produtiva".[91] A crise do movimento sindical, a falência do "socialismo real" e o colapso da maioria dos partidos comunistas, assim como a mais completa autodomesticação dos partidos social-democratas – bem expressa, logo a seguir, na "terceira via" – confluíram para o êxito da ofensiva capitalista.[92] Por sobre as ilusões perdidas do rescaldo das explosões de 1968 (absolutamente não exclusivas da França),[93] ergueu-se de fato um mundo em que se viu restaurado o poder do (grande) capital. Nas suas

---

91 Cf., entre outros, E. F. Dias *et alii*, *A ofensiva neoliberal, reestruturação produtiva e luta de classes*. Brasília: Sindicato dos Eletricitários, 1996; Francisco J. S. Teixeira e Manfredo A. de Oliveira (orgs.), *Neoliberalismo e reestruturação produtiva*. S. Paulo/Fortaleza: Cortez/UECE, 1998; Giovanni Alves, *O novo (e precário) mundo do trabalho*. S. Paulo: Boitempo, 2000; Ruth Sosa, *Globalización o recomposición del capital? Processos de trabajo y aparatos de hegemonía en la contemporaneidad*. Rosario: Universidad Nacional de Rosario, 2002.

92 Cf., dentre muitos, R. Blackburn (org.), *Depois da queda. O fracasso do comunismo e o futuro do socialismo*. Rio de Janeiro: Paz e Terra, 1992; R. Kurz, *O colapso da modernização*. Rio de Janeiro: Paz e Terra, 1992; A. Callinicos, *A vingança da história. O marxismo e as revoluções do Leste Europeu*. Rio de Janeiro: Jorge Zahar, 1992; B. Kagarlitsky, *A desintegração do monolito*. S. Paulo: UNESP, 1993; J. P. Netto, *Crise do socialismo e ofensiva neoliberal*. S. Paulo: Cortez, 1993; T. Vigevani *et alii*, *Liberalismo e socialismo*. S. Paulo: UNESP, 1995; Celso Frederico, *Crise do socialismo e movimento operário*. S. Paulo: Cortez, 1995; D. Losurdo e R. Giacomini (orgs.), *URSS: bilancio di un'experienza*. Urbino: QuatroVenti, 1999; L. Fernandes, *O enigma do socialismo real*. Rio de Janeiro: Mauad, 2000; R. Keeran e Thomas Kenny, *O socialismo traído. Por trás do colapso da União Soviética*. Lisboa: Avante!, 2008. Acerca da "terceira via", para expressar o aviltamento da social-democracia, basta ler o seu mais conhecido teórico para aferir a que ponto chegou o abastardamento daquela tradição: A. Giddens, *A terceira via. Reflexões sobre o impasse político atual e o futuro da social-democracia* e *A terceira via e seus críticos*, ambos editados no Rio de Janeiro pela Record, em 2001.

93 "Conforme acentua Callinicos, 1968 não significou apenas a barricada de estudantes franceses. Constituíram-no também a onda de greves na Grã-Bretanha e a derrubada do conservador Edward Heath do governo; a revolução portuguesa em 1974 e 1975; os duros conflitos trabalhistas que acompanharam a agonia do regime franquista em 1975 e 1976; a pior crise doméstica vivida pelos Estados Unidos da América, na segunda metade dos anos 1960, impulsionada pelo movimento contra a Guerra do Vietnã, a revolta dos guetos negros e o levante de estudantes e os ecos dessa época sentidos em outras partes do mundo – como o *Cordobazo* na Argentina, a explosão de trabalhadores e estudantes na Austrália e a greve geral em Quebec em 1972" (Rodrigues, *op. cit.*, p. 36). Poder-se-ia agregar ainda muito mais – por exemplo, no Ocidente, o *altuno caldo* italiano e, no então "campo socialista", a *Primavera de Praga*. Para um tratamento bastante diferenciado da explosão de 1968, cf. H. Lefebvre *et alii*, *A irrupção: a revolta dos jovens na sociedade industrial, causas e efeitos*. São Paulo: Documentos, 1968; E. Morin *et alii*, *Maio 68. Inventário de uma rebelião*. Lisboa: Moraes, 1969; C. Prévost, *Os estudantes e o esquerdismo*. Lisboa: Círculo de Leitores, 1975; L. Jofrin, *Mai 68. Histoire des événements*. Paris: Seuil, 1988; A. Quatrocchi e T. Nair, *O começo do fim: França, maio de 1968*. Rio de Janeiro: Record, 1998; L. Olzmann e E. S. Padrós (orgs.), *1968: contestação e utopia*. Porto Alegre: UFRGS, 2003; M. Kurlansky, *1968: o ano que abalou o mundo*. Rio de Janeiro: José Olympio, 2005; P. Rotman, *Maio de 68. Paris. França*. Lisboa: Guimarães, 2009.

análises, corroborando o contundente juízo exarado por A. Cueva, citado linhas acima, a parte mais expressiva dos críticos do pensamento pós-moderno conclui pela sua identificação ao *espírito* deste *tempo*.[94]

Duas observações são necessárias aqui, antes de prosseguir. A primeira é pura decorrência do que se acabou de dizer: o capitalismo contemporâneo que rege este mundo apresenta fenômenos e processos novos, que exigem instrumentos analíticos afinados e pesquisas de realidade cada vez mais apuradas. Ele não pode ser tratado teoricamente tal como o foi até os anos 1970: novos problemas, novas questões e novas alternativas se põem na sua realidade – é despiciendo, pois, insistir nos desafios teóricos e analíticos que o capitalismo contemporâneo coloca aos seus estudiosos. Mas é necessário insistir enfaticamente em que ele é *e continua sendo capitalismo* – um modo de produzir/reproduzir relações sociais a partir da produção material das condições de vida social, produção fundada *na exploração do trabalho*, contendo *contradições e limites imanentes* à sua estrutura e dinâmica (de que a mais recente prova, e não certamente a última, foi a crise aberta pelo *crash* financeiro de 2008). Dadas estas duas considerações, isto significa que o referencial analítico dominante no período da Segunda Internacional, depois redimensionado e sacralizado na era stalinista sob o rótulo de "marxismo-leninismo", pouco nos pode oferecer para o conhecimento do capitalismo contemporâneo; significa, todavia e igualmente, que o abandono da crítica da economia política específica da teoria social marxiana (frequentemente justificado pelos pensadores pós-modernos como uma necessidade, no

---

94 Eis uma síntese crítica da pós-modernidade: "A despeito de certas manifestações e intenções contestatórias e radicais da esquerda pós-moderna, o pós-modernismo torna-se caudatário do movimento de consolidação da hegemonia do pensamento conservador. (...) A recusa de um projeto político universalista que tome o capitalismo como um sistema dotado de lógica e realização totalizantes é a pedra de toque do pensamento pós-moderno. (...) A recusa genérica das metanarrativas esconde o real adversário dos pensadores pós-modernos. O alvo da crítica pós-moderna é, em última análise, o marxismo e a esquerda socialista. (...) Constata-se que o pós-modernismo é a forma social de consciência num período de reestruturação sistêmica do capitalismo tardio e, ao mesmo tempo, a expressão necessária da atmosfera intelectual contemporânea, marcada pela estagnação, pelo desencanto, pela desesperança em relação ao devir histórico. O conservadorismo é o traço mais saliente e dominante na vida política e intelectual atual (J. E. Evangelista, *Teoria social pós-moderna*, ed. cit., pp. 179, 181 e 184).

marco da "crise dos paradigmas")[95] só pode conduzir, na análise da contemporaneidade, a resultados na melhor das hipóteses minimalistas ou, na pior, a verdadeiras mistificações – como se pode verificar facilmente.[96] A segunda observação diz respeito ao êxito da empreitada burguesa na reconstrução do poder do (grande) capital: afirmar que ela foi conduzida com sucesso está longe de dizer que ela não encontra significativas resistências[97] e, muito menos, que o "núcleo duro" das massas trabalhadoras,[98] o proletariado urbano-industrial, está para sempre, no melhor dos casos, condenado ao defensismo e, no pior, integrado à nova ordem. De fato, se não se visualiza imediatamente o protagonismo de um *sujeito revolucionário* tal como se evidenciou dos finais do século XIX aos inícios do terceiro quartel do século XX, não há nenhuma razão *estrutural e sistêmica* para inferir daí o seu desaparecimento; antes, sua debilidade e/ou ausência conjunturais na vanguarda das lutas anticapitalistas são fenômenos compreensíveis como resultante imediata da vitória da ofensiva do capital, cuja reversibilidade é perfeitamente possível e viável com a emersão aberta das novas contradições e polarizações em curso

---

95 É sempre útil recordar, quando se vulgariza ao limite a questão dos "paradigmas", a lição de um autor – já tão afastado do marxismo – caro a muitos pós-modernos, numa nota de pé de página da sua *opus magnum*, comentando apontamentos à discussão que se pôs no debate levantado por Kuhn e outros acerca da história da física moderna: "Não entro, aqui, na problemática do conceito de paradigma introduzido por Kuhn para as ciências da natureza, *conceito que só se pode aplicar às ciências sociais com certas reservas*" (J. Habermas, *Teoría de la acción comunicativa*. Madrid: Taurus, 1988, I, p. 157; itálicos não originais).

96 A insuficiência e a pobreza crítica de *Empire*, louvada produção de M. Hardt e A. Negri (Mass.: Harvard University Press, 2000), foram rigorosamente postas à luz por A. Borón, *Imperio & imperialismo* (Buenos Aires: CLACSO, 2002). Algumas das mistificações de *A sociedade de consumo*, do renomado J. Baudrillard (Lisboa: Ed. 70, 2007) foram sinalizadas por Celso Frederico (cf. Teixeira e Frederico, *Marx no século XXI*, ed. cit.) e monumentais tolices do mesmo autor em outros materiais receberam a crítica arguta de Norris (cf. *Teoría acrítica...*, ed. cit.).

97 Documentadas e acompanhadas, por exemplo, por organizações – que a "grande mídia" ignora ou, no melhor dos casos, desqualifica – como o *CETRI/Centre Tricontinental*, baseado na Bélgica.

98 Não cabe aqui, obviamente, fundamentar a consideração do proletariado urbano-industrial como "núcleo duro" das massas trabalhadoras e, menos ainda, o seu papel protagônico em processos de transformação social substantiva; mas vale a pena recordar o que escrevia, há três lustros, um conhecido sociólogo pós-moderno: "Se tal transformação [nas palavras do próprio autor, a "transformação não-capitalista" da "sociedade contemporânea"] não pode ser feita só com o operariado, tão-pouco pode ser feita sem ele ou contra ele" (Boaventura de S. Santos, *Pela mão de Alice...*, ed. cit., p. 272).

no capitalismo contemporâneo (e com iniciativas político-organizacionais destinadas a pô-lo em causa). Se se experimenta, dado o êxito daquela ofensiva, uma nítida *quadra histórica regressiva e contrarrevolucionária*, nem por isto há fundamento que permita supô-la perene.

Como se sabe pelo menos desde Marx[99], paralelismos, comparações e, em especial, analogias históricas quase sempre são falaciosos – porém, se levadas em conta as concretas determinações que particularizam os processos postos em tela, não deixam de ter a sua utilidade, ainda que ilustrativa. E é tentador estabelecer paralelos e similitudes entre 1848 e 1968:[100] movimentos de impacto mundial, dirigidos objetivamente contra a ordem capitalista, derrotados mas que fixaram marcas profundas nesta mesma ordem e a que se sucederam substantivas mudanças econômico-políticas e societárias que redesenharam a sociedade burguesa. Em especial, a tentação sobrevém quando se trata de pensar as clivagens ídeo-teóricas e culturais que os dois processos assinalaram – é possível traçar paralelos entre ambos. 1848, como Lukács o demonstrou exaustivamente,[101] assinala que a viragem conservadora da burguesia instaura as condições e a necessidade de liquidar com a tradição humanista-racionalista (fomentando o moderno irracionalismo, fundado pela crítica nietzschiana), de impedir a elaboração de uma teoria

99 "Hegel observa algures que todos os grandes fatos e personagens da história universal aparecem, por assim dizer, duas vezes. Mas esqueceu-se de acrescentar: a primeira vez como tragédia e a outra como farsa" ("O 18 brumário de Luís Bonaparte", *in* K. Marx, *A revolução antes da revolução*. S. Paulo: Expressão Popular, 2008, vol. II, p. 207).

100 Acerca das revoluções de 1848, consulte-se, entre outros, G. Duveau, *1848*. Paris: Gallimard, 1965; G. Efimov, *As revoluções de 1848*. Lisboa: Estampa, 1974; F. Claudín, *Marx, Engels y la revolución de 1848*. Madrid: Siglo XXI, 1985; J. Singmann, *Las revoluciones románticas y democráticas de Europa*. Madrid: Siglo XXI, 1985; E. J. Hobsbawm, *A era das revoluções. 1789-1848*. Rio de Janeiro: Paz e Terra, 1988; P. Robertson, *Revolutions of 1848: a social history*. New York: Harper, 1990 (a primeira edição é de 1952); M. A. Bakunin, *Textos anarquistas*. Porto Alegre: L&PM, 1999. Para as posições e análises de Marx e de Engels, cf. – além dos materiais publicados na *Nova Gazeta Renana*, disponíveis nos volumes 9 e 10 das *Obras de Marx y Engels*. Barcelona: Crítica/Grijalbo, 1978-1979 – os dois volumes de Marx e Engels, *A revolução antes da revolução* (veja a nota anterior; o vol. I, com textos de Engels, foi igualmente editado pela Expressão Popular, no mesmo ano); vale a pena comparar estas análises com as de A. de Tocqueville (*Lembranças de 1848. As jornadas revolucionárias em Paris*. S. Paulo: Cia. das Letras, 1991), o liberal-conservador que certas correntes sociológicas recuperam atualmente e tanto valorizam.

101 Quanto a isto, a obra fundamental de Lukács é *El asalto a la razón*. Grijalbo: Barcelona/México, 1968.

social totalizante ancorada na análise da produção material dos suportes da vida social (donde a negação da economia política clássica e sua substituição pela economia vulgar e pelas ciências sociais especializadas), colocando na ordem do dia o combate aos movimentos anticapitalistas – prioritariamente o movimento operário, alçado a novo patamar revolucionário pela superação do utopismo e pelo seu trânsito à condição de *classe para si* e suporte da elaboração teórica de Marx, expressão de um processo de ruptura e continuidade com a herança clássica (a filosofia clássica alemã e a economia política inglesa).[102] Ora, quando se analisam as consequências e implicações de 1968, nele se identifica uma similar clivagem ídeo-teórica e cultural. Mas o paralelo não pode ocultar as profundas diferenças que distinguem os dois movimentos. No processo de 1968 e suas imediatas derivações, a ofensiva do capital não encontra pela frente uma classe revolucionária ascendente, mas um proletariado que, maduro, paga o ônus de direções sindicais burocratizadas e de um movimento político às vésperas de uma grande crise – no campo socialista, o vestíbulo da rendição às concepções burguesas; no campo comunista, o peso e as consequências da hipoteca stalinista. Sobretudo, incidem no processo as alterações ocorrentes na estrutura social (as diferenciações inter –e intraclassistas, a ponderação das novas camadas médias urbanas e seus nascentes movimentos específicos), diretamente condicionadas por um aprofundamento da divisão social do trabalho, que vai afetar em especial os segmentos intelectuais.

Podemos, agora, retornar ao *espírito do tempo* a que deu expressão e divulgação o livrinho de Lyotard, de 1979: a pós-modernidade. Reitere-se: a pós-modernidade (que envolve mais que o pós-modernismo) é movimento intelectual muito diferenciado – não constitui um campo teórico e ídeo-político homogêneo. Do ponto de vista ídeo-político, é mais ou menos fácil – e se tornou comum – distinguir entre os pós-modernos de "oposição", que se pretendem críticos da ordem do capital (por exemplo, Boaventura de S. Santos), e os pós-modernos de "celebração", aqueles que Habermas chegou a qualificar

---

[102] Em muitos textos, Lukács (por exemplo, no já citado *Marxismo e teoria da literatura*, pp. 76-111 e 165-197; no capítulo III de *Le Roman historique*. Paris: Payot, 1965 e nas pp. 123-133 de Écrits de Moscou. Paris: Éd. Sociales, 1974) extrai para a arte e a literatura as implicações de 1848 – que, em suma, inaugura o período de decadência ideológica da burguesia.

como neoconservadores, expressamente convencidos de que a sociedade burguesa constitui a paragem final da história (por exemplo, Lyotard).[103]

No campo teórico, as distinções não são tão fáceis, posto que não exista nem *uma* nem *a* teoria da pós-modernidade: há *teorias pós-modernas*. Por mais diferentes que sejam (e, de fato, o são), tais teorias apresentam um denominador comum, constituído pelos seguintes traços que lhes são absolutamente pertinentes:[104]

a. a aceitação da imediaticidade com que se apresentam os fenômenos sócio-culturais como expressão da sua inteira existência e do seu modo de ser; assim, de uma parte, tende-se a suprimir a distinção clássica entre aparência e essência e, sobretudo, a dissolver a especificidade das modalidades de conhecimento – donde, por consequência, a supressão da diferença entre ciência e arte e a equalização do conhecimento científico ao não científico;[105]

b. a recusa da categoria de *totalidade* – dupla recusa: no plano filosófico, a recusa se deve à negação de sua efetividade; no plano teórico, recusa de seu valor heurístico, ora porque anacronizada em face das transformações

---

103 Cf. B. S. Santos, *Pela mão de Alice...*, ed. cit., p. 35.

104 Retomo aqui algumas reflexões contidas em J. P. Netto, *Marxismo impenitente. Contribuição à história das ideias marxistas*. S. Paulo: Cortez, 2004, p. 154 e ss.

105 Se "a verdade é inerente ao visível" (A. Wilde, *Horizons of Assent: Modernism, Postmodernism and the Ironic Imagination*. Baltimore: John Hopkins University Press, 1981, p. 108), B. S. Santos pode tranquilamente afirmar que o novo paradigma da ciência pós-moderna "suspeita da distinção entre aparência e essência" (cf. *Pela mão de Alice...*, ed. cit., p. 331). Enquanto Linda Hutcheon sustenta, ao longo de *A Poetics of Postmodernism: History, Theory, Fiction* (New York: Routledge, 1988), que não há diferença entre história e ficção, o sociólogo português que estamos citando assegura que a ciência, "enquanto narrativa não ficcional", apenas se diferencia da "ficção criativa" por "uma questão de grau" e, "nestas condições, está precludida qualquer possibilidade de demarcações rígidas entre disciplinas ou entre gêneros, entre ciências naturais, sociais e humanidades, entre arte e literatura, entre ciência e ficção" (cf. *Pela mão de Alice...*, ed. cit., p. 332); por seu turno, M. Maffesoli doutrina: "Já não se pode reduzir a arte apenas às grandes obras que geralmente se qualificam como culturais. *Toda a vida cotidiana pode ser considerada como uma obra de arte*" (*in* G. Vattimo *et alii*, *Em torno a la posmodernidad*, ed. cit., p. 104; os itálicos são meus). E, enfim, de novo a palavra cabe ao sociólogo português: "Há muitas formas de conhecimento, tantas quantas as práticas sociais que as geram e as sustentam. Práticas sociais alternativas gerarão formas de conhecimento alternativas. (...) Para dar um exemplo caseiro, *o conhecimento dos camponeses portugueses não é menos desenvolvido que o dos engenheiros agrônomos do Ministério da Agricultura*" (cf. *Pela mão de Alice...*, ed. cit., p. 330; os itálicos são meus).

societárias contemporâneas, ora porque se lhe atribuem (ilegitimamente) conexões diretamente políticas – ou pelas duas ordens de fatores;[106]

c. a semiologização da realidade social: o privilégio (quase monopólio) concedido às dimensões simbólicas na vida social acaba por reduzi-la, no limite, ou à pura discursividade ("tudo é discurso") ou ao domínio do signo e/ou à instauração abusiva de hiper-realidades.[107]

Também entre as diversas formulações do pensamento pós-moderno, há duas constantes generalizadas. A primeira refere-se à entronização do *ecletismo* como cânon metodológico: posto que "o conhecimento pós-moderno (...) é relativamente imetódico, [ele] constitui-se a partir de uma pluralidade metodológica" – o que abre a via à glorificação da "transgressão

---

106 Cf. o capítulo 4 de J.-F. Lyotard, *A condição pós-moderna*, ed. cit. e as alegações de A. Touraine, em inúmeros passos da já citada *Crítica da modernidade*. No específico domínio da história, o celebrado Roger Chartier, corifeu da "nova história cultural", assinala o trânsito a uma história livre "de uma maior ou menor fidelidade a Hegel": "na sua prática, os historiadores romperam decididamente (...) com um pensamento da totalidade" (R. Chartier, *A história cultural. Entre práticas e representações*. Rio de Janeiro: Bertrand Brasil, 1990, pp. 74-75). Quando admitem uma referência qualquer à totalidade, a alusão pós-moderna remete à Física, remete à "totalidade universal de que fala Wigner ou à totalidade indivisa de que fala Bohm" (B. S. Santos, *Um discurso sobre as ciências*, ed. cit., p. 76) – sobre Wigner, cf. a contribuição de Olival Freire Jr. a Santos (org.), *Conhecimento prudente para uma vida decente*, ed. cit.; sobre Bohm, cf. Olival Freire Jr. *et alii*, "David Bohm, sua estada no Brasil e a teoria quântica", *in Estudos Avançados*. S. Paulo: IEA/USP, vol. 8, nº 20, janeiro-abril de 1994. Eagleton, a propósito da recusa pós-moderna – que critica – da categoria, observa, com seu discreto humor britânico, que "não buscar a totalidade representa apenas um código para não se considerar o capitalismo" (*As ilusões do pós-modernismo*, ed. cit., p. 20).

107 Para constatar até onde chega este processo de semiologização, cf. J. Baudrillard, *Simulacros e simulações*. Lisboa: Relógio d'Água, 1991; tal processo, que Evangelista qualifica como uma "desmaterialização da realidade social" (Evangelista, *Teoria social moderna*, ed. cit., p.78), é formulado paradigmaticamente por um influente pós-moderno: "De fato, intensificar as possibilidades de informação acerca da realidade em seus mais variados aspectos, torna sempre menos concebível a própria ideia de *uma* realidade. No mundo dos meios de comunicação, talvez se efetive uma 'profecia' de Nietzsche: o mundo real, no fim das contas, converte-se em fábula. (...) A realidade, para nós, é, sobretudo, o resultado do cruzamento e da 'contaminação' (no sentido latino) das múltiplas imagens, interpretações, reconstruções divulgadas pelos meios de comunicação" (G. Vattimo, *in* Vattimo *et alii*, ed. cit., p. 15). Não é preciso dizer que, com esta liquidação da realidade, liquida-se também a história – pouco antes (*op. cit.*, p. 11), o mesmo pós-moderno decreta que "não existe uma história única, existem imagens do passado propostas a partir de diferentes pontos de vista". A crítica à redução discursiva da realidade encontra-se suficientemente determinada, entre outras fontes, na intervenção de Callinicos recolhida em Picó (org.), *op. cit.*; em Eagleton, *As ilusões do pós-modernismo*, ed. cit. e no ensaio de David McNally coligido em Wood e Foster (orgs.), ed. cit.

metodológica".[108] A segunda relaciona-se ao *relativismo* (que é algo inteiramente diverso da consciência do caráter relativo de todo conhecimento): a completa dissolução da ideia clássica de *verdade*, que os pós-modernos levam ao limite, seja ao converter a ciência num *jogo de linguagem*, seja ao pensar o conhecimento como *artefactualidade discursiva* – uma tal dissolução acarreta sumariamente a supressão de qualquer estatuto que não o lógico-retórico para a verificação/avaliação do significado dos enunciados científicos.[109]

Poder-se-ia alongar uma série de outros elementos comuns às várias vertentes pós-modernas – mas isto já foi suficientemente tematizado no conjunto da documentação crítica que estamos citando ao longo deste posfácio. Porém, o que deve ser sublinhado como um dos traços que melhor

---

108 Eis como o pós-moderno a que tanto recorremos aqui argumenta: "Cada método é uma *linguagem* e a realidade responde na língua em que é perguntada. Só uma constelação de métodos pode captar o silêncio que persiste entre cada língua que pergunta. Numa fase de revolução científica como a que atravessamos, essa pluralidade de métodos só é possível mediante a transgressão metodológica [suprimo aqui uma nota bibliográfica do autor]. *Sendo certo que cada método só esclarece o que lhe convém e quando esclarece fá-lo sem surpresas de maior*, a inovação científica consiste em inverter contextos persuasivos que conduzam à aplicação dos métodos fora do seu habitat natural. Dado que a aproximação entre ciências naturais e ciências sociais se *fará* no sentido destas últimas, *caberá especular se é possível, por exemplo, fazer a análise filológica de um traçado urbano, entrevistar um pássaro ou fazer observação participante entre computadores*" (B. S. Santos, *Um discurso sobre as ciências*, ed. cit., pp. 77-78; salvo em "fará", todos os itálicos são meus). As reiteradas referências que faço a este sociólogo português têm razão de ser: é, atualmente, um dos intelectuais de maior prestígio internacional, inclusive com larga incidência na universidade brasileira; dedica-se exaustivamente, há mais de um quarto de século, a fundamentar uma epistemologia pós-moderna (nas suas mais recentes palavras, uma "epistemologia insurreta"); é um erudito que exerce indiscutível liderança acadêmica e não se furta a compromissos políticos progressistas e, no conjunto de sua volumosa obra, ainda em curso, oferece importantes pistas para pensar a vida social contemporânea.

109 Para a ciência enquanto jogo de linguagem, cf. Lyotard, *A condição pós-moderna*, ed. cit.; quanto à outra alternativa, leia-se: "As lutas de verdade são travadas com discurso argumentativo *e a verdade é o efeito de convencimento dos vários discursos de verdade em presença e em conflito*. A objetividade é a propriedade do conhecimento científico que obtém o consenso no auditório relevante dos cientistas" (B. S. Santos, *Introdução a uma ciência pós-moderna*, ed. cit., p. 149; itálicos meus); ou ainda: "Produto de comunidades interpretativas (...) o conhecimento emancipatório pós-moderno assume a sua artefactualidade discursiva. Para esta forma de conhecimento, *a verdade é retórica*, uma pausa mítica numa batalha argumentativa contínua e interminável travada entre os vários discursos de verdade" (*idem*, *A crítica da razão indolente...*, ed. cit., p. 96; itálicos meus). Numa e noutra alternativa, nada para além do jogo de linguagem ou da artefactualidade discursiva – especialmente os referentes, em especial os referentes materiais; mas, como notou ironicamente Eagleton, "nem os financistas nem os semiólogos têm grandes simpatias pelos referentes materiais" (*As ilusões do pós-modernismo*, ed. cit., p. 38).

caracteriza a ambiência cultural pós-moderna reside numa concepção clara e grosseiramente *idealista* do mundo social. A regressão teórica contida nessa recaída idealista aparece especialmente na *entificação da razão moderna* pelos pós-modernos, entificação que a torna um demiurgo onipotente de fazer inveja ao Espírito hegeliano: a razão moderna é a responsável pelas "falácias" que se revestiram do caráter das "promessas" da modernidade – o controle otimizado da natureza (que, de fato, revelar-se-ia como destruição e vestíbulo da catástrofe ambiental) e a interação humana emancipada (que, com efeito, mostrar-se-ia como opressão e heteronomia). Para os pós-modernos, na imanência da razão moderna, a dimensão instrumental estaria inevitavelmente vocacionada para "colonizar" a dimensão emancipatória.[110] É ao movimento da razão moderna que os pós-modernos creditam as realidades constitutivas da sociedade urbano-industrial, com a sua coorte de sequelas deletérias – nas elaborações pós-modernas, a realidade da ordem burguesa contemporânea aparece como derivada do dinamismo interno da razão incondicionada, que tudo pode.

Obviamente que esse idealismo não é inocente: ao creditar à razão moderna a realidade histórico-social contemporânea, *o que fica na sombra é a ordem do capital, com a dominação de classe da burguesia*;[111] se à grande burguesia a crítica

---

110 Caberia analisar, quanto a isto, a influência exercida sobre os pós-modernos pela *Dialética do esclarecimento*, de M. Horkheimer e T. W. Adorno (Rio de Janeiro: Zahar, 1984).

111 "Em minha opinião, o que mais nitidamente caracteriza a condição sociocultural deste fim de século [trata-se de texto escrito no ocaso do século XX] é a absorção do pilar da emancipação pelo da regulação, *fruto da gestão reconstrutiva dos défices e dos excessos da modernidade confiada à ciência moderna e, em segundo lugar, ao direito moderno*. A colonização gradual das diferentes racionalidades da emancipação moderna pela racionalidade cognitivo-instrumental da ciência levou à concentração das energias e das potencialidades emancipatórias da modernidade na ciência e na técnica (...). A promessa da dominação da natureza (...) conduziu a uma exploração excessiva e despreocupada dos recursos naturais, à catástrofe ecológica, à ameaça nuclear, à destruição da camada de oxônio e à emergência da biotecnologia, da engenharia genética e da consequente conversão do corpo humano em mercadoria última. A promessa de uma paz perpétua (...) levou ao desenvolvimento tecnológico da guerra e ao aumento sem precedentes do seu poder destrutivo. A promessa de uma sociedade mais justa e livre, assente na criação da riqueza tornada possível pela conversão da ciência em força produtiva, conduziu à espoliação do chamado Terceiro Mundo e a um abismo cada vez maior entre o Norte e o Sul". A subordinação do "pilar da emancipação" ao "pilar da regulação" explica-se porque "em vez de um desenvolvimento harmônico dos três princípios da regulação – Estado, mercado e comunidade –, assistimos geralmente ao desenvolvimento excessivo do princípio do mercado em detrimento do princípio do Estado e do princípio da comunidade"; em suma: "A redução da emancipação moderna à racionalidade cognitivo-instrumental da ciência e a redução da regulação moderna ao princípio do mercado, *incentivadas pela conversão da ciência na principal força produtiva*, constituem as condições determinantes do processo histórico que levou a emancipação moderna a render-se à regulação moderna" (B. de S. Santos, *A crítica da razão indolente...*, ed. cit., pp.55-56 e 57; itálicos meus).

aberta a propriedade privada dos meios fundamentais de produção, a referência direta à exploração, o apelo à luta de classes e ao socialismo permanecem intoleráveis, não causam mossa as demandas de inclusão social, de combate às desigualdades, de requisições de cidadania e de solidariedade e de apelo a uma sociedade alternativa. Não pode surpreender, pois, que o discurso pós-moderno, tão virulento contra a *ciência moderna, ocidental, capitalista* e *sexista*[112] – em cuja base está a razão moderna –, se revele inofensivo em face do capitalismo contemporâneo, fomentando práticas políticas minimalistas ainda que midiaticamente mobilizadoras (e tanto mais inócuas em face do domínio do capital quanto mais radicalmente se apóiem nas defesas extremas do "multiculturalismo" e do "direito à diferença"), práticas que em geral envolvem os "novos movimentos sociais" e apelam à "sociedade civil", ou derivando para o limbo das utopias.[113]

Uma das características mais marcantes do pensamento pós-moderno é o seu desconhecimento – poder-se-ia dizer mesmo a sua ignorância – da economia política do capitalismo (contemporâneo ou não). Decorrência necessária dos seus traços constitutivos já mencionados, este desconhecimento faz com que suas eventuais referências à produção das condições materiais que garantem as relações de produção/reprodução social se limitem a meras e vagas alusões a algo tomado como exterior e alheio aos

---

112 As adjetivações são de B. de S. Santos, *A crítica da razão indolente...*, ed. cit., pp. 85-89. Em nota ao pé da p. 88, o autor observa corretamente que "a crítica feminista à epistemologia moderna é hoje abundante"; deve-se lembrar ao leitor que, quando se trata desta crítica, é conveniente levar em conta as advertências contidas no pequeno artigo de João Bernardo, "Considerações inoportunas e politicamente incorretas acerca de uma questão dos nossos dias" (*Novos Rumos*. S. Paulo: Instituto Astrogildo Pereira, ano 21, nº 45, 2006), que aponta para os riscos regressivos que ela contém.

113 A crítica ao minimalismo político do "multiculturalismo" e do "direito à diferença" já foi feita por Eagleton (cf. *As ilusões do pós-modernismo*, ed. cit.), e, referindo-se à contemporânea apologia da "diversidade cultural", um analista não hesitou em considerá-la uma "fórmula aparentemente democrática sob a qual se escudam atualmente as formas mais refinadas de racismo" (A. Cueva, *in* Cueva, org., ed. cit., p. 21); quanto ao utopismo, recorde-se a *heterotopia* de B. de S. Santos (cf. *Pela mão de Alice...*, ed. cit., pp. 322-327 e *A crítica da razão indolente...*, ed. cit., p. 329 e ss.); alusões críticas aos apelos aos "novos movimentos sociais" e à "sociedade civil" recolhem-se em Carlos Montaño, *Terceiro setor e questão social: crítica ao padrão emergente de intervenção social*. S. Paulo: Cortez, 2002 e Ellen M. Wood, *Democracia contra capitalismo. A renovação do materialismo histórico*. S. Paulo: Boitempo, 2003.

níveis cultural-simbólicos (com a plena autonomia que conferem a tais níveis em relação a este algo exterior); nos casos, poucos, em que se registra alguma remissão à produção material das condições necessárias à vida social, o que se verifica é a incorporação mais ou menos mecânica de noções da economia vulgar, com suas apreciações epidérmicas e superficiais – é o que se constata diante do resgate de ideias como as de *sociedade pós-industrial*, *sociedade de consumo* e quejandos, ou, mais recentemente, suposto o *fim do trabalho* e da *sociedade salarial*, a incorporação da imagem da *sociedade do conhecimento* etc.[114] Se a desvinculação da análise da sociedade, da história e da cultura da análise econômico-política já vinca fortemente o pensamento burguês desde a viragem de 1848,[115] aprofundando-se ao longo de todo o século XX, é, porém, com o pensamento pós-moderno que ela alcança o seu ponto extremo – e, quanto a isto, a ponderação da divisão social e técnica do trabalho constitui um elemento crucial: também ela aprofundada ainda mais no tardo-capitalismo, praticamente oblitera todos os condutos que conectam a vida dos intelectuais à vida social (e, em especial, às efetividades materiais desta vida).[116] A especialização estreita e idiotizante, a reclusão no interior dos muros das instituições acadêmicas, os contatos quase sempre limitados aos seus pares – tudo isto contribui significativamente para que as novas gerações dos *intelectuais específicos* identifiquem as *suas* representações

114 Boa parte dessas vulgaridades já foi pulverizada a partir da crítica da economia política inspirada na tradição que tem Marx como ponto de partida; sobre a "sociedade pós-industrial", cf. E. Mandel, *O capitalismo tardio*, ed. cit., cap. 12 e as páginas iniciais do capítulo 16 e também Jean Lojkine, *A revolução informacional*. S. Paulo: Cortez, 1995, terceira parte; quanto à "sociedade de consumo", releia-se a análise da "sociedade burocrática de consumo dirigido", que devemos a H. Lefebvre, *A vida quotidiana no mundo moderno*. Lisboa: Ulisséia, 1969; acerca do "fim do trabalho" e da "sociedade salarial", cf. R. Antunes, *Os sentidos do trabalho*, ed. cit. e o polêmico livro de Sérgio Lessa, *Trabalho e proletariado no capitalismo contemporâneo*. S. Paulo: Cortez, 2007; no que toca à "sociedade do conhecimento", cf. P. Gentili, *Poder económico, ideologia y educación*. Buenos Aires: Miño y Dávila, 1994, cap. II, item 2.2. Como a "sociedade do conhecimento" está conectada à ideia da "sociedade da informação", vale a leitura de A. Mattelart, *História da sociedade da informação*. S. Paulo: Loyola, 2002.

115 Cf. Lukács, *El asalto a la razón*, ed. cit., esp. cap. VI, I, mas ainda H. Marcuse, *Razão e revolução. Hegel e o advento da teoria social*. Rio de Janeiro: Saga, 1969, 2ª. parte.

116 As implicações do aprofundamento da divisão social do trabalho, especialmente no estágio monopolista do capitalismo, sobre os intelectuais são sintética mas sugestivamente tratados no primeiro capítulo de G. Lukács, *Marxismo ou existencialismo?*. S. Paulo: Ciências Humanas, 1979.

com a realidade ou, mais exatamente, tratem as *suas* representações como a realidade;[117] este procedimento, curiosamente, a velha tradição de pesquisa social norte-americana caracterizava-o como "reificação".[118] Neste caso, *reificação* deve vir mesmo entre aspas, porque o processo real de reificação, operante com uma intensividade e uma extensividade inéditas na sociedade tardo-capitalista, precisamente a expressada na sua imediaticidade pelo pensamento pós-moderno – tal processo, só radicalmente deslindável a partir da crítica da economia política,[119] escapa ao "olhar" pós-moderno que, como já se registrou, "suspeita da distinção entre aparência e essência". Orientado por esta "suspeição", este "olhar" mantém-se no que um sábio do século XIX designava como *a aparência enganadora das coisas.*

## VII

Constituindo-se na intercorrência das derrotas sofridas pelos vetores rebeldes e revolucionários de 1968 em diante com a ofensiva do capital, de que derivou uma série de profundas transformações societárias sob o comando do grande capital monopolista e mundializado, o pensamento pós-moderno – mesmo considerado o seu caráter heteróclito e compósito – ganhou hegemonia entre a intelectualidade acadêmica mais sofisticada, hegemonia que, através de instrumentos midiáticos (controlados pelo grande capital), se espraiou para

---

117 Não falta razão a Callinicos ao caracterizar "o pós-marxismo de Lyotard [como] um informe sobre o estado atual do espírito de um setor da intelectualidade ocidental traumatizada pelas decepções sofridas desde 1968" (J. Picó, *in* Picó, comp., *Modernidad y postmodernidad*, ed. cit., p. 11).

118 O autor deste posfácio, formado ainda naquela tradição de pesquisa, jamais se esqueceu da lição elementar: "Os conceitos são construções lógicas (...). A tendência a supor que na realidade os conceitos existem como fenômenos acarreta muitos erros. O conceito não é o fenômeno (...). Não reconhecer isto se denomina *erro de reificação,* isto é, *considerar as abstrações como se fossem fenômenos reais*" (W. J. Goode e P. K. Hatt, *Métodos em pesquisa social*. S. Paulo: Nacional, 2ª. ed., 1968, p. 56).

119 Cf. G. Lukács, *História e consciência de classe*. S. Paulo: Martins Fontes, 2003; I. Mészáros, *A teoria da alienação em Marx*. S. Paulo: Boitempo, 2006; J. P. Netto, *Capitalismo e reificação*. S. Paulo: Ciências Humanas, 1981; A. Jappe, *As aventuras da mercadoria. Para uma nova crítica do valor*. Lisboa: Antígona, 2006.

amplos segmentos sociais. Ele é como que um espelho em que se refletem os dados mais imediatos da sociabilidade própria ao tardo-capitalismo e à sociedade tardo-burguesa: a atomização da vida social, o fragmentário e o efêmero das relações humanas nas metrópoles, o intimismo e o particularismo a que são compelidos os indivíduos na sua vida cotidiana manipulada, a inépcia das instituições sócio-políticas universalizadoras que acaba por compelir a ação política a intervenções moleculares, a descontextualização das experiências pessoais no marco das infovias, a espetacularização dos acontecimentos,[120] a avalanche simbólica que satura os espaços sociais, a obsolescência programada do mundo das mercadorias e a compressão espaço-temporal[121] experimentada por centenas de milhões de homens e mulheres. Dando por suposto que este quadro societário inaugura um novo período histórico, cujo futuro não transcende a reiteração pleonástica do presente (malgrado um dinamismo ubíquo do já posto), credita os desastres da relação entre sociedade e natureza e os défices de autonomia e liberdade humanas aos parâmetros da razão em nome da qual se concretizou o período histórico precedente – a modernidade. É à razão moderna, de extração ilustrada, que o pensamento pós-moderno atribui a hipoteca da destruição da natureza e da servidão contemporânea dos homens e mulheres. Esta razão enfermou de falácias ou, então, mostrou-se incapaz de cumprir, por seus próprios meios (especialmente os qualificados como produtos da ciência), as promessas que condensou; isto é: ou sua dimensão emancipadora era uma ilusão (eis os pós-modernos "de celebração") ou foi "colonizada" por sua dimensão instrumental (eis os pós-modernos "de oposição"). Num caso ou noutro, impõe-se a construção de uma nova racionalidade, fundante de uma nova epistemologia, de uma nova ciência e de uma nova ética.

Espelho da sociabilidade tardo-burguesa, o pensamento pós-moderno põe-se justamente como uma *ideologia* – não uma mentira, mas uma falsa consciência: *falsa*, na exata escala em que não pode reconhecer a sua própria historicidade (ou seja, o seu condicionalismo histórico-social); mas igualmente *consciência*, na precisa medida em que fornece um certo tipo de *conhecimento* que permite aos homens e mulheres moverem-se na sua vida cotidiana. E é nesta condição

120 Ainda se revela útil, no quadro contemporâneo, a leitura de Guy Debord, *A sociedade do espetáculo*. Rio de Janeiro: Contraponto, 1997.

121 Cf. Harvey, *Condição pós-moderna*, ed. cit., parte III.

de falsa consciência que ela opera seja como orientadora de comportamentos, seja como indicadora de problemas, tensões e contradições. Donde, aliás, a sua heterogeneidade e as suas diferenças internas – todas adjetivas.

Ideologia que é, o pensamento pós-moderno *funciona* como ideologia: incide no comportamento e na vida práticos daqueles que a internalizam. Ela é uma (não a única) ideologia específica da ordem do capital na quadra histórica em que este se mundializa e tem hipertrofiadas as suas dimensões especulativo-financeiras que, dado o marco institucional da sua dominação,[122] apresentam-no imediatamente como fluido e volátil – atributos que se transferem ao complexo societário que ele matriza. Ao tomar acriticamente o espelhamento que opera deste complexo como a sua expressão, fática e simbólica, o pensamento pós-moderno se instaura – *nolens volens* – como ideologia *funcional* à sociedade tardo-burguesa, com todas as consequências societárias aí implicadas.

A ideologia pós-moderna, configurando o *espírito do tempo* do tardo-capitalismo, está longe de ser um resultado direto e imediato da sociabilidade tardo-burguesa. Na sua constituição intercorrem e confluem diferentes linhas de força da cultura ocidental, em desenvolvimento pelo menos desde a segunda metade do século XIX. Mas foi tão somente na sequência de 1968 que se criaram as condições teóricas e ídeo-políticas para o *giro à direita* ocorrente em meados dos anos 1970 (e a que fizemos referência no item **V**) – donde, pois, a similitude de 1968 com 1848: ali se abre a curva descendente da cultura progressista e humanista, ali se limpa o caminho para o derradeiro estágio da *decadência ideológica*, no qual se inscreve o pensamento pós-moderno.

O exame rigoroso do pensamento pós-moderno revela alguns elementos axiais que constelam e articulam os seus traços pertinentes, alguns dos quais indicados parágrafos acima. O primeiro deles é o decidido abandono (quando não o repúdio mesmo) da herança hegeliana: é Nietzsche (ou em alguns casos Heidegger, sob muitos aspectos seu continuador) que se torna o *maître à penser* dos filósofos e autores que colocariam de pé a ideologia pós-moderna.[123]

---

[122] Recorde-se que este marco, mediante o mote tríplice – desregulamentação, flexibilização e privatização – que dirigiu as orientações macroeconômicas dominantes nos últimos 30 anos, foi exatamente construído para e pelo grande capital especulativo-financeiro.

[123] É impossível, neste espaço, avançar na verificação de que boa parte das críticas postas à modernidade pelos pós-modernos já está contida na crítica *antimoderna* de Nietzsche.

O segundo, que já mencionamos, é a dissolução da ideia de verdade: convertida, como vimos, em *artefactualidade discursiva*, dela não resta a menor relação com a realidade que existe independentemente da consciência dos homens e das mulheres – a verdade se torna a resultante de um consenso intersubjetivo. O terceiro, a que não tivemos oportunidade de aludir expressamente, diz respeito à *interdição do universal*, que aparece na defesa pós-moderna da particularidade (em especial, mas não exclusivamente, das particularidades culturais); aqui, basta-nos valer de um belo ensaio de Sérgio Paulo Rouanet, "A coruja e o sambódromo",[124] no qual, defendendo o princípio da universalidade como constitutivo fundamental do projeto iluminista, Rouanet elipticamente põe a nu as consequências regressivas do seu cancelamento (também) pelos pós-modernos.

Ora, se retornamos à herança do estruturalismo, tal como a vimos na abertura do item **V**, deparamo-nos exatamente com estes três componentes. Isto não significa que o pensamento pós-moderno é uma prossecução do estruturalismo; mas significa que o estruturalismo configurou uma importante preparação para a sua emergência. A *decadência ideológica* portada pelo estruturalismo encontra seu desabrochar e seu ápice no pensamento pós-moderno. Por isto, e agora voltamos a *O estruturalismo e a miséria da razão*, a leitura do livro de Carlos Nelson que o leitor acabou de percorrer ganha um novo significado: não é mais a reconstituição de um momento determinado da cultura ocidental – é a análise rigorosa do capítulo que antecede e contribui para viabilizar uma ideologia que exerce papel tão relevante e regressivo na contemporaneidade.

A significação atual de *O estruturalismo e a miséria da razão*, contudo, não se esgota aí. Ao fundar a sua crítica da *razão miserável* própria do estruturalismo e mostrar a sua complementaridade em face do irracionalismo, Carlos Nelson expôs, como o leitor teve a oportunidade de constatar, alguns dos princípios basilares da ontologia social marxiana e marxista, tal como Lukács a resgata e elabora. Pois bem: o traço geral do pensamento pós-moderno, em todas as suas diferenciadas expressões, consiste na completa recusa de uma verdadeira ontologia social, que só se pode sustentar a partir da compreensão do trabalho como fundante do ser social. O pensamento pós-moderno é radicalmente

---

124 Trata-se do texto 2 de Rouanet, *Mal-estar na modernidade*, ed. cit., pp. 46-95.

antiontológico e a sua crítica, também para ser radical, deverá partir necessariamente de uma perspectiva teórica ontológica. E, para tanto, este livro oferece elementos substanciais.

Estou convencido, por tudo isto, que a nova edição do já mais que balzaqueano *O estruturalismo e a miséria da razão* nos prova que ele, para além daquelas características que resumi ao dizer de sua força e de sua insuficiência, tem mais uma: a de ser nosso contemporâneo enquanto nos qualifica para enfrentar a nossa contemporaneidade.

# Carlos Nelson Coutinho, democrata e socialista universal

MICHAEL LÖWY

Conheci Carlos Nelson - "Carlito" para os amigos - no início dos anos 1970, numa data que não me recordo mais - por ocasião de uma de suas passagens por Paris, a caminho de Roma, dado seu vivo e constante interesse pelo Partido Comunista Italiano. Apesar de nossas afiliações políticas bastante diferentes - ele intelectual orgânico do Partido Comunista Brasileiro (PCB), eu vinculado à Quarta Internacional - logo simpatizamos e encontramos uma linguagem comum e um terreno de *afinidade eletiva*: o marxismo humanista/historicista, inspirado por Lukács e Gramsci. Nesse primeiro encontro me impressionou a *altura* de Carlito, não só física, como, sobretudo, intelectual. Partilhávamos a alergia pelo estruturalismo, e achei muito útil seu livro de polêmica impiedosa contra essta corrente, ilustrado, se bem me lembro, por uma céelebre gravura de Goya ("*el sueño de la razón produce monstruos*"). Na época estava trabalhando minha tese sobre Lukács e morria de inveja de Carlos Nelson; ele não só conheceu pessoalmente o Mestre, mas trocou com ele uma importante correspondência (publicada anos depois). Eu nunca teria conseguido isto, uma vez que me interessava quase que exclusivamente pelo "Jovem Lukács", preferência considerada pelo "Velho" como perfeitamente ilegítima. Essa correspondência com o grande pensador húngaro ilustra um outro aspecto da personalidade de Carlos Nelson Coutinho (CNC): a independência intelectual. Apesar de todo seu respeito e admiração por Lukács, ele não deixa de manifestar suas dúvidas e desacordos. Anos mais tarde, Carlos Nelson vai redigir um brilhante ensaio sobre Kafka - um dos seus mais belos escritos -, no qual utiliza o método lukacsiano para desconstruir os argumentos muito discutíveis de Lukács em seu texto “Kafka ou Thomas Mann?”, que tenta opor os dois escritores como se suas obras fossem opções incompatíveis.

A partir dos anos 1980, quando voltei a visitar regularmente o Brasil, não deixava de encontrar o Carlos Nelson e o Leandro Konder cada vez que vinha ao Rio de Janeiro. Tínhamos longas conversas, em torno de uma caipirinha – ou melhor, várias –, discutindo a situação política brasileira e europeia, e invocando nossos orixás preferidos: São Jorge (György Lukács) e Santo Antonio (Gramsci) – assim como, bem entendido, os evangelistas São Carlos (Karl Marx) e São Frederico (Friedrich Engels). Uma frase sintetiza o papel cumprido por Carlos Nelson Coutinho no campo do marxismo brasileiro: ele foi não só um dos primeiros a estudar Gramsci no Brasil – bem antes da publicação, sob sua direção, das *Obras Completas* em português – mas também alguém capaz de repensar, em termos gramscianos, a política brasileira. Mais importante ainda: Carlos Nelson foi o *inventor* – no sentido alquímico da palavra – do que se poderia chamar um *marxismo democrático-socialista brasileiro*, de inspiração gramsciana. Ato inaugural dessa invenção foi, como se sabe, um artigo que é um ponto de inflexão na história do marxismo no Brasil e na América Latina: *A democracia como valor universal* (1979). Um documento polêmico, que rompe com o stalinismo e critica o “marxismo-leninismo” da Terceira Internacional, mas também, o que se leva menos em conta, acerta implicitamente contas com o déficit democrático das tradições da esquerda no Brasil, do tenentismo ao populismo.

Não vou discutir as circunstâncias nas quais esse texto foi elaborado e as polêmicas que gerou. Marcelo Braz já o fez, com muita pertinência, em publicação, por ele organizada em 2012[1], em homenagem ao Carlos Nelson. O contexto imediato é a famosa declaração de Enrico Berlinguer, os documentos do Partido Comunista Italiano (sobretudo Pietro Ingrao, porta-voz de sua ala esquerda), o surgimento do eurocomunismo, e a luta interna no PCB entre “renovadores” e “dogmáticos”. Se o artigo fosse apenas a expressão desses debates seu interesse seria bem limitado. Mas

---

1 Cf. M. Braz, *‘A democracia como valor universal’: um clássico da esquerda no Brasil.* In M. Braz, (org.) *Carlos Nelson Coutinho e a renovação do marxismo no Brasil*, São Paulo: Expressão Popular, 2012

seu significado vai bem além dessa situação conjuntural. Ele coloca questões fundamentais para a teoria marxista e se inspira em duas das principais referências do marxismo revolucionário no século XX: a teoria gramsciana da hegemonia por consenso, e a defesa da democracia socialista por Rosa Luxemburgo, em sua (fraternal) crítica a Lênin e Trotsky, em 1918. A dívida de CNC com Gramsci é suficientemente documentada, mas a relação com Rosa Luxemburgo é menos conhecida. Numa conferência de 1982, encontramos esta afirmação: "Rosa Luxemburgo sublinha o valor universal da democracia; sem essa não pode haver participação popular e, sem participação popular, o governo dos trabalhadores (ou a 'ditadura do proletariado') corre o risco de se converter (...) numa ditadura do partido (...)".[2] Outros argumentos do ensaio, embora não se refiram diretamente à revolucionária alemã (ou judia, ou polonesa) estão inspirados por sua crítica aos bolcheviques: o socialismo inevitavelmente "gera opiniões e interesses divergentes sobre inúmeras questões concretas", e, portanto, é necessário respeitar a pluralidade dos sujeitos políticos e a democracia política, única solução para resolver esses conflitos.[3] Como veremos mais adiante, o pensamento de Rosa Luxemburgo está bastante presente nos escritos de Carlos Nelson nesses anos cruciais entre 1979 e 1982.

A crítica, inteiramente justificada, às tendências autoritárias de Lênin e do poder bolchevique, não o impediu de referir-se positivamente às duas teses essenciais de Lênin:

1. não há "democracia pura", a democracia é sempre burguesa ou proletária; entretanto, acrescenta Coutinho, isto não invalida "o valor universal da democracia política"; simplesmente se trata de rejeitar a concepção *liberal* da democracia, segundo a qual o Estado democrático é um regime político "neutro", situado acima das classes sociais: o substantivo democracia não perde sua validade, mas é sempre *adjetivado* (proletária, socialista, etc);[4]

---

2 Carlos Nelson Coutinho, "Os marxistas e a 'questão democrática'", *Marxismo e Politica*, São Paulo: Cortez, 1996, pp. 85-86.

3 Carlos Nelson Coutinho, *A democracia como valor universal*, Rio de Janeiro: Salamandra, 1984. 2ª edição ampliada, p. 24.

4 *Ibid.* p. 21.

2. mesmo do ponto de vista político-institucional – sem referência às transformações socioeconômicas – a democracia socialista não é a simples continuação da democracia liberal: "a concepção segundo a qual a velha máquina estatal deve ser destruída para que se possa implementar a nova sociedade (...) continua a ter seu pleno valor de princípio".[5] Se os críticos dogmáticos desse documento o tivessem lido com atenção, se teria evitado muitas polêmicas inúteis. A rejeição, por CNC, do "marxismo-leninismo" oficial do PCB não implica que não se deva levar em conta algumas das principais contribuições de Lênin à teoria marxista do Estado.

*A passagem da democracia liberal-burguesa* à *democracia socialista* implica duas mudanças radicais ao nível institucional, que evidentemente tem a ver com o conteúdo de classe distinto: a *criação* de novas instituições políticas, permitindo a representação direta das massas populares, e a *mudança de função* de instituições existentes, como o sufrágio universal. Uma das possibilidades de concretizar essa passagem é a proposta de Max Adler e dos austro-marxistas: articular democracia direta e formas representativas – estas últimas indispensáveis em sociedades complexas como as atuais.

Em outras palavras, a democracia socialista não é simplesmente a negação da democracia liberal, mas estabelece com ela "uma relação de superação dialética (*Aufhebung*): a primeira *elimina, conserva e eleva a nível superior* as conquistas da segunda". Um argumento que não é tão diferente do de Rosa Luxemburgo em sua discussão com os revolucionários russos, citado por Coutinho em sua conferência de 1982: "Jamais fomos idólatras da democracia formal (...) da igualdade e da liberdade formais, *mas não para rejeitar estas* últimas, e sim para incitar a classe operária a não se contentar com elas e a tomar o poder político a fim de preencher este invólucro com um conteúdo social novo".[6]

O que significa "valor universal"? Simplesmente que a democracia não é unicamente um "instrumento" útil para a luta dos trabalhadores no quadro da sociedade burguesa, mas um aspecto essencial do programa socialista.

---

5 *Ibid.* p. 25.

6 Citado por Carlos Nelson Coutinho, *Marxismo e política*, p. 86.

Não pode existir socialismo sem democracia isto é sem sufrágio universal, pluralidade política, autonomia dos movimentos sociais, liberdade de organização e de opinião, legitimação da hegemonia através do consenso majoritário. Julgo dificilmente contestável esse argumento, que afinal é o núcleo central do artigo. É evidente que, embora Carlos Nelson não se refira à realidade soviética, suas teses são, implicitamente, um balanço crítico das trágicas consequências, nos países do chamado "socialismo real", da supressão das liberdades democráticas.

A principal referência citada por Carlos Nelson no ensaio de 1979 é, sem dúvida, Antonio Gramsci. Mas me parece que uma leitura atenta do texto leva a uma conclusão surpreendente: o núcleo central de seu argumento deve mais à Rosa Luxemburgo do que à Gramsci! Afinal a questão da democracia no socialismo está muito mais desenvolvida por ela – com argumentos que encontramos diretamente no ensaio – do que pelo marxista italiano. Mas desconfio que CNC não estaria de acordo com essa minha conclusão.

Ao insistir sobre a legitimidade da principal tese do documento, não pretendo afirmar que não existem problemas e limitações no famoso ensaio de 1979. É evidente que Carlos Nelson nutria ilusões sobre o Partido Comunista Italiano (PCI) que foram cruelmente desmentidas pela evolução – ou melhor, *involução* – desta organização política depois de 1989. Acho também problemático atribuir valor universal a "muitas das objetivações ou formas de relacionamento social que compõem o arcabouço institucional da democracia política". Exemplar aqui é a visão, inspirada por Togliatti e Ingrao, de uma passagem "da democracia liberal para uma democracia de massas", num processo evolutivo no qual desaparecem as rupturas.[7] Em geral, a parte mais discutível do texto é aquela que retoma, de forma acrítica, as teses do PCI. Mas discordo também de certas teses "clássicas" do PCB que o artigo defende: a concepção de uma revolução "por etapas". A luta pelo socialismo ainda não estaria na ordem do dia no Brasil: a "etapa atual da revolução brasileira" seria a "renovação democrática do conjunto da vida nacional"; só assim estariam criados os "pressupostos políticos, econômicos e ideológicos" para o socialismo. O que escapa desta visão "etapista" é a natureza radical, de processo ininterrupto, de uma transformação revolucionária, como revelou

7 Carlos Nelson Coutinho, *A democracia como valor universal*, p. 29.

o exemplo cubano de 1959-61. Entretanto, apesar desses e outros desacordos, continuo pensando que o eixo central do ensaio de 1979, "a democracia como valor universal", era profundamente acertado.

É importante enfatizar que esse ensaio foi um *ponto de chegada* – no caminho da dissociação de Carlos Nelson com o marxismo de fatura "soviética" –, mas também um *ponto de partida* para uma reflexão que foi se aprofundando e enriquecendo. À luz da experiência dos movimentos sociais no Brasil, dos debates no Partido dos Trabalhadores (PT), e de eventos mundiais como a "queda do Muro de Berlim" e a dominação totalitária do neoliberalismo, seu pensamento vai se *radicalizar*, sem abandonar, evidentemente, a matriz gramsciana e as teses fundamentais do ensaio de 1979. Já em 1989, CNC sente a necessidade de uma nova versão do seu artigo, na qual o valor universal já não é atribuído à um "arcabouço institucional" mas à *democratização como processo*; o ponto de partida é um texto de Lukács sobre a democratização, no qual o filósofo marxista húngaro insiste que "trata-se aqui, ontologicamente, de um *processo* e não de um *estado*".[8] Trata-se, evidentemente, de uma mudança importante, na medida em que se evita fetichizar as formas institucionais existentes da democracia.

Na segunda metade dos anos 1990, essa radicalização vai tomar feições anticapitalistas. CNC volta a enfatizar que "não há socialismo sem democracia", mas agora completa, dialeticamente, o argumento: *sem socialismo, não pode existir democracia autêntica*. Em outras palavras: entre capitalismo e democracia, existe uma contradição intrínseca, que ora é oculta, ora manifesta-se de forma brutal e espetacular.

Um dos primeiros textos em que aparece essa ideia é uma conferência sobre Gramsci em 1997: "Gramsci nos ensina – superando tanto a tradição do 'comunismo histórico', quanto aquela do liberalismo em suas várias versões – que se sem democracia certamente não há socialismo, tampouco existe plena democracia sem socialismo."[9] Essa radicalidade anticapitalista aparece em outros textos da mesma época, por exemplo, numa entrevista de 1999, que foi publicada no livro *Contra a corrente*. Partindo do pressuposto que democracia

---

[8] Carlos Nelson Coutinho, *Contra a corrente*, p. 23.

[9] Carlos Nelson Coutinho, *Gramsci. Um estudo sobre seu pensamento politico*, Rio de Janeiro: Civilização Brasileira, 2003, Apêndice II, p. 278.

implica em soberania popular, construção de uma comunidade participativa e igualdade, CNC insiste que se tratam de valores universais "que o capitalismo demonstrou claramente que não é capaz de realizar". Portanto, "não há socialismo sem democracia, assim como tampouco há democracia sem socialismo. Eu não hesitaria em dizer: o valor universal da democracia só se realizará plenamente no socialismo."[10]

Como sabemos, essa radicalização vai conhecer um patamar superior quando Carlos Nelson e seus amigos próximos, Leandro Konder e Milton Temer, deixam o Partido dos Trabalhadores (PT) em 2003 e participam da aventura da construção de um novo partido, o Partido Socialismo e Liberdade (PSOL), que se apresenta como uma alternativa radical ao reformismo lulista. Explicação sarcástica do Carlos Nelson: "Não fui eu que mudei! Sempre mantive a mesma posição, gramsciana, marxista e democrática; o problema é que essa turma foi tanto para a direita que acabei ficando na ponta-esquerda". Sem dúvida, Carlito sempre foi fiel à esta matriz gramsciana, mas creio que é inegável que nos seus últimos anos de vida sua reflexão tomou uma orientação mais subversiva.

Carlos Nelson nunca foi um intelectual de gabinete, ou um "marxista acadêmico": sua ação e seu pensamento são inseparáveis de um compromisso político com a causa do "pobretariado" e com a luta pelo socialismo. Muitos intelectuais brasileiros que se reclamavam marxistas acabaram se reconciliando com o sistema, limitando suas ambições à "melhorar" ou "humanizar" o capitalismo e/ou o neoliberalismo, com a ajuda de doses homeopáticas de "justiça social". Não citarei nomes porque a lista é bastante longa, seriam necessárias várias páginas e muitas notas de rodapé. Alguns creem não ter modificado suas opiniões, outros pedem ao público que "esqueça" seus escritos de juventude. Carlos Nelson Coutinho é um personagem de outra fibra: sem temer ir "contra a corrente" - título de um de seus mais belos livros recentes - sempre foi, e ainda é, de uma coerência e uma integridade sem falhas. Não é que seu pensamento não tenha mudado, buscando integrar novos desafios, repensando questões antigas e reformulando a estratégia do combate: afinal, o que é o marxismo, se não um

---

10 Carlos Nelson Coutinho, *Contra a corrente. Ensaios sobre a democracia e o socialismo*, São Paulo: Cortez, 2000, p. 156.

pensamento dialético/revolucionário em movimento constante? Mas nesse processo de reavaliação e de reconstrução permanente, o fio condutor nunca se interrompeu: recusando a "falsa ideia de que haveria identidade entre socialismo e ditadura, entre socialismo e estatismo, ou que o socialismo seria (...) uma fatalidade inexorável", CNC se mantém obstinadamente fiel ao "projeto comunista de superação da alienação e de construção de uma sociedade autônoma e autogovernada", que é também, como ele acrescenta, "o fulcro do projeto democrático moderno".[11]

---

[11] *Contra a corrente*, p. 30.

# Longos anos 1960 de CNC: a renovação do marxismo e 1968[1]

MAVI RODRIGUES

Parafraseando Eric Hobsbawm, Carlos Nelson Coutinho (CNC) denominou de *longos anos 1960*[2] a quadratura histórica que, iniciada com o XX Congresso do Partido Comunista da URSS e concluída com a experiência do eurocomunismo, propiciou os melhores anos de florescimento do pensamento marxista.

Todavia a década longa de 1960 comportou também o início daquilo que só se tornaria evidente nos anos de 1980 e 1990: o início do recuo do marxismo e da virada cultural para o pós-moderno.

A chave desse aparente paradoxo dos *longos anos 1960* reside no ano quente de *1968*, que recolocou, nas sociedades capitalistas avançadas e nas sociedades pós-revolucionárias, a revolução socialista na ordem do dia. Nas primeiras, sua aparição inesperada fez ressurgir a esperança revolucionária, e nos países de socialismo real *1968* trouxe a expectativa da elevação da transição socialista a um patamar superior por meio da socialização da política. Contudo, a revolução fracassou em ambas as sociedades.

CNC compreendeu com clareza que a defesa dos vínculos estreitos entre democracia e socialismo era uma condição de vida ou morte do comunismo e que a restauração do método marxiano era o seu pressuposto central.

---

1 Agradeço as críticas e sugestões feitas por Marcelo Braz à primeira versão deste artigo, o que, de modo algum, me isenta da inteira responsabilidade pelo que aqui vai escrito.

2 Tal denominação comparece em intervenção de Carlos Nelson em mesa-redonda realizada na comemoração do cinquentenário da Livraria Leonardo da Vinci, em 2004, e publicada em C. N. Coutinho, *Intervenções: o marxismo na batalha das ideias*. São Paulo: Cortez, 2006, com o sugestivo título "Marxismo e estruturalismo nos 'longos anos 60'".

Entender o significado da sua obra, que manteve uma relação ativa e substantiva com a renovação do marxismo, a partir da caracterização dos *longos anos 1960*, especialmente de *1968*, é o objetivo deste artigo.

***

Tal como o breve século XX de Hobsbawm (1995), os *longos anos 1960* de Coutinho[3] não equivaleriam às datas registradas em calendário. Desbordando a escala temporal de uma década, *os anos 1960* teriam se iniciado em 1956, quando da denúncia dos crimes cometidos por Stálin no XX Congresso do Partido Comunista da URSS, e terminado na segunda metade de 1970, período da emersão do eurocomunismo como tentativa de adequação da política dos partidos comunistas, especialmente o italiano, às particularidades da transição socialista das sociedades europeias industrializadas.

Em meio a esses dois eventos a longa década de 1960 teria sido palco também de uma série de fatos históricos significativos, a luta de libertação dos povos colonizados ou neocolonizados que conduziu a iniciativas de transição socialista nem sempre exitosas e os levantes juvenis e operários de *1968*, correspondentes a uma onda de radicalização política que varreu praticamente todas as regiões do mundo. Todos, sem exceção, a despeito da sua enorme heterogeneidade, concorreram para acentuar as denúncias do stalinismo iniciadas em 1956 e promover o seu degelo, acarretando em consequências de monta para o movimento comunista.

No plano das ideias a quebra do monolito stalinista e da sua ideologia oficial – o marxismo-leninisno, resultado da conversão do legado marxiano num marxismo empobrecido, homogeneizado e uniformizado, que, condenando tudo que lhe transcendia como desvio e falsidade, entorpeceu a criatividade intelectual[4] – equivaleu ao fim do silêncio forçado e a instauração de um amplo debate marxista, acompanhado de uma significativa abertura para investigações inspiradas em Marx, resultando numa substantiva renovação do pensamento marxista e na constituição de um marxismo plural e aberto.

---

3 C. N. Coutinho, *Intervenções: o marxismo na batalha das ideias*. São Paulo: Cortez, 2006, p. 67-82.

4 J. P. Netto. *O que é marxismo*. São Paulo, Brasiliense, 1986.

O fim da ilusão de um marxismo oficial permitiu que viessem à luz não só a reflexão de autores até então denominados de heréticos e revisionistas, mas também a reflexão de novos temas e polêmicas postas pelo desenrolar do processo histórico dos *longos anos 1960*. Assim, o marxismo se enriqueceu com a incorporação de novas temáticas – como a questão do cotidiano e a questão urbana – postas pelas alterações nas estruturas de classes resultantes dos *Trinta Anos Gloriosos* do capitalismo que fez crescer o número de intelectuais e de trabalhadores não manuais e que se tornou evidente no *Movimento de 1968*. Nessa mesma direção, se deve considerar o reavivamento da crítica da economia política, resultado dos esforços da reflexão de marxistas acerca das alterações processadas no capitalismo monopolista no pós-Segunda Guerra – as elaborações de Sweezy, Baran e Mandel são aqui exemplares desse intento. Ou, ainda, se deve levar em conta o manifesto potencial revolucionário das lutas de descolonização nos *longos anos 1960* e seus desdobramentos no plano da reflexão marxista ao despertarem o interesse na discussão da relação desenvolvimento e subdesenvolvimento e instaurarem um vivo debate acerca da transição do feudalismo para o capitalismo.

O impacto da renovação do pensamento marxista no plano da prática foi o de ter produzido um movimento comunista de novo perfil: um movimento policêntrico e herético que, perdendo grande parte da arrogância dogmática própria do período stalinista, se abriu para conviver com sua inevitável diversidade interior e para o investimento genuíno em experiências práticas não ortodoxas que ambicionaram tornar a estratégia revolucionária mais diversificada e mais adequada as sensíveis alterações que as sociedades capitalistas mais desenvolvidas experimentaram na fase tardia do capitalismo monopolista[5].

Também aqui o marxismo que emergiu do degelo pôde enriquecer-se com os novos problemas e questões trazidas pelos eventos da década longa de 1960. O terceiro-mundismo e a onda de radicalização política de caráter internacional ocorrida em *1968* – quer trazendo à tona a problemática da transição socialista em países periféricos que experimentaram o desenvolvimento de um capitalismo desigual e combinado, quer trazendo à cena política novos sujeitos e novas formas de luta social que desbordavam o operariado e ultrapassavam exigências diretamente econômicas – estimularam a revisão

---

5 M. Braz, *Partido e revolução. 1848 - 1989*. São Paulo: Expressão Popular, 2011.

de estratégias revolucionárias e a abertura a tendências que, partindo de alguma forma de Marx, Engels e Lênin, valiam-se de táticas as mais diversas[6].

Assim, ao promover o declínio de um pretenso marxismo "verdadeiro e justo" e instaurar um marxismo plural e aberto, a década longa de 1960 propiciou a compreensão do legado de Marx como um complexo categorial cada vez mais abrangente e sempre incompleto para conhecer e direcionar a dinâmica social[7].

Contudo, a presença desse marxismo aberto e plural não ficou adstrito às fronteiras do movimento comunista. Prova disso foi o alargamento do público de leitores e autores de uma extensa literatura marxista, decorrente, ainda, da aparição de novos marxistas vinculados à emersão de um inusitado marxismo acadêmico, reflexo da radicalização social de intelectuais – especialmente jovens que viveram as agitações de *1968* e se tornaram professores ou, ainda, intelectuais que aderiram ao marxismo na sua maturidade (como Althusser), quando já haviam adquirido posições teóricas de outro tipo e certas vicissitudes do meio acadêmico[8].

O modismo desfrutado pelo estruturalismo althusseriano entre os anos 1960 e 1970 deve muito à existência desse marxismo acadêmico que – distante da ação política e endereçado a um público estudantil – privilegiou a teoria pura.

Identificado e, por vezes, amalgamado à intelectualidade marxista, o marxismo dos *longos anos 1960* assistiu também a emersão de uma nova esquerda de composição bastante heterogênea, uma vez que a ela se integraram desde uma velha esquerda descontente com os partidos comunistas ou deles dissidentes, ainda durante a vigência do stalinismo, e novos grupos que se autoproclamando de esquerda e, até mesmo, marxistas não faziam questão de serem identificados com Marx ou com quaisquer figuras do panteão marxista[9]. Contudo, sua diversidade interna não lhe retiraria uma característica essencial: um esquerdismo, que, na legítima pretensão

---

6 Idem.

7 J. P. Netto. *O que é marxismo, op. cit.*

8 Cf. E. Hobsbawm, O marxismo hoje: um balanço aberto. In E. Hobsbawn *et ali* (*orgs.*), *História do Marxismo*. Volume XI. Rio de Janeiro: Paz e Terra, 1983.

9 Idem.

em fornecer uma alternativa ao marxismo-leninismo, acabou por desaguar num anticomunismo mais ou menos acentuado – posto que sua composição heteróclita excetuava aquelas tendências de oposição ou de renovação comunistas, na medida em que essas se propunham o regresso às fontes do pensamento de Lênin ou aos clássicos do comunismo[10].

Veremos a seguir que *os longos anos 1960*, em seu ápice, *1968*, ao desencadear uma dupla crise – do capitalismo monopolista e do campo socialista – repôs a necessidade da crítica radical à sociedade burguesa e da busca de alternativas e, assim sendo, levou ao marxismo muitos homens e mulheres.

* * *

Palco da rebelião estudantil que varreu diversas nações de praticamente todos os continentes[11] e precipitou em alguns países – como na Bélgica, Espanha e, especialmente, na França e Itália – greves de gigantescas proporções que – marcadas pela ocupação das fábricas, o içar de bandeiras vermelhas e a reivindicação do poder dos trabalhadores – extrapolaram demandas meramente sindicais, *1968* não foi apenas o ano mais quente dos *longos anos 1960*; foi (e ainda permanece) um tema controverso na avaliação de marxistas respeitáveis.

Ainda que não esgotem a diversidade e a divergências das análises marxistas sobre o assunto, destaque deve ser dado às ponderações de Harvey, para quem *1968* pode ser concebido como o arauto cultural do discurso pós-moderno, e, particularmente, as de Hobsbawm (1998), cuja apreciação do *breve* século XX indica o quanto os levantes juvenis de fins dos anos 1960 – como parte integrante de uma "Revolução Cultural" na estrutura das relações entre sexos e gerações –, ao operarem uma subversão da noção tradicional da política, que buscou fundir liberação pessoal com liberação social, cultivaram

---

10 R. Gombim, *As origens do esquerdismo*. Lisboa: Dom Quixote, 1972.

11 São vários os autores – entre eles E. S. Padrós,, M. E. Maciel, S. B. de Souza, F. Blanco, L. D. T. Ribeiro e L. Marques (In L. Holzmann, E. S. Padrós (orgs.), *1968: contestação e utopia*. Porto Alegre: Ed. da UFRGS, 2003) e M. Kurlansky *1968: o ano que abalou o mundo*. Rio de Janeiro, José Olympio, 2005 – que acentuam o caráter universal do movimento estudantil de 1968, mostrando que este, indo muito além de Paris, atingiu várias cidades norte-americanas (como Berkeley, Boston e Chicago) e outras pelos quatros cantos do mundo (como Roma, Berlim, Tóquio, México, Argentina, Rio de Janeiro, Praga etc.).

anseios individualistas e hedonistas plenamente condizentes com a lógica de um capitalismo indutor ao consumo de massa.

Tais análises não infirmam a caracterização da década longa como período de ouro do marxismo, ao contrário permitem perscrutá-la melhor. Hobsbawm (1983) já havia advertido que o período que se seguiu ao XX Congresso do PCUS não foi somente o momento áureo do marxismo, foi também o da crise *no* marxismo, uma vez que o vigor do pensamento marxista foi acompanhado por uma fratura da tradição marxista traduzida no abandono mais ou menos consciente de maior ou menor parte do pensamento marxiano, visto pela primeira vez na história dessa tradição teórica como a sua renovação.

Ademais, como indicado anteriormente, os *longos anos 1960* deram à luz a uma nova esquerda e foi, especialmente, no interior dela que a guinada para o pós-moderno e, consequentemente, o recuo do marxismo, teve o seu início[12].

Todavia, ainda que consideremos esses elementos, não há como negar que, na virada cultural de segmentos da intelectualidade de esquerda para o pós-modernismo, exerceu um peso nada desprezível o tratamento dispensado pelos partidos comunistas às crises que eclodiram em *1968*.[13]

Vértice dos *longos anos 1960*, *1968* comportou simultaneamente uma crise superestrutural global do capitalismo[14] e uma crise global do *campo socialista*[15].

---

12 As razões deste recuo do marxismo são tratadas por E. Hobsbawn. O marxismo hoje: um balanço aberto, op. cit. . Já a forma pós-moderna que este adquire é indicada por A. Callinicos. *Contra o post-modernismo*. Santiago de Compostela, Edicións Laiovento, 1995, indicando como exemplares da guinada para o pós-modernismo as trajetória de Baudrillard e Lyotard, autores que, completamente identificados com a nova esquerda e militantes entusiastas dos levantes de *1968*, passaram logo ao fim dos *longos ano 1960* de uma postura política esquerdista para uma posição de rechaço ao marxismo e também ao socialismo

13 A incompreensão por parte dos partidos comunistas do significado de *1968* para a manutenção das sociedades do socialismo real e para o avanço da luta revolucionária nas sociedades capitalistas fortaleceu uma esquerda radicalizada em 1968, ou esquerdista, na acepção de Gombim, op. cit., que pleiteava uma perspectiva revolucionária assentada em lutas espontaneístas e contrárias às organizações tradicionais operárias. Foi justamente no interior desse segmento da esquerda que o recuo do marxismo e a virada pós-moderna tiveram início já no fim dos longos anos 1960.

14 L. Lefebvre(*org.*) *A Irrupção: a revolta dos jovens na sociedade industrial, causas e efeitos*. São Paulo: Editora Documentos,1968.

15 J. P. Netto. *Crise do socialismo e ofensiva neoliberal*. São Paulo, Cortez, 1993.

Como crise global do capitalismo monopolista as lutas de massa de 1968, operárias e estudantis, extrapolando as meras requisições econômicas, seriam – nos termos de Mandel (1979 e 1982) – a expressão de uma profunda crise das relações sociais capitalistas, da decadência histórica do modo de produção capitalista, que conduziu a uma contestação global do poder de classe da burguesia, produto das contradições do capitalismo tardio, um período caracterizado, por um lado, pelo desenvolvimento inaudito das forças produtivas, acompanhado da elevação do nível de qualificação técnica e cultural dos trabalhadores e, por outro, por uma exponenciação da alienação e da reificação que, acentuando o controle do processo de trabalho, passaram a ser sentidas pelo proletariado como um peso insuportável.[16]

---

[16] Ao tomar o levante estudantil de 1968 como expressão de uma crise da universidade frente às novas contradições produzidas pelo capitalismo contemporâneo, a análise de H. Lefebvre (*org.*), *A Irrupção: a revolta dos jovens na sociedade industrial, causas e efeitos, op. cit* sobre *Maio de 1968* guarda perfeita sintonia com a caracterização mandeliana do capitalismo tardio como uma época na qual a fusão da ciência, tecnologia e produção alcançam uma escala jamais vista (E. Mandel, *O capitalismo tardio*. São Paulo: Abril Cultural, 1982, p. 151). A tendência inerente ao capitalismo tardio de aprisionar a ciência na órbita de suas transações e estimativas de lucro, unificando as atividades intelectuais e produtivas e a inserção do trabalho intelectual na esfera da produção, explicam não só o crescimento espetacular do ensino universitário logo após a Segunda Guerra, mas também a crise da universidade humanista clássica. Tornada anacrônica não só por razões formais, como também sociais e diretamente econômicas, esta se vê deslocada frente à nova tarefa que lhe é atribuída pela terceira etapa do capitalismo: "não mais a produção de homens 'educados', de discernimento e de qualificações – ideal que correspondia às necessidades do capitalismo de livre concorrência –, mas a produção de assalariados intelectualmente qualificados para a produção e circulação de mercadorias" (Idem, ibid., p. 183). Desse modo, no capitalismo tardio a necessidade generalizada de qualificações mais altas, educação universitária e trabalho intelectual entram inevitavelmente em conflito com o empenho da burguesia e do Estado em subordinar a capacidade intelectual às necessidades da valorização do capital (Idem, ibid., p. 184). Quanto mais a educação superior tende a se tornar uma qualificação para processos específicos de trabalho, mais o trabalho intelectual, transformado numa mercadoria, se proletariza. E quanto mais se proletariza, mais a mercadoria força de trabalho intelectual tende a ter seu preço rebaixado e submetido à lei da oferta e da procura. Quanto maior a proletarização do trabalho intelectual, maior o aprofundamento da divisão social no âmbito das ciências (acompanhada do excesso crescente de especialidades e da "idiotia dos peritos"), e tanto maior o aprisionamento da educação às condições de valorização do capital. Quanto mais fragmentados se tornam o trabalho e a qualificação intelectual, tanto maior será a absorção da educação universitária alienante pelo trabalho intelectual alienado, subordinado ao capital no âmbito do processo total de produção do capitalismo tardio. Para Mandel, esta é "*a base scioeconômica subjacente da difusão da revolta estudantil no capitalismo tardio*, e a prova de sua tendência objetivamente anticapitalista" (Idem, ibid., 185).

Análise convergente com a de Mandel é a de Netto[17] para quem os anos de 1960 diriam respeito ao esgotamento do padrão civilizatório do capitalismo, que, revelando o caráter de barbárie civilizada do capital por meio de múltiplas formas – entre elas, a deterioração das condições de vida das grandes massas, o aumento da insegurança social, da militarização social e da promoção de guerras (Vietnã), a defasagem entre o anúncio dos direitos democráticos e a discriminação efetiva de grandes grupos sociais (mulheres, negros e migrantes) e a reprodução da pobreza nas periferias –, criaria um quadro favorável à mobilização de trabalhadores e de amplos movimentos de categorias específicas, nos quais demandas econômicas se entrecruzariam com reivindicações novas (novos direitos relativos ao lazer, à educação permanente etc.). Sustentando anseios por uma vida melhor e diferente, através de lutas setoriais e distintas (ecológica, contra o racismo, a discriminação de mulheres e de jovens, a defesa da paz etc.), tais movimentos, de acordo com o referido autor, reatualizariam a exigência de uma sociedade alternativa à sociedade burguesa e indicariam a ampliação das forças que lutam contra a estrutura capitalista, ainda que nem sempre tendo claro os projetos societários que reivindicam.

Se levarmos em conta também as argumentações de Lukács[18] acerca da constituição de *um sistema de manipulação* no capitalismo tardio que, articulado a um sistema de produção destinado ao consumo de massa, domina tudo – da venda de cigarros à eleição presidencial – e as de Lefebvre[19] sobre *a sociedade burocrática do consumo dirigido* própria do período no qual o mundo da mercadoria adentra o reino da cotidianeidade, tornando-a objeto de um planejamento racional e controle minuciosos, vê-se que o problema de uma vida plena de sentido posto pelo *Movimento de 1968* não prescinde, ao contrário reafirma, a empreitada teórico-política aberta por Marx: a análise crítica da gênese, estrutura, dinâmica e contradições do modo de produção capitalista, como guia fundamental da luta por sua superação.

A atualidade da urgência da revolução socialista em fins dos anos 1960 não foi posta somente pela crise geral das relações capitalistas, a crise global do *campo socialista*, por outros meios e formas, apontou nessa mesma direção.

---

17 *O que todo cidadão precisa saber sobre o comunismo*. São Paulo: Global, 1986.

18 Sociedade e indivíduo. In H. H. Holz, L. Kofle, L.; W. Abendroth, *Conversando com Lukács*. Rio de Janeiro: Paz e Terra, 1969.

19 *A vida quotidiana no mundo moderno*. Lisboa: Ulisseia, 1968.

Embora não tenha se iniciado nem findado em 1968 (basta que recordemos da conexão tanto com a crise da República Democrática Alemã de 1953 quanto com a crise da Polônia em 1980/81), é nesse ano que a referida crise transparece com toda sua radicalidade através da *Primavera de Praga*.

Tal crise correspondeu ao esgotamento de uma forma determinada de transição socialista, no qual o monopólio político exercido pela fusão do aparelho partidário a instâncias estatais substituiu o protagonismo dos trabalhadores. Em outros termos, trata-se do exaurimento de um padrão determinado de ruptura com a ordem burguesa que, erigido na Rússia em 1917 e tornado modelo para todos os países do campo socialista no período do stalinismo, se precipita quando as sociedades pós-revolucionárias tornam-se urbano-industriais e cuja solução tornava vital a democratização do socialismo realmente existente – uma vez que, como adverte Netto[20]), a transição de um desenvolvimento econômico-social extensivo (assentado no crescimento quantitativo da força de trabalho, na ampliação de equipamentos e na alocação de recursos que cobrava um alto custo para os trabalhadores) e de seu correlato sistema político burocrático e monolítico para um desenvolvimento econômico-social intensivo (fundado na alta produtividade do trabalho, na otimização da racionalidade gerencial e na maximização do uso da ciência e de novas tecnologias) só poderiam ter êxito mediante a instauração de uma democracia socialista, ou seja, uma radical democratização do Estado, do partido e da sociedade dos países pós-revolucionários.

Embora a urgência da reforma do socialismo na direção de uma profunda socialização da política só tenha se manifestado em toda a sua plenitude entre a segunda metade dos anos 1970 e princípio dos 1980[21], é possível dizer que garanti-la já em 1968 na Tchecoslováquia – país mais desenvolvido do *campo socialista* e no qual o Partido Comunista era, desde antes mesmo da libertação do fascismo pelo Exército soviético, um partido de massa[22]– era crucial à sobrevivência da totalidade do socialismo real. Nesse sentido, a intervenção dos soviéticos na Tchecoslováquia, em 20 de agosto de 1968 selou as esperanças não apenas da *Primavera de Praga*; "marcou [também] o começo do fim da União Soviética"[23].

---

20 J. P. Netto. *Crise do socialismo e ofensiva neoliberal*, op. cit..

21 Idem, p. 17 e 18.

22 R. Garaudy, *Toda a Verdade: Maio de 1968 - fevereiro de 1970*. Rio de Janeiro: Nova Fronteira, 1985.

23 M. Kurlansky, *1968: o ano que abalou o mundo*, op. cit.

Ainda que tenham sido gestadas em sociedades muito distintas e tenham sido determinadas por elementos sócio-históricos bastante diversos, ambas as crises convergiram para um problema comum: a recusa das alienações e a busca de uma autêntica realização humana. Nos países capitalistas urbano-industriais, a "recusa global contra as alienações" de *1968* fora alimentada pela divisão sócio-técnica do trabalho e a ideologia da passividade consumista próprias do modo de produção capitalista[24]. Já nas sociedades pós-revolucionárias, de acordo com Garaudy, *1968* significou a busca da superação da alienação decorrente de um socialismo centralizado, burocrático e autoritário.

Se é correto – como sinalizou Lukács[25] – que a autêntica realização humana só pode ser gerada pelo socialismo, tanto a crise global do capitalismo monopolista quanto a crise global do *campo socialista* exigiam como solução o avanço da revolução socialista e a afirmação, em seu centro, da questão da democracia ou, em termos mais precisos, da democracia socialista como transição do socialismo para o comunismo.

Ao não terem sido assim solucionadas – nem no ano de 1968 e nem mesmo posteriormente, quando na década de 1970 alguns partidos comunistas buscaram genuinamente, via o eurocomunismo, incorporar as demandas sessentoitista a uma tentativa de reatualização da estratégia socialista revolucionária[26] – as referidas crises produziram uma situação histórica paradoxal:

---

24 H. Lefebvre, *A vida quotidiana no mundo moderno*. Lisboa: Ulisseia, 1968.

25 O processo de democratização. In C. N. Coutinho, J. P. Netto (orgs.), G. Lukács: *Socialismo e democratização – escritos políticos* (*1956 - 1971*). Rio de Janeiro, Editora UFRJ, 2008

26 Ainda que escape ao intento deste artigo analisar a relação tumultuada dos partidos comunistas com levantes estudantis de *1968*, bem como os motivos que levaram ao fracasso do eurocomunismo, duas notações se fazem aqui necessárias. A primeira diz respeito a um fato inquestionável: tanto na Itália quanto na França a irrupção juvenil de fins dos anos 1960 e também as s greves operárias espontâneas a ela associadas ocorreram às margens dos partidos comunistas. Embora restrita ao caso francês, a análise de Garaudy, op. cit., parece acertar naquilo que criou um mal-entendido duradouro entre o movimento estudantil e o partido: desde a irrupção do *Maio de 1968*, preponderou no interior do Partido Comunista Francês (PCF), a maior força da esquerda na França à época, uma compreensão limitada do fenômeno. Ao conceber o *Maio de 1968* como um movimento pseudorrevolucionário de filhos da alta burguesia, encabeçado pela extrema esquerda, o PCF foi, segundo Garaudy, incapaz de vincular de maneira suficiente "a justa e necessária denúncia do esquerdismo e suas graves faltas a *uma análise profunda do movimento*", o que teria permitido não somente destacar "o que ele tinha de fundamentalmente positivo", mas também estabelecer a distinção entre os propósitos dos dirigentes esquerdistas e os anseios da massa de estudantes que aspirava a uma profunda mudança da realidade social (Garaudy, op. cit, p. 23). O resultado desse enfoque limitado foi que o partido deixou de disputar a direção do movimento com o esquerdismo

para Lefebvre[27], uma situação revolucionária sem revolução, ou ainda, nos termos de Ribeiro & Marques[28], um processo revolucionário bloqueado.

A ausência da revolução quando esta se fazia não só possível, mas necessária, redundou para a massa trabalhadora numa fragorosa derrota. Não à toa findado os *longos anos 1960*, assistimos a uma inversão da correlação de forças das lutas de classes: o mundo do trabalho que estava, em fins dos anos 1960, na ofensiva frente ao capital, passara, na segunda metade da década seguinte, para a defensiva[29]. Essa posição defensiva – que fora, ainda, condicionada pelos processos de reestruturação produtiva inciados no último terço do século XX, portanto, no decurso dos *longos anos 1960* –, quando aprofundada com o fim do *socialismo real* nos anos 1990, contribuiu para que o pleno desenvolvimento do capitalismo contemporâneo emergisse, mesmo para os intelectuais mais brilhantes e progressistas, como o esgotamento da modernidade *tout court*.

---

e perdeu a oportunidade de articular a luta dos estudantes com a luta dos trabalhadores (Idem, ibid., p. 24 e 39). Pois se "em maio-junho de 1968 talvez não existissem – nem objetiva nem subjetivamente – as condições propícias para levar a termo uma revolução (...) era possível (...) provocar um avanço na união dos trabalhadores e intelectuais, estabelecer uma ligação profunda não apenas entre a juventude estudantil e o movimento revolucionário adulto, mas entre a classe operária e o conjunto da juventude" (Idem, ibid., p. 13).

O segundo diz repeito ao incontestável malogro do eurocomunismo, cujos limites parecem residir muito mais em questões da conjuntura histórica nacional de cada país e das estratégias adotadas pelos partidos ditos eurocomunistas do que propriamente numa suposta identidade reformista dessa via com a social-democracia. Na França, por exemplo, uma análise do fracasso do eurocomunismo não pode menosprezar o quanto as cisões internas do PCF em torno da pertinência das ideias eurocomunistas contribuíram para fortalecer o Partido Socialista Francês (PSF) na disputa de hegemonia com os comunistas. Já na Itália, onde o eurocomunismo tinha muito mais consistência interna, não há como desconsiderar que a aliança do Partido Comunista Italiano (PCI) com a Democracia Cristã acabou por se constituir num obstáculo à defesa aberta dos comunistas a iniciativas políticas que visavam transformar em garantias legais demandas claramente conectadas aos novos direitos que emergiram na radicalização política de 1968, como a legalização do aborto. São fontes interessantes para uma abordagem que considere os elementos *supra* citados, embora padeçam do limite de olhar o eurocomunismo pelas mesmas lentes do reformismo social-democrata, os artigos de George Ross e Jane Jenson e o de Tobias Abse, que compõem a coletânea organizada por Perry Anderson e Patrick Camiller intitulada *Um mapa da esquerda da Europa Ocidental* e publicada pela Contraponto (1996).

27 *A Irrupção: a revolta dos jovens na sociedade industrial, causas e efeitos*. São Paulo: Editora Documentos, 1968.

28 L. D. T. Ribeiro & L. "Marques. Reflexões sobre 68" In L. Holzmann & E. S. Padrós. *1968: contestação e utopia*. Porto Alegre: Ed. da UFRGS, 2003.

29 J. P. Netto & M. Braz. *Economia Política: uma introdução crítica*. São Paulo: Cortez, 2011.

Se corretos os apontamentos feitos acima, *1968* pode ser pensado como um "divisor de águas" tal como o ano de 1848. Entretanto, o significado do seu fracasso, para a classe operária e os trabalhadores como um todo, foi diametralmente oposto ao da derrota de 1848. Se o fim da *Primavera dos Povos* demarcou o nascimento da identificação da ideologia do proletariado com o socialismo científico e, portanto, da constituição da classe operária como classe autônoma e revolucionária, o ano de *1968*, ao comportar o esgotamento de uma dupla, mas diversa, esperança - no campo socialista, a conversão concreta das sociedades do socialismo real em formações societárias compatíveis com o projeto emancipador marxiano e marxista, antes do dogmatismo stalinista, e, no campo das sociedades capitalistas urbano-industriais, a manutenção e o aprofundamento da crítica da sociedade burguesa em meio às lutas difusas e abstratas contra o fenômeno da alienação, num contexto de crise profunda do capital -, representou um obstáculo à sustentação da consciência de classe para-si. Assim sendo, a ruína de *1968*:

> "é uma das responsáveis pelo mundo em que vivemos hoje. Um mundo em que a contra-revolução alcançou uma vitória histórica e, por isto mesmo, temporária e superável"[30].

* * *

Independente do juízo que possamos ter da produção de Carlos Nelson Coutinho, fato é o quanto a sua vida e a sua obra são partes integrantes dos *longos anos 1960*. Sua formação, ocorrida após a denúncia dos crimes de Stálin, foi substancialmente diferente da geração de comunistas que, entre os anos de 1930 e a primeira metade de 1950, conhecera o marxismo via manuais de divulgação do marxismo-leninismo. Tendo escapado da doutrinação stalinista, que grosso modo deturpara o legado marxiano a um "esquemático bê-a-bá"[31], Coutinho, junto a outros tantos jovens comunistas do seu tempo, pôde não somente nutrir-se de um marxismo aberto e plural, mas, fundamentalmente, reencontrar a riqueza categorial de Marx.

30 L. D. Ribeiro, Reflexões sobre 68. In L. Holzmann, E.S. Padrós (*orgs.*), *1968: contestação e utopia*. Porto Alegre: Ed. da UFRGS, 2003, p. 26.

31 J. P. Netto, *O que é stalinismo*. São Paulo: Brasiliense, 1995, p. 16.

Não seria um exagero sustentar que esse reencontro foi no caso de CNC ainda mais saliente, dada a presença de dois elementos. O primeiro deles é que sua formação marxista se deu substancialmente através de um portentoso trabalho de tradução, ao qual Carlito se dedicou no decurso de mais de duas décadas. O ofício de tradutor, iniciado quando da instauração do regime autocrático-burguês em 1964 no Brasil, foi – como bem acentuou Netto[32] – muito mais do que um mero meio de subsistência. Ele lhe facultou a leitura de clássicos da tradição marxista do século XX – G. Lukács e A. Gramsci, autores que foram o alicerce de toda a sua obra – e, ainda, uma profícua interlocução com um amplo e diversificado leque de pensadores marxistas (como H. Marcuse, H. Lefebvre) ou próximos do marxismo (dentre eles J. Sartre e J. Habermas).

O outro elemento decorreu das exigências postas pelo campo de atuação do jovem intelectual CNC: a cultura que, entre fins dos anos 1950 e início da década de 1960, conheceu no Brasil um florescimento inaudito e fora até 1968 – ano da deflagração do Ato Institucional nº 5 – hegemonizada, em todos os planos, por um visível viés anticapitalista. Como crítico cultural, membro da frente cultural do Partido Comunista Brasileiro (PCB), Coutinho teve de enfrentar-se com a disputa entre duas grandes tendências: uma que comungando da perspectiva stalinista (zhdanovista) apostava numa leitura rígida da relação entre arte e política, acabando por empobrecer a questão estética, e outra que, se apresentando como alternativa à primeira, valorizava o vanguardismo estético e desaguava na despolitização da cultura e na afirmação da arte como meio de evasão subjetiva. Enfrentá-las com chance de êxito diante de uma "efervescência cultural [que] contrastava com a pobreza teórica dos manuais do marxismo-leninismo"[33] exigia uma apreensão rigorosa do método materialista dialético. CNC não só saiu vitorioso nessa empreitada, uma vez que se tornaram clássicos seus textos *Graciliano Ramos* (1966) e *O significado de Lima Barreto na literatura brasileira* (1974)[34], como também demonstrou ser capaz de uma incorporação viva e original dos clássicos marxistas, ao enfrentar os limites da leitura de G. Lukács (seu mestre) acerca de Kafka.

---

32 Breves notas sobre um marxista convicto e confesso. In M. Braz (*org.*), *Carlos Nelson Coutinho e a renovação do marxismo no Brasil.* São Paulo: Expressão Popular, 2012.

33 C. Frederico, 'Figura de exceção': dois momentos de Carlos Nelson Coutinho, In M. Braz, op. cit..

34 Ambos ensaios foram republicados no livro C.N. Coutinho. *Cultura e sociedade no Brasil: ensaios sobre ideias e formas.* São Paulo: Expressão Popular , 2011.

Além da sua formação, seus textos demonstram a inteira afinidade da sua produção intelectual com o período áureo do marxismo. Dois episódios da sua participação nas batalhas das ideias bastam para indicar de que modo os temas tratados por CNC estiveram em perfeita sintonia com os desafios dos marxistas na longa década de 1960: a crítica corajosa que empreendeu no período mais duro do regime autocrático burguês ao estruturalismo, em *O estruturalismo e miséria da razão* (1972)[35] e a análise da problemática da relação entre democracia e socialismo, exposta em seu polêmico (e nem sempre bem entendido) ensaio *A democracia como valor universal* (1979)[36].

Se no primeiro embate, Coutinho deu uma efetiva contribuição a uma das principais querelas das décadas de 1960 e 70, foi no segundo que Carlito tratou de um dos problemas mais candentes da década longa de 1960, posto que – como vimos anteriormente – a resolução revolucionária da dupla crise de *1968* requeria a afirmação da centralidade da democracia para o socialismo.

É consensual que a defesa de um vínculo estreito entre socialismo e democracia feita por CNC nesse texto e replicada em publicações e entrevistas posteriores tem uma límpida inspiração no eurocomunismo. Contudo, é legítimo sustentar – como o fez com brilhantismo Braz[37] – que nela rebateu também o legado dos impactos do XX Congresso do PCUS sobre o PCB expresso na *Declaração de Março* de 1958, documento pioneiro na afirmação da centralidade da democracia para os comunistas brasileiros.

Se correta, essa tese de Braz (e estou convencida da sua correção) permitiria, então, sustentar que o degelo do stalinismo e seus efeitos de renovação do marxismo tiveram sobre CNC um duplo impacto: desde fora, por meio da via eurocomunista, da qual se aproximou, quando do seu exílio na Itália forçado pela ditadura de 1964, e também desde dentro, quando em 1979, Carlito buscou atualizar o legado da *Declaração de Março* que outros camaradas jovens como ele conheceram no período que Teixeira (2012) chamou

---

35 C. N. Coutinho, *O estruturalismo e a miséria da razão*. São Paulo: Expressão Popular, 2010, obra publicada originalmente em 1972 pela Paz e Terra e que só veio a ser editada pela segunda vez quase quatro décadas depois, com um impecável *posfácio* de José Paulo Netto reproduzido neste livro sob o título *A mais importante "obra juvenil "de Carlos Nelson Coutinho.*

36 C. N. Coutinho. *A democracia como valor universal e outros ensaios*. Rio de Janeiro: Salamandra, 1984.

37 'A democracia como valor universal': um clássico da esquerda no Brasil, In M. Braz (*org.*), op. cit.

da *Primavera Brasileira* do PCB, numa alusão à autorreforma do socialismo ambicionada pela Tchecoslováquia.

Esses são os principais elementos que possibilitam atestar o quanto a trajetória e as ideias de Carlos Nelson Coutinho concertam com o que ele mesmo denominou de *longos anos 1960*. Todavia, CNC, em seu rigor teórico e na incorporação original que realizou de Lukács e Gramsci, foi também – na feliz expressão de Frederico (2012) – uma figura de exceção.

Junto a essas, outra excepcionalidade de Coutinho merece registro: a coerência teórica e política que cultivou ao longo de todo seu labor intelectual e militância política. Netto[38] já havia destacado que CNC manteve-se em toda a sua trajetória um marxista convicto e confesso e mesmo com o fim do socialismo real (cujo déficit democrático sempre criticou) não deixou de reconhecer a relevância histórica da Revolução de 1917 e da sua capacidade de fornecer lições para reconstrução do projeto socialista e do movimento comunista. Essa convicção marxista duradoura e, sobretudo, o reconhecimento do valor histórico da Revolução de Outubro tornaram-se artigos raros quando no pós-1968 grande parte da esquerda se converteu ao pós-modernismo.

Esse conjunto de excepcionalidades atesta o quanto Carlos Nelson Coutinho foi um dos melhores frutos de uma época de ouro do marxismo.

[38] Breves notas sobre um marxista convicto e confesso, In M. Braz (*org.*), op. cit.

PARTE II

# Luta política e luta ideológica no Brasil

# Polêmicas em torno da via prussiana no Brasil

ANTONIO CARLOS MAZZEO

Antes de conhecer Carlos Nelson Coutinho pessoalmente, intelectual que deixou fundamentais contribuições ao marxismo brasileiro e para a interpretação histórico-concreta do Brasil, conheci sua obra na militância clandestina, em plenos Anos de Chumbo. Jovem estudante comunista, tomei contato com seus ensaios sobre literatura por volta de 1972. Aquele era um período de intensos debates sobre os rumos da ação política de esquerda e, também, de uma fúria subjetiva por conhecimentos, não pelo mero deleite, ainda que este fizesse parte das atividades intelectuais, mas pela necessidade de referências sólidas que instruíssem nossa ação política. Naquele momento, o estruturalismo de corte althusseriano era hegemônico nos debates brasileiros e latino-americanos, e, como tantos de minha geração, eu também recebia as influências das formulações de Louis Althusser.

Meu primeiro contato com as elaborações teóricas de cariz lukacsianas se deu através do texto de Coutinho, *Literatura e humanismo*, de 1967[1], *O realismo como categoria central da crítica marxista* (e, na sequência, *O estruturalismo e a miséria da razão*). Comprei o livro do meu querido amigo, o livreiro e editor Raúl Mateos Castels, mas, confesso, não sem fazer uma cara meio torta e desconfiada, afinal muitos de meus camaradas o acusavam de "reformista", e eu, militante de "linha justa", estava "vacinado e precavido". Mas o resultado de uma leitura feita imediatamente após à compra – passei a tarde toda e parte da noite fechado em meu quarto devorando o livro – foi surpreendente: eu tinha gostado e muito do que aquele cara "meio reformista" havia dito!

---

1 C. N. Coutinho, *Literatura e humanismo*, Rio de Janeiro: Paz e Terra, 1967.

E mais: fiquei fissurado em ler Lukács, do qual eu conhecia somente trechos do *História e consciência de classes*, em que eu, confirmando a marca dos arrogantes-ignorantes, detectava "elementos de idealismo deletério" e do qual desconhecia absolutamente o prefácio autocrítico de 1967.

Mas a compra do livro *Literatura e humanismo* não foi obra de um mero acaso. Outros camaradas me estimulavam a conhecer o trabalho daquele jovem intelectual marxista. Há que se dizer que havia toda uma efervescência intelectual no interior do PCB, reverberando os debates que eram travados em outros PCs pelo mundo afora, particularmente no italiano e no francês. O estímulo dado pelo texto de Coutinho me levou também ao aprofundamento das leituras de Lukács. Primeiro uma leitura completa de *História e consciência de classe* e de *Marxismo ou existencialismo?*, depois direto para o volumoso *A destruição da razão*, e finalmente a *Introdução à uma estética marxista*, na edição da Grijalbo de 1969. Não posso deixar de assinalar o impacto dessas leituras em minha formação intelectual, principalmente o aspecto fundamental provocado pelo texto de Coutinho sobre Lima Barreto, que me obrigou por sua vez a ir a um Lênin que não os dos textos mais lidos na época, como o *Que fazer?*, *O esquerdismo*, *O Estado e a revolução* ou *Um passo à frente, dois atrás*, ou ainda, *As duas táticas*. Lá fui eu conhecer o Lênin do *Materialismo e empiriocriticismo*, do *Problema agrário* e do *Desenvolvimento do capitalismo na Rússia*. Os culpados eram a *via prussiana* e a tal da *particularidade histórica*. Por causa delas eu começava a me afastar dos dois intelectuais que até então, junto com Althusser, mais tinham influenciado minha visão de estudante sobre a América Latina e que se destacavam diferenciadamente no contexto da Teoria da Dependência: Gunder Frank e Ruy Mauro Marini.

Leitor e já adepto das teses de Caio Prado Jr., o instrumental analítico oferecido pelo texto de Carlos Nelson sobre Lima Barreto só fez aprofundar meu caiopradismo e me jogou de vez nos braços de Lukács. Mas, felizmente, eu não estava sozinho nessa empreitada intelectual, que tinha efeitos diretos em minha militância no Partidão. Também no ano de 1972 chega para lecionar na Escola de Sociologia e Política de São Paulo – onde eu cursava Ciências Sociais – o professor e camarada José Chasin, um caiopradeano e grande estudioso de Lukács, que dialogava com Carlos Nelson Coutinho e nos fazia aprofundar os estudos sobre filosofia, principalmente trabalhar o que considerava fundamental no pensamento marxiano, exatamente a questão das particularidades históricas. O grupo de estudantes que rapidamente se forma em torno do professor Chasin inicia um estudo sistemático sobre temas caros a Carlito. Estudamos a *Estética* e *A destruição da razão* de Lukács, debatemos o estruturalismo, discutimos o papel intelectual de Caio Prado Jr. e os problemas do marxismo brasileiro, falávamos de Leandro Konder e de Carlos Nelson Coutinho como dois importantes renovadores do marxismo brasileiro.

Konder e Coutinho representaram a intermediação entre uma geração do marxismo brasileiro – cujas referências imediatas eram Nelson Werneck Sodré e Caio Padro Jr., dois magníficos intelectuais de grande poder de reflexão e produção – e uma geração renovadora que ampliou essas referências. Isso porque Leandro e Carlos Nelson aparecem como intelectuais, também eles militantes e orgânicos do movimento operário, vinculados a um projeto de luta de classes e conectados a uma proposta de contra-hegemonia que buscava inovar a reflexão marxista brasileira naquele momento muito cristalizada, particularmente, no Partido Comunista Brasileiro. Tendo como referência as elaborações caiopradeanas Konder e Coutinho desenvolvem formulações teóricas de grande oxigenação, especialmente Coutinho a partir de suas reflexões sobre a cultura brasileira, introduzindo no debate marxista brasileiro o corpo conceitual de György Lukács e Antonio Gramsci. A abordagem teórica, a partir de conceitos desenvolvidos por esses dois autores, dentre eles o de corte lenineano desenvolvido por Lukács, *via prussiana*, e o gramsciano "revolução passiva", será determinante para fundamentar seu diálogo com Caio Prado Jr., como podemos verificar em seu texto sobre Caio Prado Jr.,[2] em que realça a apreensão do "não clássico" na obra desse autor.[3] Mas é precisamente nesse debate, o da *particularidade histórica*, que aparecem as rupturas (nas continuidades) com as formulações de Caio Prado Jr., que podemos dizer, já presentes em suas reflexões de inspiração lukacsiana sobre Lima Barreto e conceitualmente sistematizadas mais adiante em seu *O estruturalismo e a miséria da razão*.

2 Carlos Nelson Coutinho, "*'Imagem do Brasil' na obra de Caio Prado Jr*", *in Cultura e sociedade no Brasil – ensaios sobre ideias e formas*, Rio de Janeiro: DP&A, 2000, p. 221 e s.

3 Como assinala Coutinho: "Na literatura marxista, existem dois conceitos extremamente fecundos para analisar vias 'não clássicas' de passagem para o capitalismo ou, numa liguagem menos precisa, para a 'modernidade': o de 'via prussiana', elaborado por Lênin com o objetivo principal de conceituar a modernização agrária; e o de 'revolução passiva', utilizado por Gramsci para determinar processos sociais e políticos de transformação 'pelo alto'". Idem, p.222.

Pretendo fazer algumas considerações sobre a apreensão do elemento da particularidade histórica brasileira em Coutinho, no confronto da formulação caiopradeana , diga-se, a questão inconclusa (*ma non troppo*) do nosso debate. A elevação do conceito de particularidade histórica, enunciada por Hegel e desenvolvida por Marx, Engels e Lênin, foi central a partir da introdução dos instrumentais analíticos lukacsianos. A consideração e utilização da categoria da particularidade histórica encontram grande eficácia para a análise de uma formação social, quando arremetida às conexões teóricas entre as formulações lukacsianas desenvolvidas a partir dos *Prolegômenos* à *uma estética marxista* e aprofundadas na *Ontologia do ser social*. Nessas conexões desvendamos as articulações antitéticas constitutivas do ser social, isto é, na análise realizada pelo processo cognoscitivo de corte *onto-gnoso-dialético* as abstrações e as generalizações indispensáveis aparecem nas especificações dos complexos e nexos concretos, de modo que o conhecimento pode abrir o caminho em direção a esses objetivos apenas se investigamos as *características particulares* de cada complexo objetivo. Como acentuou Lukács, o processo de abstração realizado a partir dos fundamentos do materialismo dialético possibilita que cheguemos às "leis gerais" que regem o ser social, assim como nos permite localizar suas especificidades e suas articulações complexas constitutivas da concretude.[4] Para tanto, é necessário situar objetivamente essas leis gerais a partir dos *elementos das particularidades* – o *complexo objetivo*. Dentro dessa unidade indissolúvel a *particularidade* enquanto concretude encerra as grandes tendências da universalidade. Obviamente, realçar a *particularidade histórica* no escopo de uma *análise concreta*, no caso dos estudos de Lênin sobre o processo de objetivação das formações sociais capitalistas, pressupõe ainda retomar os conceitos lenineanos de "vias" do desenvolvimento do capitalismo, delineados em seus estudos sobre a questão agrária,[5] em que o autor ao estudar a Rússia amplia sua análise avaliando os diversos processos *histórico-particulares* de *objetivação do capitalismo* tanto na Europa, a partir dos processos revolucionários da Inglaterra e da França, como na América, focando o caso estadunidense.

De modo que, realçando o elemento de *particularidade histórica*, Coutinho emprega, ao estudar o Brasil, o conceito de *via prussiana* – construído por

4 Veja-se G. Lukács, *Ontologia dell'essere sociale*, Roma: Riuniti, 1976, p. 351 e s., v. I

5 Veja-se Lênin, "El Programa agrário de la socialdemocracia en la Revolución Rusa de 1905-1907", *in Lenin – obras completas*, Madri: Akal, 1977, v. XIII

Lênin para analisar a Alemanha – exatamente por relevar o aspecto tardio do desenvolvimento capitalista daquele país. É fato que Nelson Werneck Sodré, havia utilizado o conceito de prussianismo para definir o processo específico do desenvolvimento do capitalismo brasileiro, balizando as composições de uma burguesia débil e vacilante, que não ousa a apoiar-se nas forças populares, o que delimita, também, os limites democráticos da revolução burguesa brasileira, segundo o autor, ainda em processo.[6] E aprofundando suas reflexões, extraindo do conflito cidade/campo a consequência do avanço das relações sociais capitalistas, Sodré explicitamente afirma que "as alterações agrárias processam-se pela duríssima via prussiana",[7] mas aqui, realçando a desagregação dos "elementos feudais" que, segundo o autor, prevaleciam no campo. Coutinho, por outro lado, reverberando concordâncias com os fundamentos das análises caiopradeanas – a construção da colônia como local de produção para o mercado mundial –, irá situar a *via prussiana* nos quadros do caráter mercantil da colonização, realçando o aspecto ontológico da formação social brasileira como parte integrante do processo de acumulação primitiva do capital e do largo período de subsunção formal do trabalho ao capital.[8] Mas, ao mesmo tempo em que realça o elemento ontológico da gênese do capitalismo brasileiro, Coutinho *descontextualiza exatamente o elemento de particularidade da formação social do Brasil colônia.*

Coutinho enfatiza a existência, no Brasil colonial, de uma produção (e a extorsão) de valores de uso que posteriormente eram transformados em valores de troca no mercado internacional.[9] E, nessa direção, conclui:

> Mas o fato de que o modo de produção vigente na era colonial tivesse sido *posto e reposto* pelo movimento internacional do capital não significa, como pensam muitos de nossos historiadores, que se tratasse de um modo de produção capitalista, ainda que "imperfeito" ou "incompleto".[10]

---

6 Cf. N. W. Sodré, *Capitalismo e revolução burguesa no Brasil*, Belo Horizonte: Oficina de Livros, 1990. P. 30.

7 Idem, p. 31.

8 Coutinho, op. cit., p. 42

9 Idem, p. 40 e s.

10 Ibidem, p. 42-43.

Essa conclusão, em nosso entendimento, indica uma contradição, ou, pelo menos, a desconsideração do que o próprio Coutinho quer relevar como fundamental, isto é, o *elemento da particularidade histórica*. Assim, destacamos: a) *a definição de que na colônia se produz* "valores de uso" que, por sua vez, transformam-se em valores de troca no mercado; b) a concordância "aproximativa" com a noção de "modo de produção escravista", cunhada por Jacob Gorender, e a definição imprecisa que confere a um "escravismo genérico e universalista" o caráter da colonização e da articulação da formação social brasileira com o mercado mundial, na direção das conclusões de Eugene Genovese;[11] e c) a *especificidade* do "prussianismo" brasileiro.

Por que as colônias americanas não produziam somente valores de uso e sua produção, destinada ao mercado mundial, apresentava-se como *elemento particular* da universalidade capitalista em processo de objetivação?

Inicialmente, evidenciamos que, no corpo analítico marxiano, temos uma clara definição *ontológica* sobre a origem do capitalismo, entendido e *apreendido enquanto processualidade* histórico-genética, com seu momento de afirmação histórica – resultante do largo período de desagregação do feudalismo – a partir do século XVI. Na definição de Marx:

> Para explicar a marcha deste processo não precisamos ir muito atrás. Ainda que os primeiros indícios de produção capitalista se apresentem já, esporadicamente, em algumas cidades do Mediterrâneo, durante os séculos XIV e XV, em realidade, a *era capitalista* somente data do século XVI (...). Sua história apresenta uma modalidade diversa em cada país e em cada um deles recorre a diferentes fases, em distintas graduações e em épocas históricas diversas.[12]

Marx refere-se, aqui, às origens de um modo de produção que, por sua condição mesma de *ser social em processo de objetivação*, articula formas

---

[11] Ibidem, p. 43, em especial nota 4. Na definição de Coutinho: "É o elemento escravista que fornece a marca determinante da formação econômico-social." Ibidem, pp. 43-44. Vejam-se, também, J. Gorender, *O escravismo colonial*, São Paulo: Ática, 1978; E. Genovese, *Economie politique de l'esclavage*, Paris: Maspero, 1968; E. Genovese, *O mundo dos senhores de Escravos – dois ensaios de interpretação*, Rio de Janeiro:, Paz e Terra, 1979.

[12] K. Marx, *El Capital – Crítica de La Economia Politica*, México: FCE, p.609, Sec.sétima, cap. XXIV, v.I (grifos do autor).

econômicas anteriores, não capitalistas – produção e relações de trabalho –, integrando-as sob conteúdos capitalistas:

> não se efetuou a priori uma mudança essencial na forma e na maneira real do processo de trabalho, do real processo de produção. Ao contrário, está na natureza do caso que a subsunção do processo de trabalho ao capital opere sobre a base de um processo laboral *preexistente*, anterior a esta subsunção ao capital e configurado sobre a base de diversos processos de produção anteriores e de outras condições de produção; o capital subsume *determinado processo laboral existente*, como, por exemplo, o trabalho artesanal ou o tipo de agricultura correspondente à pequena economia camponesa autônoma. Se nesses *processos de trabalho* tradicionais que ficam sob a direção capitalista operam-se modificações, essas aparecem como *consequências* gradativas da prévia subsunção de determinados processos de trabalho tradicionais, em relação ao capital.[13]

Ou seja, a partir do momento em que a mercadoria passa a ser o elemento determinante das relações econômicas, estão dadas as condições para a concentração capitalista e para o desenvolvimento de forças produtivas de cariz capitalista. Daí a ênfase marxiana de que a relação de hegemonia e de subordinação ocupam nesse processo de produção o lugar da antiga autonomia – seja a do artesão, seja a dos camponeses independentes, etc.,[14] como exemplifica Marx, ao analisar os processos de extração de plus-valor (ou mais-valia) do trabalhador, ao ressaltar que a mais-valia relativa somente pode nascer a partir da subsunção formal do trabalho ao capital, quer dizer, ganha seu estatuto pleno, no plano ontológico, na processualidade que tem suas origens na transição do feudalismo ao capitalismo.[15] Portanto, na definição marxiana, o *conjunto de transformações* que ocorriam nas relações de produção de um feudalismo em desagregação – componentes dos elementos fundantes do processo de formação do capitalismo – objetiva-se, em sua fase inicial, no mercantilismo, que tem como aspecto dinâmico a circulação de mercadorias resultante de um contexto produtivo que transforma a produção artesanal

---

13 K. Marx, *El Capital – Libro I, capítulo VI (Inédito)*, Buenos Aires: Siglo XXI, 1974, p. 55. (grifos do autor).

14 Idem, p. 65

15 K. Marx, *El Capital*, cit., p. 426-427, sec. V, cap. XIV, v. I.

dos valores de uso em valor de troca, na medida em que transforma estruturalmente uma forma-produtiva de valores de uso em forma de produção direcionada para o mercado, ainda que sob a característica da subsunção formal do trabalho ao capital.[16] De modo que o capital, inicialmente comercial, potencializa-se pelo próprio caráter e solidez das estruturas contraditórias existentes no feudalismo que, antiteticamente, configuram-se como negadoras de sua essencialidade. Recorramos mais uma vez a Marx:

> o desenvolvimento do comércio e do capital comercial faz com que a produção vá orientando-se, em toda parte, para o valor de troca, aumentando seu volume; que a produção se multiplique e adquira um caráter cosmopolita; desenvolve o dinheiro até convertê-lo em dinheiro universal. Consequentemente, o comércio exerce em toda parte uma influência mais ou menos dissolvente sobre organizações anteriores da produção, as quais se orientavam, primordialmente, em suas diversas formas, para o valor de uso. Mas na medida em que logre dissolver o antigo regime de produção dependerá primeiramente de sua solidez e de sua estrutura interior. E o sentido para que este processo de dissolução se encaminhe, quer dizer, os novos modos de produção que venham a ocupar o lugar dos antigos, não dependerá do comércio mesmo, mas do caráter que tivera o regime antigo [anterior] de produção.[17]

Evidencia-se, portanto, que o processo de desagregação do feudalismo engendra novas formas de acumulação de forças, instrumentos e massas de braços que ele encontra preexistentes e aglomera sob o império do capital, em sua "era capitalista." Como observa Marx:

> A transição do regime feudal de produção se opera de duas maneiras. O produtor se converte em comerciante e capitalista, por oposição à economia natural agrícola e ao artesanato dos grêmios vinculados à indústria urbana da Idade Média. Este é o caminho revolucionário. Isto é, o comerciante se apropria diretamente da produção".[18]

---

16 Como vemos em Marx: "A biografia moderna do capital começa no século XVI, com o comércio e o mercado mundiais". Idem, p. 102, sec. II, cap. IV, v. I.

17 Ibidem, p. 320-321, sec. IV, cap. XX, v. III.

18 Idem, Ibidem, p. 323.

O processo da *subsunção formal* do trabalho ao capital desenvolvia-se, na Europa, contraditoriamente, de modos *desiguais e combinados*, absorvendo formas anteriores ou criando novas estruturas produtivas e, ainda, subvertendo relações sociais de produção, lhes impondo conteúdos capitalistas.[19] Esse é o movimento que explica o desenvolvimento da indústria náutica e a intensificação da busca por rotas marítimas para o Oriente, o desenvolvimento das manufaturas, já a partir do século XV, o fervilhar do comércio nas cidades italianas e a introdução da plantação do açúcar na ilha da Madeira, sem contar com a metamorfose da servidão feudal em *trabalho forçado*, como podemos verificar com o surgimento da "segunda servidão" na Alemanha, no século XV, em que a produção direcionava-se não ao sustento do senhor feudal, *mas para o mercado europeu*[20]. Note-se que nas plantações de açúcar introduz-se o *trabalho forçado*, com os prisioneiros árabes das "guerras de reconquistas" na Península Ibérica.

Este é o contexto histórico em que se materializa o processo de transformação do dinheiro em capital, pois o dinheiro, até então acumulado, passa a ser direcionado no sentido de reproduzir ampliadamente a produção de mercadorias, quer nas manufaturas europeias, quer na grande produção do Novo Mundo, que irá constituir o chamado "sistema colonial". Temos, assim, o movimento estrutural e dialeticamente integrado das formações sociais coloniais (e sua articulação) com os pólos centrais do capitalismo, enquanto *particularidades concretas* de reposição do conjunto mais amplo que constitui o modo de produção capitalista. Na América, foram desenvolvidos centros de produção de mercadorias em larga escala, o que significa dizer que a grande estrutura produtiva americana já se conforma como *elemento particular* do amplo *processo de subsunção formal do trabalho ao capital*. Ora, uma estrutura produtiva de mercadorias em larga escala e sua *forma-trabalho-escravo* não podem ser caracterizadas como mera "produção de valores de uso". Nesse sentido, a *escravidão-trabalho-forçado* apresenta-se como uma imperiosidade do processo de

---

19 No dizer de Marx: "O processo de trabalho subsume-se ao capital (é o próprio processo) e o capitalista está nele como dirigente, condutor; para este é, ao mesmo tempo, de maneira direta, um processo de exploração de trabalho alheio. É isto o que denomino subsunção do trabalho ao capital". K. Marx, *El capital – capítulo inédito*, cit., p. 54.

20 Vejam-se: G. Frank, *Acumulação mundial 1492-1789*, Rio de Janeiro: Zahar, 1977, pp. 85-86; M. Dobb, *A evolução do capitalismo*, Rio de Janeiro: Zahar, 1976, pp. 56-57.

acumulação de capital. Como enfatizou Gorender, o escravismo nas ilhas do Mediterrâneo (Sicília, Chipre e outras) encontrou continuidade ampliada nas Américas,[21] constituindo-se em uma novidade produzida pela nova forma societal em precipitação. Além do mais, é importante que se releve a situação do trabalho no século XVI. A disponibilidade de força de trabalho livre resumia-se a um pequeno número de regiões da Europa ocidental. Esse quadro histórico-social determinará, então, a implementação do *trabalho forçado* nos locais onde o desenvolvimento do capitalismo encontra-se menos avançado. Esse é, a nosso ver, o elemento fundamental que determina a introdução do trabalho escravo nas colônias americanas. Nesse sentido, a produção colonial direciona-se para os produtos altamente comercializáveis nas áreas centrais do capitalismo mercantil: produtos com procura manifesta, como açúcar, o tabaco, o algodão, o anil, o cacau, as madeiras, etc.[22]

Essa dinâmica explica, também, a conformação de uma cultura hegemonicamente europeia na colônia portuguesa na América, bem assinalada por Coutinho. Ora, essa era uma integração que expressava não somente um vínculo formal, imposto pela força, mas sim, como ressalta Coutinho, resultante de relações sociais determinadas pelo mercado mundial.[23] Mas é necessário dizer que a prevalência de uma cultura universal europeia no Brasil, resultante da integração cultural e da articulação entre os interesses da burguesia metropolitana e a "elite" colonial, *conforma uma cultura particular*, como definiu Sérgio Buarque de Holanda, o "Portugal tropical". No entanto, por mais que a Igreja Católica tenha exercido um papel fundamental na soldagem da hegemonia da cultura europeia, o elemento cultural luso-europeu (enquanto *reprodução social* – em sua dimensão de *reflexo da realidade*)[24] ganha vigor com a vigência plena do "exclusivo colonial" que privilegiava os colonos portugueses, em detrimento dos estrangeiros, principalmente com o desenvolvimento do tráfico negreiro,

---

21 J. Gorender, *O escravismo colonial*, cit., p. 144

22 Veja-se, A. C. Mazzeo, *Estado e Burguesia no Brasil – origens da autocracia burguesa*, São Paulo: Cortez, 1997, pp. 84-85.

23 C.N. Coutinho, cit., pp. 45-46.

24 Aqui, no sentido do conceito de *Reflexo* desenvolvido por G. Lukács, *Estetica*, México: Grijalbo, 1965, v. I.

definido por Alencastro como instrumento de alavancagem do império português, uma atividade que fundamenta a hegemonia política portuguesa.[25] Assim, conecta-se a prevalência cultural luso-europeia à centralidade portuguesa no comando das atividades garantidas pelo "exclusivo colonial".

O segundo aspecto é a polêmica sobre o caráter da colonização e da estrutura produtiva que se instala no Brasil. Obviamente, o ponto de partida é a inovação caiopradiana na interpretação do processo de objetivação do capitalismo brasileiro. Inicialmente, Coutinho ressalta que a análise caiopradiana não somente refuta os arquétipos interpretativos calcados na Terceira Internacional, como reconhece traços extremamente peculiares em nosso capitalismo, relevando exatamente os aspectos que identificam, na formação social brasileira, os *elementos de particularidade histórica* que permitem um enfoque mais próximo da concretude para a explicitação do caráter *não clássico* da forma capitalista brasileira,[26] que aproximam-se das interpretações lenineanas sobre as morfologias conformadoras das particularidades históricas que se processam nas formações sociais capitalistas.[27] Mas, ao mesmo tempo, Coutinho ressalva que metodologicamente Caio Prado Jr. confunde:

> na análise da colônia e do Império, o predomínio inequívoco de relações mercantis com a existência de um sistema capitalista (ainda que "incompleto"), erro derivado da prioridade metodológica que ele conscientemente atribui à esfera da circulação em detrimento da esfera da produção.[28]

De saída, destacamos que longe de "confundir" o capital comercial com o capitalismo complexo resultante da era industrial, Prado Jr. explicita uma *processualidade*, que tem por marco a colonização de caráter capitalista

---

25 Veja-se, L. F. de Alencastro, *O Tratado dos Viventes – formação do Brasil no atlântico sul, séculos XVI e XVII*. São Paulo: Cia. das Letras, 2000, p.28.

26 C. N. Coutinho, "A 'imagem do Brasil' na obra de Caio Prado Júnior" in *Cultura e sociedade no Brasil*, cit. p. 222.

27 Especialmente as análises desenvolvidas por Lênin no livro *El programa agrario de la socialdemocracia en la primeira Revolución Rusa de 1905 – 1907*, in V.I.U. Lênin, *Obras completas*, Madri: Akal, 1977, vol. XIII.

28 Coutinho, cit., p, 223.

mercantil, *que irá desaguar no imperialismo*, análise que de *per si* demarca, *ontologicamente* – e rente à visão marxiana sobre a construção do capitalismo –, a noção de *processualidade genética do próprio capital em seu momento de afirmação* a partir do século XVI. Como ressalta Prado Jr.:

> Os países da América Latina sempre participaram, *desde sua origem* na descoberta e colonização por povos europeus, *do mesmo sistema em que se constituíram as relações econômicas que, em última instância, foram dar origem ao imperialismo, a saber, o sistema do capitalismo. São essas relações que, em sua primeira fase do capital comercial, presidiram à instalação e à estruturação econômica e social das colônias, depois nações latino-americanas. É assim, dentro de um mesmo sistema que evoluiu e se transformou do primitivo e originário capitalismo comercial, é aí, e por força das mesmas circunstâncias (embora atuando diferentemente no centro e na periferia) que se constituíram de um lado as grandes potências econômicas dominantes no sistema imperialista, e de outro os países dependentes da América Latina.*[29]

Conforme assinalei em outro texto[30], ainda que reconheçamos a presença na visão caiopradiana de um certo "superdimensionamento" do papel da esfera da circulação – mas que está determinado pelo tipo histórico de inserção das economias de extração colonial, e que iniciam seus processos de *reinserção modernizadora* na economia mundial exatamente em finais da década de 1950 –, lembramos que *o fundamental da análise caiopradeana não é apresentar a esfera da circulação desconectada e/ou independente da esfera produtiva*. Ao contrário, a ênfase está justamente em realçar a *impossibilidade histórica* da existência de um capitalismo de caráter nacional e autônomo num país como o Brasil, onde a burguesia demonstrou ser incapaz de realizar sua tarefa histórica fundamental, isto é, *completar* a revolução burguesa e anticolonial. Dimensionando a *particularidade histórica* brasileira, Prado Jr. demonstra que a *raiz colonial* do Brasil – e sua *não superação* – determina uma

---

29 Caio Prado Jr., *A Revolução Brasileira*, São Paulo: Brasiliense, 1972, p. 56, grifos nossos.

30 Reproduzo, aqui, excertos do texto, A. C. Mazzeo, "O Partido Comunista na raiz da teoria da via colonial do desenvolvimento do capitalismo", In A. C. Mazzeo e M. I. Lagoa (orgs) *Corações vermelhos – os comunistas brasileiros no século* XX, São Paulo: Cortez, 2003, p.163 e s. – que ilustra a velha polêmica com o amigo e camarada Carlos Nelson.

inserção subordinada no conjunto do sistema mundial do capitalismo,[31] onde a não realização de um processo modernizador a partir de uma ruptura revolucionária com a estrutura colonial, em moldes burgueses (como ocorreu nas colônias inglesas da América do Norte, no século XVIII, definindo-se com a Guerra Civil do século XIX, que destroça a forma de propriedade colonial-escravista existente no sul dos EUA), lança o Brasil tardiamente no processo de industrialização e, consequentemente, no redimensionamento da economia mundial, a partir da segunda metade do século XIX. Essa formulação será mais tarde desenvolvida por Francisco de Oliveira,[32] que demonstrará ser essa, pelas contingências históricas acima arroladas, a função de uma economia como a brasileira, que constrói uma dinâmica econômica baseada no que Marx chamou de Departamento II da produção, isto é, na produção de bens de consumo, em detrimento do Departamento I da produção, isto é, dos bens de produção. Isso significa dizer que a ênfase caiopradeana dada à estrutura econômica voltada para o mercado externo aparece, nesse contexto, como o *aspecto definidor* – a *raiz histórica* colonial – do elemento *morfo-genético* de um capitalismo periférico e subalternizado, no concerto do sistema mundial do capital. Na definição de Prado Jr.:

> Como se observa, a evolução histórica brasileira, e particularmente a natureza dos principais acontecimentos, os de maior projeção, que constituem a sua trama, claramente indicam o sentido profundo daquela evolução e a direção em que se processa. A saber, de colônia com as características instituições econômicas e sociais (...) para uma coletividade nacionalmente integrada, isto é, voltada para si mesma, e estruturada social e economicamente em função de sua individualidade coletiva e para atender às aspirações e necessidades próprias. *É nessa evolução que se incluem, como elos de uma corrente, os fatos do presente que se trata de analisar e interpretar. O que significa considerá-los à luz daquela evolução e como resultado e expressão dela. E projetando-se para o futuro no sentido do que lhes imprime a mesma evolução. É nessa altura, isto é, nessa projeção histórica futura, que se insere o programa e a ação política.*[33]

---

31 Veja-se Caio Prado Jr., *A Revolução brasileira*, op. cit., p. 73.

32 Ver Francisco de Oliveira, *A economia da dependência imperfeita*, Rio de Janeiro: Graal, 1977.

33 C. Prado Jr, *A revolução brasileira*, op. cit. P. 72, grifos nossos.

O que se destaca, na análise caiopradiana, é a definição da formação social brasileira como um caso *não clássico*, na medida em que a transição da economia mercantil para o processo de industrialização ocorre *sem a eclosão de uma ruptura revolucionária* com sua *morfo-gênese colonial*, não somente em seu legado produtivo – a "opção das classes dominantes por um *desenvolvimento subordinado*" –, mas também na permanência da relação capital-trabalho (principalmente no campo), que em seus contornos fundamentais paga enorme tributo ao passado escravista. De modo que o maior mérito de Prado Jr. está na percepção do que é próprio da processualidade histórica brasileira, sua *característica de essencialidade*, quer dizer, a gênese *colonial-escravista do capitalismo brasileiro*. De maneira explícita, Prado Jr. contextualiza o "não classicismo" do capitalismo brasileiro, comparando a processualidade da formação social brasileira com a *particularidade histórica* da Rússia pré-revolucionária – cuja estrutura agrária baseava-se na pequena agricultura camponesa (o camponês aqui em seu sentido *histórico-concreto*) –, ao afirmar que no Brasil a organização agrária tem por base o latifúndio escravista.[34] E como ressalva o próprio Coutinho, há uma tal proximidade dessa formulação com os conceitos lenineanos, no que se refere às diferentes formas históricas de entificação do capitalismo, que Lênin não hesitaria em definir o Brasil como uma via *não clássica*.[35] Assim, mesmo no contexto de um sumário esboço da visão de Caio Prado Jr., podemos verificar que essas formulações constituem um marco de ruptura nas formulações dos comunistas brasileiros, assim como abrem a possibilidade para a construção de novas interpretações, mais adequadas à realidade concreta do Brasil, principalmente com a nova geração de intelectuais comunistas exatamente influenciados pela inovadora análise caiopradiana.[36]

Isso nos faz adentrar na terceira polêmica com Coutinho, isto é, o caráter do "não classicismo" do capitalismo brasileiro. Como foi ressaltado acima, Coutinho retoma o conceito lenineano das vias históricas de objetivação do capitalismo, através da utilização do conceito de *via prussiana*. Mas também aqui, há uma incompletude na análise concreta do Brasil. Explicitando melhor: de um lado, o conceito de *via prussiana* possibilita que nos aproximemos dos elementos constitutivos do que é específico da formação social brasileira, principalmente do permanente processo de conciliação entre o velho e novo, em

---

34 Veja-se C. Prado Jr., *A questão agrária*, op. cit, p. 158.

35 C.N. Coutinho, op. cit, p. 226

36 Veja-se A. Mazzeo, *O Partido Comunista na raiz da teoria via colonial*, cit., pp. 164-165.

que o novo subsume-se às formas arcaicas, na direção de uma contrarrevolução permanente, como definiram Honório Rodrigues e Prado Jr.[37] Por outro lado, a não definição concreta do caráter do modo de produção vigente no Brasil, visto como "modo de produção interno", dificultou a Coutinho compreender os elementos particulares da sociabilidade brasileira, assim como o entendimento dos fundamentos definidores do que Prado Jr. chamou de "sentido da colonização", quer dizer, desde seus inícios o Brasil faz parte de um processo de *longue durée* (para usarmos a expressão de Braudel), inserido em um amplo processo de acumulação e de estruturação do capitalismo. Ora, o que se constitui no Brasil é um *modo de produção capitalista mercantil*, com características específicas de produzir especializadamente e em larga escala para o mercado mundial. De modo que originou-se, na colônia portuguesa da América do Sul, uma burguesia inserida no contexto da acumulação primitiva do capital e das transformações nas formas produtivas com as características da *subsunção formal*, no sentido do que ocorre na Europa. É nessa direção que Marx, em seus manuscritos sobre a *Teoria do Plusvalor*, ao discorrer sobre o caráter da ocupação europeia na América, define dois tipos de colonização: a dos pequenos colonos que produzem seu próprio sustento e a das *plantations*, em que assinala:

> No segundo tipo de colônia, as *plantations*, onde a especulação comercial está presente desde o início, *e a produção se destina ao mercado mundial, existe um modo de produção capitalista*, ainda que só no sentido formal, já que a escravidão dos negros impede o trabalho assalariado livre que é a base da produção capitalista [*a subsunção formal*]. *Mas o negócio do tráfico de escravos é dirigido por capitalistas, o método de produção que introduzem não nasceu da escravidão, mas está enxertado nela. Neste caso, capitalistas e proprietários de terras são a mesma pessoa, e a existência de terras em grande quantidade, que se apresenta perante o capital e o trabalho, não oferece resistência alguma às inversões de capitais e, portanto, nenhuma resistência à competição entre eles, tampouco se desenvolve aqui uma classe de arrendatários como coisa distinta dos proprietários de terras. Enquanto persistem essas condições nada se interpõe nos caminhos dos preços de custos reguladores do valor do mercado.*[38]

[37] Vejam-se J. H. Rodrigues, *Conciliação e reforma no Brasil: um desafio histórico*, Rio de Janeiro: Nova Fronteira, 1982 e C. Prado Jr., *Evolução política do Brasil*, cit.

[38] K. Marx, *Storie delle teorie economiche – la teoria del plusvalore*, Turin: Einaudi, 1955, p. 374, v. II – *David Ricardo* (grifos nossos).

Isso nos possibilita definir a produção colonial brasileira como capitalista e sua "classe dominante" como burguesia. E é exatamente a característica *não clássica* dessa burguesia que irá propiciar a introdução, mais adiante, com a formação do Estado nacional, de um liberalismo "inadequado", na definição de Schwarz,[39] e que está "fora e dentro do lugar" porque produto de um *Ocidente incompleto* – em que a objetivação hipertardia do capitalismo e a inexistência de uma burguesia de caráter nacional impede a realização de uma revolução democrático-burguesa – e de uma ordem burguesa "anômala",[40] em que o liberalismo servirá de instrumento ideológico para uma economia fundada na hegemonia agroexportadora, de cariz político autocrático-burguês, como uma impropriedade originada na escravidão, que agravava a dissimulação da intrínseca violência da exploração do trabalho assalariado. "Aqui o liberalismo ganha os elementos constitutivos do *favor*, uma *forma-ideológica* nascida com a escravidão, como pioneiramente assinalou Sérgio Buarque de Holanda, que emaranha na teia do poder oligárquico-burguês não somente os escravos, mas também os homens livres, um mecanismo pelo qual se reproduz a classe dominante nas relações sociais".[41] E, também nesse aspecto, temos discrepâncias. A nosso ver, a absorção de um "liberalismo amputado" não é, como quer Coutinho, o resultado da prevalência de uma "oligarquia latifundiária escravocrata", representante interna do capital comercial, ou mesmo de sua ideologia ou ação política.[42] Se esses elementos expressam a configuração ideológica da formação social brasileira, o "liberalismo fora de lugar" (Schwarz) possui determinações concretas *fundadas nas relações sociais de uma formação capitalista "anômala"* (Marx) em que a "anomalia" nada mais é do que a *morfologia particular do ir sendo* da processualidade capitalista brasileira. Mas, de qualquer modo,

---

39 Veja-se, R. Schwarz, *Cultura e política*. São Paulo: Paz e Terra, 2005, p. 60.

40 Aqui, no sentido da especificidade das formas particulares do capitalismo nas colônias americanas. Na definição de Marx: "Se atualmente não só chamamos os proprietários de plantações na América de capitalistas, mas se eles de fato o são, isto se baseia no fato de que eles existem como uma anomalia no interior de um mercado mundial fundado no trabalho livre". K. Marx, *Grundrisse*, São Paulo: Boitempo, 2011, p. 422.

41 A. C. Mazzeo, *Astrojildo Pereira in* L. Secco e L. B. Pericás (orgs.), *Intérpretes do Brasil – clássicos, rebeldes e renegados*. São Paulo: Boitempo, 2014, p. 42.

42 Coutinho, cit., p. 47.

essa característica da objetivação do capitalismo no Brasil, analisada pela inflexão lukacsiana das análises da particularidade, é o caminho matizado por Coutinho em seu debruçar-se no estudo da *particularidade histórica* brasileira, com extrema positividade.

Coutinho aplica criativamente a teoria da via prussiana à realidade brasileira, ressaltando o elemento histórico da conciliação entre o velho e o novo, no processo do desenvolvimento do capitalismo brasileiro, em que é realçado o reformismo "pelo alto" que alija a participação popular. Mas, apesar de se constituir num grande salto, o conceito de *via prussiana* demonstrou-se insuficiente para balizar de maneira eficiente os elementos complexos da formação social brasileira, se levarmos em conta que originalmente a formulação lenineana visava uma formação social capitalista situada no âmbito dos países e das burguesias que conseguiram dar o passo fundamental para entrar na era do capital monopolista, com a perspectiva imperialista. O núcleo da análise lenineana está no enfrentamento da questão agrária, notadamente as formas de dissolução dos resquícios feudais, constitutivos de grandes entraves para a modernização das relações de produção no campo, em moldes capitalistas. Com o objetivo de compreender a especificidade russa, Lênin, em largos traços, delineia um esboço analítico das formas de revolução burguesa e de suas incidências no campo destacando a transformação das relações feudais, a partir de *metamorfoses* graduais na substituição das estruturas e das formas produtivas tradicionais pelas burguesias modernas e a consequente dissolução das relações feudais de produção. Em sua análise, Lênin realça dois casos, o alemão e o estadunidense. No primeiro caso, destaca o processo histórico alemão e a aliança entre a burguesia e a nobreza *junker* que dele constituem-se agente – a *via prussiana*. No segundo caso, analisa os Estados Unidos da América, processo que chamou de *via americana*, em que o *farmer* transforma-se, pela fragmentação radical dos grandes latifúndios, em granjeiros capitalistas.

O caso "americano-estadunidense", por sua característica de *ruptura revolucionária* com a estrutura colonial, em que se realiza também a *revolução democrático-burguesa*, não pode ser utilizada para uma análise comparativa com o Brasil. Mas o caso alemão nos dá elementos, em seu aspecto genérico, para uma aproximação comparativa, ao menos, como ponto inicial da análise. Esse elemento diferenciador foi ressaltado por José Chasin em seu importante trabalho sobre o integralismo presente nas concepções de

Plínio Salgado,[43] em que o autor evidencia que apesar das proximidades com o caso brasileiro o caminho alemão não pode ser tomado como um "modelo" a ser aplicado às ocorrências empíricas, demonstrando o "risco" de se criar um novo "modelo arquetípico" de análise da realidade brasileira. "É certo que aparecem nas processualidades do Brasil e da Alemanha claras similitudes. Nos dois casos, a propriedade terratenente é decisiva. Também o reformismo 'pelo alto' é marca dos processos modernizadores de ambas as particularidades históricas. No que se refere ao plano político, o reformismo será ainda uma tônica comum às duas formações sociais, assim como o alijamento das massas populares dos processos decisórios, proporcionado por uma forma autocrática de governo. Ainda acentuando as semelhanças, *para determinar o diferente*, Chasin ressalta o aspecto lento e tardio do desenvolvimento das forças produtivas na direção do 'capitalismo verdadeiro' presentes na Alemanha e no Brasil".[44] Mas o que é realçado por Chasin, ao definir a forma de objetivação do capitalismo brasileiro, é que a "via alemã" materializa-se de forma distinta daquela determinada pela *totalidade concreta* do processo histórico brasileiro. Chasin, seguindo também a conceituação lenineana, mas elevando a *concreção* específica da particularidade histórica brasileira, chega à noção de *via-colonial* do desenvolvimento do capitalismo no Brasil.[45]

Mas para conceituar com maior rigor a *forma-objetivação do capitalismo* brasileiro – *a via brasileira* – devemos destacar, ainda, que o *elemento colonial* em seu estatuto ontológico, *integra um amplo, combinado e desigual processo de acumulação de capitais e de objetivação do capitalismo do qual o conjunto do continente americano é decisivamente parte integrante*, a partir de sua ocupação e colonização pelos europeus, no século XVI. De modo que o "sistema colonial", como parte integrante do gigantesco *processo da acumulação capitalista*, engendra sócio-*particularidades específicas e diversas*, na *objetivação* do capitalismo que se desenvolve além-mar, como atestam as formas societais que irão estruturar, por exemplo, o Peru e o México, suas formas produtivas

[43] J. Chasin, *O integralismo de Plínio Salgado – forma de regressividade no capitalismo hiper-tardio*, São Paulo: LECH, 1978, p. 62.

[44] A. C. Mazzeo, *O Partido Comunista na raiz da teoria via colonial*, cit., p. 168.

[45] J. Chasin, cit., pp. 628-629.

coloniais, as formas do *trabalho-forçado*, como as *encomiendas*, etc.[46] No caso brasileiro, a escravidão imediata de índios e de negros africanos, sua morfologia moderna de *trabalho-forçado*, apresenta-se com a *forma-trabalho-escravo sans phrase*. As formas-sociabilidade coloniais da América expressam, assim, as estruturas das formas-organizativas do trabalho e da produção colonial-mercantil. No Brasil, onde a mineração ganha relevância somente em finais do século XVII, a predominância do latifúndio agroexportador, da escravidão e de uma senhoria *burguesa-aristocrático-mercantil* darão os contornos do que Prado Jr. chamou de "sentido da colonização", isto é, seu *elemento ontológico* de entificação do capitalismo, o que irá determinar, também, sua característica específica de acumulação de capitais e de sua *forma-Estado*.

Com isso, retornamos ao elemento fundamental constitutivo da morfologia societal brasileira, e fio condutor de nossa argumentação, isto é, a existência de uma *identidade formal* com a processualidade histórica da Alemanha. Como ressaltei em *Estado e burguesia no Brasil*:

> Se temos, portanto, um processo acumulador pelo campo que se aproxima do "caso alemão", podemos, ainda, ir mais além. Na Alemanha, como no Brasil, a unidade nacional é imposta de cima para baixo. A nobreza *junker* constitui-se, na verdade, numa burguesia com título de nobreza; algo similar ocorre com a "nobreza" brasileira, que herda o aspecto da fidalguia portuguesa. O processo de construção do Estado nacional é excludente para as massas, tanto na Alemanha como no Brasil. No entanto, *essas semelhanças formais guardam diferenças de cunho estrutural e, aí, a dimensão colonial se coloca com a legalidade que a história lhe confere*. Entretanto, o aspecto formal, que não se dissocia de seu conteúdo, como dizia Marx, elevado à sua expressão concreta, dá à morfologia brasileira sua real dimensão. O aspecto "prussiano" aparece assim no sentido de caracterização de um processo tardio de acumulação de capital, consagrado na análise lenineana como uma *forma de desenvolvimento burguês, que se enquadra nas grandes tendências gerais de análise da entificação do capitalismo*. Pensamos então que, para

46 Vejam-se, entre outros, D. Ribeiro, *As Américas e as civilizações*. Petrópolis: Vozes, 1979, p. 108; J. L. Rénique, *La batalla por Puno – conflicto agrario y nación en los Andes peruanos*. Lima: IEP, 2004, *Introdución*; e E. Wolf, "Types of Latin American peasentry: A preliminar discussion" In *American Anthropologist*, vol.57, pp.452–471. Out. 2009.<onlinelibrary.wiley.com/doi/10.1525/aa.1955.57.3.02a00050/abstract> 03/03/2014 5>

> melhor conceituar o processo brasileiro, a noção de *via prussiano-colonial* é a que mais expressa sua geneticidade, porque respeita a legalidade histórica de sua condição colonial e, ao mesmo tempo, considera a configuração tardia (ou "hipertardia", como quer Chasin) e agrária do processo de acumulação e posterior industrialização do Brasil.[47]

Esse aspecto ganha relevância porque incide na própria construção e manutenção de um aparelho de Estado de caráter autocrático, que pode assumir a forma de uma *autocracia burguesa institucionalizada*, em moldes de uma "legalidade burguesa", ou a forma explícita de governo bonapartista (*colonial-bonapartismo*).[48] Ressalte-se, ainda, que as formas autocrático-institucionais ou bonapartistas que se estruturaram tanto na França como na Alemanha, apesar de seus intrínsecos conteúdos reacionários, em ambos os casos, findaram por garantir o pleno desenvolvimento burguês e das forças produtivas. No caso do Brasil, essas formas burguesas têm, ao longo de sua história, garantido a inserção do Brasil na ordem capitalista, através de um processo de *modernização-subordinada*, traço indelével de uma burguesia que não somente deixa de romper com seu passado colonial, mas que, exatamente por isso, o repõe lógica e historicamente, cedendo seus dedos para não perder seu anéis.

De modo que a categoria da *via prussiano colonial* nos permite dimensionar, também, a questão democrática. A base da hegemonia burguesa no Brasil foi e tem sido o permanente alijamento das massas trabalhadoras das instâncias de decisão, seja pela coerção explícita, na forma de governos autocrático-bonapartistas, seja pela manipulação política, nos momentos de institucionalização e/ou de "legalidade" da *autocracia burguesa*, comumente chamados de "períodos de vigência democrática". No entanto, em ambas as formas, prevalece o projeto de *modernização subordinada* do capitalismo brasileiro. Em consonância com as análises caiopradeanas, pensamos que no grau em que se consolidou contemporaneamente o capitalismo, será impossível para um país de *extração prussiano-colonial*, como o Brasil, chegar a "etapas" que permitam o desenvolvimento de um capitalismo autônomo e

47 A. Mazzeo, *Estado e burguesia no Brasil*, cit., p. 123.

48 Veja-se, A. C. Mazzeo, *Burguesia e capitalismo no Brasil*, São Paulo: Ática, 1995, p. 26.

nacional. Ao contrário, a perspectiva é o aprofundamento da subordinação e o estreitamento das conquistas dos trabalhadores, com a paulatina perda de seus direitos e a consequente miserabilização das massas populares.

A *forma-Estado* consolidada no processo de revolução burguesa "pelo alto", de "tipo" *prussiano-colonial*, em que a autocracia burguesa oscila entre bonapartismo explícito – também ele de extração colonial, o *colonial-bonapartismo*[49] – e a *autocracia burguesa institucionalizada* conformam uma "sociedade civil" – que Marx denominava *sociedade burguesa* (*bürgerliche Gesellschaft*) – incompleta, que expressa a incompletude mesma de uma revolução burguesa "pelo alto", realizada sem a presença das massas populares e contra elas, o que reafirma a impossibilidade da consolidação de um processo democrático que não esteja imbricado com a própria revolução socialista, seja na perspectiva de uma ruptura violenta com a ordem burguesa, seja através de um processo combinado de reformas e revolução em que se viabilize o que Lukács chamou de "processo de democratização".[50]

O último Carlos Nelson Coutinho iniciava a caminhar por essas reflexões lukacsianas, mas nesse ponto sua prematura partida deixou nosso debate inconcluso.

---

49 Sobre esse conceito de *colonial-bonapartismo,* ver A. C. Mazzeo, *Sinfonia inacabada – a política dos comunistas no Brasil,* São Paulo: Boitempo, 1999, p. 118.

50 Veja-se, G. Lukács, *L'uomo e la democrazia*, Roma: Lucarini, 1987, p. 27.

# Renovação pecebista e "questão democrática": pontes entre 1958 e 1979[1]

MARCELO BRAZ

Em 1979, Carlos Nelson Coutinho publicou o conhecido e polêmico ensaio *A democracia como valor universal*.[2] No livro que organizamos em homenagem ao autor, *Carlos Nelson Coutinho e a renovação do marxismo no Brasil*,[3] publicado dois meses após sua morte, em setembro de 2012, reunimos uma seleta de artigos que discutiram o conjunto de sua obra. O texto que preparei para o livro voltou-se exatamente para o ensaio de 1979. Nele busquei abordar: a) o momento *imediatamente anterior* àquele ano (o final dos anos 1970) no interior do debate político do PCB, onde foram indicados os determinantes políticos e ideológicos, externos e internos ao movimento comunista brasileiro, sob os quais se moviam as ideias de Coutinho; b) os objetivos e as propostas do polêmico ensaio; c) as teses centrais do ensaio *A democracia como valor universal*; d) os aspectos polêmicos do ensaio; e) a relativa influência do texto no movimento renovador do partido no início dos anos 1980, bem como seu impacto na "nova esquerda" que surgia; f) por fim, a tentativa de problematizar, de modo meramente aproximativo, as ideias de Coutinho em 1979 a partir da contemporaneidade das lutas de classes no Brasil do século XXI.

---

1 Agradeço a José Paulo Netto, a Mavi P. Rodrigues e a Marcos P. Botelho a leitura crítica que fizeram de meu texto. É claro que as posições que sustento aqui não são, necessariamente, as deles.

2 C. N. Coutinho, *A democracia como valor universal*. Notas sobre a questão democrática no Brasil. São Paulo: Livraria Editora Ciências Humanas, 1980.

3 M. Braz, "'A democracia como valor universal': um clássico da esquerda no Brasil" in *Carlos Nelson Coutinho e a renovação do marxismo no Brasil*. São Paulo: Expressão Popular, 2012; p. 237-285.

Como parte de um estudo maior,[4] afirmamos no livro de 2012 que era necessário localizar as ideias de Carlos Nelson, inclusive para discordar delas, no interior do movimento comunista em que militou. Por isso, o presente texto se dedica a apresentar, de modo sintético, o debate em torno das posições adotadas pelo PCB após 1956 a partir de alguns dos estudos mais conhecidos e do exame parcial dos documentos do partido. A intenção é apenas fornecer um quadro aproximativo que permita vincular, de algum modo, as ideias expostas por Coutinho em 1979 com os dilemas que os comunistas enfrentaram a partir de 1956. Tal hipótese de trabalho assenta na ideia de que as questões que aparecem no debate pecebista de fins da década de 1970 partem das polêmicas já presentes no interior do partido a partir de 1956/1958.

## O impacto de 1956 no Brasil: crise e renovação pecebistas

Formado, em suas próprias palavras, num "período de ouro para a esquerda e (...) para o marxismo",[5] Carlos Nelson Coutinho teve sua trajetória marcada pelos eventos que constituíram a "década longa"[6] (os *longos anos 60*). O *XX Congresso* do PCUS,[7] em 1956, "apesar de todos os seus limites teóricos e políticos, desbloqueou o estudo do marxismo e ampliou sua influência em todo o mundo".[8] A dissolução do monolito desrepresou não apenas as vias alternativas ao socialismo como também começou a esterilecer as interpretações dos chamados "ortodoxos" que, através de esquemas analíticos manualescos, engessavam as possibilidades criadoras entre os PCs de todo o mundo.

---

4 Cujo objeto central é o exame das estratégias de revolução do PCB entre 1958 e 1984, quando saem, respectivamente os documentos: *Declaração de março de 1958* e *Alternativa democrática brasileira*.

5 C. N. Coutinho, *Intervenções. O marxismo na batalha das ideias*. São Paulo: Cortez, 2006.

6 A expressão, bastante conhecida, é de Eric Hobsbawn e foi citada por CNC na entrevista publicada em *Intervenções* (ed. cit., pp. 67-68).

7 O XX Congresso do Partido Comunista da União Soviética divulgou as arbitrariedades cometidas por Stálin no comando do Estado Soviético. Apresentado de modo inesperado por Nikita Kruschev, o relatório secreto (*Relatório Kruschev*) teve o efeito de uma bomba entre os comunistas e marcou indelevelmente o movimento comunista mundial, sendo-lhe mesmo um divisor de águas. Tratei em detalhes os períodos pré- e pós-divulgação (determinantes, causas e efeitos) do relatório secreto em meu livro *Partido e revolução, 1848-1989*. (Braz, M., 2011).

8 Coutinho, 2006, *op cit*; pp. 67-68.

Emergiu daí um ambiente pluralista que, iniciando-se ainda no final dos anos 1950, inaugurou uma renovação policentrista no marxismo pela qual não apenas os "heréticos" são recuperados, como também passa a ser revalorizada e revista a totalidade da obra de Marx, incluindo seus textos de juventude, como os importantíssimos *Manuscritos de 1844* e *A ideologia alemã*.[9] Nesse contexto, os "que começaram a estudar o marxismo nos anos 1960, como é o meu caso, tivemos a fortuna de ser iniciados não pelos pífios manuais soviéticos, mas por autores como Lukács, Gramsci, Sartre, Lefebvre, Lucien Goldmann e outros".[10]

Contudo, um outro aspecto peculiar à mesma época favoreceu a formação intelectual de Carlos Nelson. Uma das formas encontradas pelas direções que estiveram à frente do crucial período de renovação pecebista foi a de *deslocar o debate da cultura* (que compreendia as temáticas represadas pelo marxismo-leninismo oficial: a questão da consciência de classe, o tema do humanismo, o problema da estética, entre outros) *para "fora" do partido*, criando uma espécie de linha divisória entre aqueles que discutiam e decidiam as questões essenciais relativas à estratégia revolucionária e

---

9 No mundo ocidental, as deliberações do XX Congresso representaram a senha para a construção autônoma de análises teóricas e de formulações políticas mais adequadas à realidade dos países capitalistas. Ademais, permitiram também o reaparecimento de preocupações teóricas que há muito não mais habitavam os circuitos políticos, tais como as referentes à arte, à estética, à questão do humanismo – inclusive com o resgate do jovem Marx dos *Manuscritos econômico-filosóficos* de 1844. Tal novidade proporcionou o aparecimento de novos estudiosos, tanto aqueles que estavam afastados do dogmatismo marxista-leninista, quanto aqueles que, embora jamais tivessem participado da vida partidária, eram profundos conhecedores das obras de Marx e de Engels. Com isso, o marxismo renascia dessa vez revigorado por novas preocupações e realimentado por novos pensadores, lhe permitindo expandir-se para além dos muros universitários e para além dos círculos fechados dos aparelhos partidários. O sucesso das peças de Brecht pelo Ocidente, a problematização da questão da individualidade no marxismo por A. Schaff, a retomada dos estudos sobre a dialética marxiana por K. Kosik, a temática da arte por E. Fischer, a problemática do humanismo colocada por E. Fromm e a do "jovem Marx" por L. Althusser, a releitura de G. Lukács de *História e consciência de classe* e a descoberta de A. Gramsci como um dos grandes pensadores da tradição marxista são alguns dos bons exemplos do "renascimento do marxismo", expressão tão cara a um pensador marxista do quilate de Lukács (F. Màrek, A desagregação do stalinismo. In E. Hobsbawn, *História do marxismo*. O marxismo na época da Terceira Internacional: de Gramsci à crise do stalinismo. Paz e Terra: Rio de Janeiro. Volume X. 2ª. Edição, 1987, pp. 311-316).

10 Coutinho, 2006 op cit, pp. 72-74.

aqueles que deveriam se ocupar dos problemas teóricos os mais diversos que não guardavam relação direta e imediata com a atuação política do partido, mantendo-os assim alheios aos rumos da política comunista no Brasil. O próprio Carlos Nelson, num texto de 1990, identificou tal divisão:

> [A direção do PCB] instituiu "uma tácita 'divisão do trabalho' [na qual] os intelectuais comunistas podiam agir livremente no domínio da cultura, propondo uma renovação filosófica e estética do marxismo brasileiro, mas continuava a ser atribuição da direção do partido a tarefa de dar a última palavra nas questões especificamente políticas. Disso resultava uma ambígua – e, a longo prazo, insustentável – coexistência entre 'marxismo ocidental' na cultura e 'marxismo-leninismo' na política[11].

Da constatação pode-se depreender que uma parcela significativa de militantes comunistas ingressava no partido quando ele iniciava um redirecionamento após o impacto de 1956.

De todo modo, a situação de coexistência ambígua, como Carlos Nelson identificou, entre "marxismo ocidental na cultura e marxismo-leninismo na política" acabou sendo funcional à crise e ao subsequente processo de reposicionamento do PCB no período 1958-1967. No período, o partido conviveu com uma contraditória situação que exprime a "tácita divisão do trabalho": o partido já era desestalinizado na área da cultura, mas ainda não o era (inteiramente) na política. Tal ambiguidade foi relativamente possível porque se desenvolveu numa conjuntura política *relativamente* favorável que se deu em *dois tempos* marcados por uma questão que se tornou central para o partido: a "questão democrática". Num *primeiro momento*, tal questão foi o esteio através do qual o partido enfrentou três problemas: primeiro, a urgência da autocrítica (por meio de alguns avanços no âmbito da democracia interna e de um tácito reconhecimento dos equívocos da adesão automática ao comando stalinista); segundo, a busca de conter a sangria de militantes e, ao mesmo tempo, de conquistar novos (parcialmente obtida através da criação e difusão de outros meios de divulgação, propaganda[12] e formação); terceiro, a imperativa necessidade de readequar a

---

11 C. N. Coutinho, A cidadania brasileira do marxista italiano Antonio Gramsci. In: Revista *Teoria e Debate*; nº. 9, janeiro-março, 1990, p. 59.

12 Como a revista *Estudos Sociais* e o semanário *Novos Rumos*.

estratégia revolucionária à realidade brasileira com um maior grau de autonomia interpretativa para além das orientações do PCUS.

Num segundo momento, a "questão democrática" torna-se crucial com o golpe de abril de 64,[13] que, se assinalou a derrota das forças progressistas por um lado, por outro, acabaria por manter acesa a luta pela democracia como campo de unidade política e ideológica que congregava amplos setores em torno da liderança do partido, sobretudo porque sua opção pelo caminho da resistência democrática encontrou ressonância na sociedade até meados dos anos 1970.

A "tácita divisão do trabalho" a qual se refere Coutinho, tornou-se, efetivamente, *insustentável* a partir do final dos anos 1970, já noutra conjuntura nacional, quando o PCB enfrentaria dificuldades de levar adiante a estratégia democrática que liderava (a "frente democrática") e de, consequentemente, manter a hegemonia diante de um quadro renovado que apresentava uma nova classe operária, formada pela expansão capitalista do ciclo ditatorial, fortemente marcada por demandas econômico-corporativas e, por isso, pouco sensível à luta política mais ampla. Mesmo nesse período, ainda persistia a contraditória situação na qual o partido já era desestalinizado na cultura, mas ainda não o era (inteiramente) na política. E não o era por dois aspectos: o primeiro diz respeito à persistência de uma cultura stalinista que ainda amarrava o partido às características que vinham da já extinta IC[14] (dogmatismo, mandonismo e centralismo); o segundo se refere às dificuldades de manter uma estratégia para a qual o caráter da revolução ainda dependia de uma etapa democrático-burguesa prévia à transição socialista.

---

13 Um excelente quadro sintético da ditadura brasileira é oferecido, no ano do cinquentenário do golpe de abril, pelo recente livro de José Paulo Netto, compreendendo o período pré-1964, o interregno 1964-1968 e os momentos de abertura que se abriram após 1974 até o esgotamento do ciclo autocrático-burguês em 1985. Ver Netto, J. P. *Pequena história da ditadura brasileira*. 1964-1985. São Paulo: Cortez, 2014. Por ocasião do cinquentenário, várias obras, além das já existentes, vieram à luz para rememorar as causas, os desdobramentos e as consequências da ditadura brasileira. Para citar algumas das mais importantes, além da de Netto, todas de 2014: de Rodrigo Patto Sá Motta, *As universidades e o regime militar*. Cultura Política Brasileira e Modernização Autoritária. Rio de Janeiro: Zahar; de Juremir Machado da Silva, 1964. *Golpe midiático-civil-militar*. Porto Alegre: Sulina; de Daniel Aarão Reis Filho *et.al* (org.), *A ditadura que mudou o Brasil: 50 anos do golpe de 1964*. Rio de Janeiro: Jorge Zahar; de Milton Pinheiro (org.), *Ditadura: o que resta da transição*. São Paulo: Boitempo; e a 5ª edição, revista e ampliada, da obra de Jacob Gorender, *Combate nas trevas*. São Paulo: Expressão Popular/Fundação Perseu Abramo.

14 Internacional Comunista.

E é justamente esse segundo aspecto que Coutinho enfrentaria em 1979, como ele mesmo confirma ao definir os *dois objetivos principais* que o levaram ao ensaio *A democracia como valor universal*: o primeiro deles diz respeito à necessidade de discutir a *relação socialismo e democracia* partindo de Marx, Engels e Lênin até chegar aos marxistas que foram além deles, entre os quais Gramsci e Togliatti. O segundo envolve a questão da *revolução brasileira*. Em suas palavras, o "objetivo básico era reavaliar essas duas ordens de questões. Primeiro eu pretendia discutir uma concepção, que me parecia estreita, do que é democracia e da importância da democracia para o socialismo. E, segundo, buscava abandonar essa visão da realidade brasileira como a de um país atrasado, semicolonial, ainda carente de uma revolução de libertação nacional"[15].

Esse segundo objetivo remete à "questão democrática" no debate dos comunistas vinculados ao PCB que passaria, sobretudo a partir de 1958, por um processo de renovação que a pôs em relevo.

## O processo e o sentido da renovação

O deslocamento do PCB no rumo de uma nova linha política promoveria, em curto prazo, uma guinada na estratégia política da revolução. Seus frutos imediatos – a *Declaração de março* de 1958 e a *Resolução do V Congresso* de 1960 – permitiram uma maior presença do partido no âmbito dos avanços das lutas nacionais, democráticas e populares da primeira metade da década de 1960, fortalecendo-se especialmente no movimento operário e camponês.

Por mais que o partido, a partir da *Resolução sindical de 1952*, já tivesse ampliado sua atuação sindical por meio do estímulo à militância nos sindicatos oficiais dominados pelos trabalhistas, permitindo-lhe alguns avanços, a orientação de 1952 *ainda não* podia se expressar como uma *nova política* porque convivia com a estratégia do *Manifesto de agosto* de 1950 que lhe era oposta. Ou seja, tinha-se aí um paradoxo no qual tática e estratégia divergiam. Tal alteração da linha política do partido emergiu "como um dos efeitos

[15] C. N. Coutinho, "Questões teóricas e políticas" (exposição e debates). *in* M. A. GARCIA, *As esquerdas e a democracia*. Rio de Janeiro: Paz e Terra/CEDEC, 1986, p. 61.

inovadores do XX Congresso do PCUS. De fato, sobravam indicadores do substancial deslocamento do PCB em relação à sociedade brasileira, mas nem a *Resolução sindical* de 1952, nem as lições da crise do getulismo, nem a participação nas eleições de 1955 foram suficientes para destruir a couraça ideológica comunista: arranharam-na, quando muito"[16]

Mas, mesmo assim, o embrião de uma nova política parecia surgir. Como observou Segatto,

> A partir de 1951, algumas mudanças já podem ser notadas. No movimento operário e sindical o bloqueio imposto pela linha política começa a ser rompido, através da reação dos militantes que atuavam no setor (...). Essa atitude e forma de atuação são reafirmadas com a *Resolução sindical de 1952*, que introduziu novas e importantes correções na orientação sindical do PCB, e contribuiu efetivamente para o fortalecimento dos comunistas e de suas posições nos sindicatos, além de facilitar a ampliação de sua influência no movimento operário. É claro que permaneceram ainda vários elementos da linha política geral, levando muitos militantes a adotarem uma atitude de distância dos sindicatos, federações etc., como também a manterem uma certa resistência com relação à unidade sindical. Aquela "prática criou situações concretas de vitórias nas lutas e de unidade na classe, e conduziu a direção do Partido a oficializá-la como linha sindical. Mas ainda aí permaneceu o elemento desagregador, pois nossa linha geral continuava a apontar o líder da massa trabalhista como o inimigo principal a combater. Em consequência, os passos dados no caminho da unidade ao nível da luta econômica nas fábricas e os sindicatos eram anulados ao nível mais elevado e importante da luta política [Hércules Correa *apud* Segatto][17].

O mesmo se pode dizer da posição do partido face à candidatura de Juscelino Kubitschek em 1955. A posição do PCB será diferente da que teve em relação à campanha de Getúlio Vargas em 1950, quando trabalhou pelo voto em branco.[18] O que se pode notar é que o partido já iniciara o giro de sua

---

16 M. Vinhas, *O partidão*. A luta por um partido de massas – 1922-1974. São Paulo: Hucitec, 1982, p. 179.

17 J. A. Segatto, *Breve História do PCB*. Belo Horizonte: Oficina de Livros, 1989, pp. 77 e 78.

18 É evidente que uma outra bomba (o suicídio de Vargas em agosto de 1954) também concorreu para pressionar a mudança da linha do partido. O clamor popular que se seguiu à morte

orientação antes do efeito bomba causado pelo *Relatório Kruschev* de 1956. Mas a mudança se consolidaria de modo mais acabado em 1958. A declaração de março daquele ano

> tentará dar conta da nova realidade existente, buscando superar a linha estabelecida pelo IV Congresso que já parecia caduca e ultrapassada no próprio momento de sua realização. A Declaração [de Março de 1958] reiterava a visão da revolução brasileira em duas etapas (primeiro a democrática e nacional, depois a socialista); indicava o caminho das lutas pelas reformas estruturais, como meio de intensificar o desenvolvimento capitalista e precipitar a primeira etapa da revolução; definia o governo Kubitschek, eleito também com o apoio comunista, não como de traição nacional mas fruto de composição heterogênea, na qual o presidente oscilava entre a ala 'nacionalista' (à qual se deveria dar apoio para garantir sua hegemonia) e a ala 'entreguista'; e apontava o caminho pacífico da revolução. (...) Nesse processo são lançadas duas publicações comunistas importantes: a revista *Estudos Sociais* e o semanário *Novos Rumos* [...]; acordos políticos garantem a candidatura e eleição de comunistas sob a legenda de outros partidos nas eleições de 3 de outubro. Os comunistas lançam-se na luta pela obtenção de sua legalidade. O PCB ia, novamente, integrando-se ao cenário político-institucional[19].

Mas, como desdobramento do impacto do relatório secreto de 1956 no interior do PCB, em novembro, sua Comissão Executiva, através da *Carta Aberta de Luís Carlos Prestes aos comunistas* (a "carta-rolha"), buscou superar a discussão proibindo ataques a URSS e ao PCUS. No entanto, a posição de Prestes "não foi unívoca nem retilínea. Inicialmente perplexo e sem saber o que fazer, foi sendo aos poucos ganho para a autocrítica. Ainda na clandestinidade ouve em sigilo vários dirigentes que lhe haviam sido levados pelas mãos de Giocondo Dias (...). Em agosto, Prestes sai da clandestinidade e de surpresa comparece à reunião do Comitê Central: é a

trágica do presidente tomou de surpresa o partido. Tão logo deu-se o suicídio e sucedeu-se o clamor popular nas ruas, seus militantes tiveram de sair às pressas recolhendo das bancas os exemplares de seu jornal, *A Imprensa Popular*, que trazia a manchete: "Abaixo o governo de traição nacional de Vargas".

19 Santana, 2001, p. 93 e 94. M. A. Santana, Homens partidos. Comunistas e sindicatos no Brasil. São Paulo: Boitempo; Rio de Janeiro: Universidade do Rio de Janeiro, 2001.

primeira vez que com ele se reúne desde 1947"[20]. Nessa reunião, são destituídos da Executiva: Diógenes de Arruda Câmara, João Amazonas, Sérgio Holmos e Maurício Grabois. Forma-se uma comissão[21] encarregada de preparar um documento de análise sobre o problema do "culto à personalidade", pronto em janeiro de 1958. Entretanto, na plenária de março de 1958, o Comitê Central sequer o coloca na ordem do dia e aprova[22] outro documento que ficou conhecido como a *Declaração de março*.[23] O documento sinalizava para um ponto de inflexão[24] na orientação política do PCB, especialmente em face das resoluções do *IV Congresso*, que são modificadas, sustentando a tese da coexistência pacífica internacional. O documento[25] "afirma taxativamente que o caminho pacífico[26] 'é o que convém à classe operária e a toda a nação' – e provavelmente será esta a única vez em que isto é dito com todas as letras na história do PCB, depois da legalidade"[27].

O partido então realiza um giro na sua política, respondendo ao quadro internacional do movimento comunista que ingressava numa nova fase marcada pelo processo de distensão política que solapava gradualmente o stalinismo, golpeado por um conjunto de fatores históricos – sobretudo o *Relatório Kruschev*, mas também a disposição da liderança do PC chinês para

---

20 M. Vinhas, op. cit., p. 181 e 182.

21 Composta por Francisco Gomes, Jover Telles, Leivas Otero, Moisés Vinhas e Sérgio Holmos.

22 Votaram contra: João Amazonas e Maurício Grabois. Abstiveram-se: Calil Chade e Sérgio Holmos.

23 "Nesse processo, boa parte da intelectualidade já deixou o partido, insatisfeita e desiludida. Alguns o fazem silenciosamente, outros atacam-no abertamente. O partido estava sangrando, com cerca de 9.000 militantes apenas" (M. Vinhas, op. cit., p. 181).

24 "Desde já, porém, essa ruptura não é radical e a nova política, em que pesem as críticas explícitas ao 'Manifesto de Agosto' e ao 'Programa' do IV Congresso, guardará muitos pontos de contato com a anterior e, sob certos aspectos, permanecerá mesmo tributária desta" (*Idem*).

25 Já em setembro de 1960, o PCB realizou o seu *V Congresso Nacional*. A "resolução política" aprovada entende que não havia condições para transformações socialistas imediatas e que a contradição entre burguesia e proletariado não exigiria soluções radicais na "atual etapa histórica". Defende a conquista de um governo de caráter nacional-democrático como primeiro momento da revolução brasileira, quando se avançaria para conquistas parciais progressistas e nacionais frente ao imperialismo norte-americano e seus aliados internos. Após essa etapa seriam criadas condições para a construção da hegemonia do proletariado com as forças mais revolucionárias que estariam à frente do poder estatal.

26 A luta armada deixou de ser tratada como uma questão de princípio e foi secundarizada.

27 M. Vinhas, op. cit., pp. 181-182.

hegemonizar a ação revolucionária no mundo que provocaria o conflito sino-soviético no interior do movimento comunista. A *Declaração de março* de 1958[28] reflete essa conjuntura e a traduz para o Brasil, apreendendo ainda as particularidades do contexto nacional, conforme veremos a seguir.

Além da *Declaração de março* de 1958, também é expressão da *nova política* o texto de Prestes publicado na *Voz Operária*.[29] No artigo, Luís Carlos Prestes expressa um significativo giro em relação às posições que o partido sustentava no período imediatamente anterior, condensadas nas orientações de 1948, 1950 e 1954. Diz ele que

> menosprezamos o estudo da realidade brasileira, perdemos de vista o movimento real, os processos que estavam em curso na vida econômica e política do país. A nossa política deixou de ser, assim, a decorrência direta das condições objetivas do Brasil e se tornou uma adaptação mecânica de fórmulas gerais ou de experiências acertadas em outras partes do mundo (...).
>
> Tudo isso nos impossibilitou de compreender, em conclusão, que o processo da revolução brasileira não podia ser o da imediata liquidação do regime econômico-social existente, mas o da gradual acumulação de reformas profundas e consequentes dentro do próprio regime atual, chegando até as transformações radicais exigidas pelo desenvolvimento histórico brasileiro em sua presente etapa.
>
> Acreditávamos que era possível ganhar as massas para a revolução colocando como tarefas imediatas as transformações revolucionárias radicais, ao invés de nos integrarmos à vida política corrente e lutarmos pelos objetivos revolucionários partindo das condições reais e da correlação de forças existente.[30]

---

28 Como informa Segatto, a nova política contida no documento foi preparada por uma comissão "ultrassecreta" organizada por Giocondo Dias, "com o aval de Prestes (...) desconhecida do Comitê Central e até mesmo da Comissão Executiva". Ela foi integrada, além de Dias, por, "principalmente, Mário Alves, Alberto Passos, Jacob Gorender, Dinarco Reis e Orestes Timbaúba". Foi aprovada como resolução política "pela maioria, com um voto de diferença" (J. A. Segatto, *Reforma e Revolução*. As vicissitudes políticas do PCB. 1954-1964. Rio de Janeiro: Civilização Brasileira, 1995, p. 79).

29 Prestes, L.C.: "São indispensáveis a crítica e a autocrítica de nossa atividade para compreender e aplicar uma nova política" (in *Voz Operária*, nº 460, de 29 de março de 1958 *in PCB: vinte anos de política*. Documentos. 1958-1979; pp. 29-30, 31-32, 33; 1980).

30 Idem.

A autocrítica de Prestes abria o caminho para a renovação no partido, mas também para uma intensa luta política que provocaria dissensões e cisões significativas nos anos 1960 e 1970. Ela é bastante representativa de uma nova leitura que começa a colocar a "questão democrática", e não apenas as liberdades políticas formais pelas quais os comunistas lutaram desde a década de 1920, em alta conta. A Declaração de 1958 e o texto de Prestes asseveram que desde o final dos anos 1940, precisamente desde 1947, com o fim do breve período de legalidade desfrutado entre 1945-47, o partido se inclinara para uma posição hermética e esquerdista. O *Manifesto de agosto* de 1950 exprimia tal sectarismo que carreava a organização partidária para uma estratégia insurrecional, posição que pouco se alterou com o *IV Congresso* do PCB em 1954.

O impacto do "relatório secreto" de 1956 promoveu uma brutal modificação daquela orientação esquerdista de 50/54, levando ao abandono, parcial, de traços da cultura política stalinista como o dogmatismo, o mecanicismo teórico e o instrumentalismo, e dando início a um processo que começará a se preocupar com a associação entre a luta pelo socialismo e a democracia. O trecho da Declaração citado abaixo é bem ilustrativo disso, denotando uma reavaliação das conquistas democráticas recentes ao se referir aos episódios de agosto de 1954 (suicídio de Vargas) e 11 de novembro de 1955 (posse de JK):

> Os atentados cometidos pelos elementos reacionários do aparelho de Estado encontram a resistência cada vez mais eficiente das massas na defesa das liberdades e dos direitos constitucionais. Tudo isso explica por que, no curso da vida política recente do país, as forças nacionalistas e democráticas se colocaram ao lado da Constituição, como sucedeu a 24 de agosto de 1954 e a 11 de novembro de 1955, ao passo que as forças golpistas pró-imperialistas atentaram contra ela[31].

É evidente que há aqui elementos problemáticos que, inclusive, sustentariam, até 1964, a centralidade da aliança com a burguesia nacional contra o imperialismo no curso da etapa democrático-burguesa da revolução. Por outro lado, é também evidente que a estratégia reavalia a "questão democrática" para a revolução brasileira. Mas não é só isso.

---

[31] PCB, *PCB: vinte anos de política* – 1958-1979. Documentos. São Paulo: Livraria Editora Ciências Humanas, 1980, p. 9.

A Declaração explicita uma posição que caminha para a *defesa da democracia*, reinterpretando a sociedade brasileira que estaria vivendo um "processo de democratização" de "tendência permanente", deslocando a centralidade da luta para as conquistas democráticas. O desenvolvimento das instituições democráticas formais no Brasil forçaria o partido e as forças progressistas a "defender, estender e consolidar o regime de legalidade constitucional e democrático". O Estado, agora, representaria um espaço contraditório determinado por lutas intraburguesas que disputam os rumos do desenvolvimento político e econômico do capitalismo nacional.

O imperialismo liderado pelos EUA e o grande latifúndio impunham duas contradições fundamentais. De acordo com o documento: "a primeira é a contradição entre a nação e o imperialismo norte-americano e seus agentes internos. A segunda é a contradição entre as forças produtivas em desenvolvimento e as relações de produção semifeudais". A contradição central entre burguesia e proletariado estaria em segundo plano porque não exigiria "uma solução radical na etapa atual", uma vez que o momento histórico do desenvolvimento capitalista no país "corresponde aos interesses do proletariado e de todo o povo". A revolução brasileira, então, "não é ainda socialista, mas anti-imperialista e antifeudal, nacional e democrática". O documento sustenta que o processo revolucionário brasileiro caminharia para determinadas condições históricas que possibilitariam um "caminho pacífico" para a implantação de uma sociedade nacional-democrática implicando, como analisa Segatto, "a necessidade de formação de uma frente única ao mesmo tempo nacionalista e democrática"[32] que reunisse, fundamentalmente, os setores que mantinham posições colidentes com as que atuavam em consonância com o imperialismo no país.

Ainda que os avanços tenham sido enormes para o debate dos comunistas no final dos anos 1950 e início da década seguinte, predominam mais os elementos de conservação que os de mudança. O *V Congresso* de 1960 reitera a linha política de 1958, e, em ambos, nota-se uma tensão entre renovação e conservação flagrante também no debate desencadeado nos meios de comunicação do partido.[33] Tal tensão foi relativamente contornada por

---

[32] J. A. Segatto, op. cit., *Breve história do PC*, p. 93.

[33] O jornal *Novos Rumos*, que substituiu *A Voz Operária* a partir de 1959, foi a tribuna de onde

uma tentativa que buscou concatenar posições tão díspares como as que emanavam do PCUS e as que partiam do PCI.

A viragem que se deu no PCB presente tanto no artigo de Prestes como no documento de 1958 expressava, de fato, para além de seus limites estratégicos, as mudanças do capitalismo brasileiro experimentadas na conjuntura imediata do governo JK, quando o país viveu na política um período de relativa normalidade democrática ao mesmo tempo em que deu saltos consideráveis em seu desenvolvimento econômico capitalista. Entretanto, tais aspectos da conjuntura nacional não foram os principais determinantes da alteração da linha estratégica. É possível afirmar que as transformações na conjuntura internacional foram as que, de fato, forçaram o giro do PC brasileiro. Como afirmou Moisés Vinhas,

> Foi preciso esperar a explosão libertadora do XX Congresso para que a armadura stalinista rachasse para todos os lados. Saldando uma pesada hipoteca, ele reabria para os comunistas do mundo inteiro a discussão em torno dos caminhos possíveis da revolução e, principalmente, da questão da democracia e de seus vínculos com o socialismo. Neste sentido não foi o PCB que, à base de uma reflexão autônoma sobre a sua própria experiência, se capacitou para aproveitar positivamente as indicações dos comunistas soviéticos. Ao contrário, foi o impacto destruidor e criativo do XX Congresso que forçou os comunistas brasileiros a se debruçarem sobre si mesmos e a empreenderem um longo e tortuoso caminho em busca da realidade, de uma linha política a ela ajustada e, sobretudo, de uma concepção radicalmente diversa de fazer política. Tratava-se, assim, de uma *verdadeira revolução cultural, cujos efeitos mais profundos, entretanto, só viriam a se manifestar ao longo do tempo*.[34]

---

saíram textos que expressavam o debate entre as correntes "renovadoras" e as posições do núcleo dirigente. O processo renovador levou o partido a "patrocinar a publicação da revista *Estudos Sociais*. Lançada em 1958, objetivava superar o dogmatismo, contribuir para o desenvolvimento da 'polêmica entre marxistas e representantes de outras correntes de pensamento', incentivar as análises sobre a realidade, 'estudando-a em seus múltiplos aspectos' e fornecer 'elementos úteis à ação política das forças democráticas e patrióticas'. Como contrapeso ao 'pluralismo' de *Estudos Sociais*, edita-se a revista do Movimento Comunista Internacional, *Problemas da Paz e do Socialismo*, voltada mais para os quadros internos. Outra revista onde o PCB teria forte influência seria a *Brasiliense* – de caráter efetivamente plural – dirigida por Caio Prado Jr. e Elais Chaves Neto" (J. A. Segatto, op. cit., *Reforma e revolução*, p. 204).

34 M. Vinhas, op. cit., p. 179 e 180. Grifos meus.

## Os frutos da renovação

O longo tempo maturou entre muitos comunistas, envoltos em uma dura luta de ideias, a relevância da democracia para a luta socialista no sentido de sua redefinição estratégica. Começavam a circular entre eles proposições heterodoxas que escapavam à dogmática stalinista apontando para uma gradual superação dos limites estreitos do marxismo-leninismo oficial. Não foi à toa que, n'*A Voz Operária*,[35] publicou-se, entre agosto e setembro de 1956, as ideias que circulavam no PCI vocalizadas pelo seu máximo dirigente, Palmiro Togliatti, que sustentava, em entrevista publicada nas páginas do periódico comunista, a necessidade de discutir a relevância do processo democrático para a construção da estratégia de transição ao socialismo.

As posições que aparecem do documento de 1958 e na *Resolução do V Congresso* de 1960 demonstram mudanças significativas na política pecebista, suficientes para embalar um processo crescente de renovação. Entretanto,

---

[35] Segundo Raimundo Santos, os "artigos que se seguem na *Voz Operária*, até o fim do ano de 1957, ainda refletindo o XX Congresso, orientam-se todos por um mesmo esforço de definir os parâmetros de mudanças, torná-las inteligíveis para a maioria dos militantes como uma elaboração própria do grupo dirigente sobrevivente aos debates de 56 e às destituições de agosto de 57". Entretanto, a "imensa maioria dos militantes, educados durante anos no marxismo-leninismo de Stalin e reagrupados, após o XX Congresso, na defesa dos princípios partidários ameaçados pelo revisionismo" (R. Santos, *A primeira renovação pecebista.* Reflexos do XX Congresso do PCUS no PCB (1956-1957). Belo Horizonte: Oficina de Livros, 1988, p. 219) pouco apreendia o realinhamento para o qual o partido tentava navegar em meio à tempestade causada pelo evento moscovita de fevereiro de 1956.
Ademais, tal busca de uma nova linha marginalizava "renovadores" num processo que apresentou profundas dissidências que procuraram, em alguns casos, outros meios de organização ou de propaganda ideológica, como o exemplo da revista *Novos Tempos* criada em setembro de 1957 e "editada no Rio de Janeiro por Calvino Filho, mas dirigida por um Conselho de Redação, tendo à frente Osvaldo Peralva". O periódico mensal "era um órgão de caráter teórico, marxista e independente do PCB" para o qual publicaram nos "seis únicos números alguns dos que mais se destacaram na controvérsia das páginas da *Voz Operária* e da *Imprensa Popular*: Horácio Macedo, Armando Lopes Cunha, Eros Martins Pedro, Raimundo Schaum e outros que pouco apareciam no debate público, como Armênio Guedes, Carletto Favalli e Leôncio Basbaum". Tal informação de Santos é relevante porque nos dá a dimensão de que a renovação pecebista sequente à crise que se instaura no partido em fins de 1950 seguiu múltiplas direções, para além da corrente renovadora liderada por Agildo Barata, expulso do partido em 1958 e que editaria no Rio o semanário *O Nacional*, dirigido inicialmente pelo ex-editor de *A Voz Operária*, Aydano do Couto Ferraz (*Idem*, p.p. 229-230).

elas foram, ainda, "parciais sem romper de forma radical e profunda com o passado recente, [uma vez que] embora façam cerradas críticas ao dogmatismo, todas as análises, projeto político e concepções continuam fortemente permeados e condicionados pela cultura política terceiro-internacionalista que se manifesta em múltiplos aspectos. [...] A teoria e a prática mantêm-se informadas pela doutrina (assim era caracterizada) 'marxista-leninista'"[36].

A crise que envolve o partido a partir de 1956 criou divisões que marcaram a trajetória dos comunistas no período imediatamente posterior, conduzindo-os a posições que tiveram forte impacto não apenas na conjuntura pré-1964, como também na definição das estratégias de enfrentamento à ditadura, influindo, ainda, nos rumos da resistência ao golpe entre o 1º Abril de 1964 e a instituição do AI-5 em 1968. Repercutira também nos debates que levaram, a partir de 1969, a diferentes formas de luta contra o terrorismo de Estado, da frente de resistência democrática à luta armada.

Em sua gênese, ou seja, a partir de 1956-57, segundo a categorização criada por Segatto, o processo de luta política no interior do PCB originou *três tendências* mais significativas: a "*renovadora*", cuja maioria, advinda dos órgãos da imprensa comunista e do Comitê Central, era intelectuais que concentravam suas intervenções não apenas na crítica aos traços político-organizacionais mais evidentes da cultura política stalinista – a dogmática marxista-leninista, a ausência de democracia interna, o principismo internacionalista sustentado pelo *Komintern* –, como também aos aspectos centrais da estratégia política do PCB. Suas "propostas foram sintetizadas na plataforma publicada em abril de 1957, assinada por Agildo Barata";[37] uma segunda tendência, "*conservadora*", dominada pelo "'núcleo dirigente' – Prestes, João Amazonas, Mauricio Grabois, Carlos Mariguella e muitos dirigentes

[36] J. A. Segatto, op. cit., *Reforma e revolução*, p. 95.

[37] A forma pela qual Barata e outros dirigentes escolheram para rechaçar o stalinismo no interior do partido representava, em verdade, os sentimentos daqueles que mais haviam sentido o impacto de fevereiro de 1956. Como nos lembra Leandro Konder, "alguns militantes do PCB, amargurados com a constatação das profundas deformações dos ideais do socialismo e das concepções de Marx no período de Stálin – e particularmente revoltados com o fato de terem sido cúmplices de tais deformações – insurgiram-se contra o partido em que tinham militado, criticaram-no em termos que os colocavam praticamente fora dele, preconizando, na prática, sua dissolução (Agildo Barata, Osvaldo Peralva, e muitos outros)" (L. Konder, *A democracia e os comunistas no Brasil*. Rio de Janeiro: Graal, 1980, p. 103).

intermediários", sustentavam as teses de 1954 e reagiam à flexibilização das orientações marxista-leninistas, condenando o "revisionismo", embora reconhecessem alguns dos equívocos da estratégia da política anterior. Em dezembro de 1961, parte deste grupo divulga um documento de crítica à política do PCB que acaba por levar à expulsão de alguns quadros que, em fevereiro de 1962, fundam o PC do B;[38] uma terceira corrente, o "*centro pragramático*, constitui-se no desenvolvimento dos debates e da crise". É mais próxima aos conservadores, mas admite algumas das críticas ao stalinismo, adotando um caminho mais conciliador que o dos renovadores. Na sequência dos debates, assimila parte das críticas destes, justamente quando o grupo mais resistente conseguira derrotar a renovação. Tendo à frente, num primeiro momento, Giocondo Dias, Mário Alves, Jacob Gorender, entre outros, fortalece-se com a adesão de Prestes que, "com seu prestígio, atrairá parte da corrente renovadora (Roberto Moura, Francisco Gomes, Zuleika Alembert, Armênio Guedes, Horácio Macedo e muitos outros) e, por outro lado, boa parte da corrente conservadora (Mariguella, Luiz Teles, Orlando Bonfim Jr., Apolônio de Carvalho e grande número de dirigentes nacionais, regionais e de base), tornando-se majoritária. Vitoriosa na luta interna absorve as teses fundamentais dos renovadores (que antes havia criticado impiedosamente), mas, conservando e adaptando-as aos elementos, noções e princípios da doutrina marxista-leninista"[39].

O processo de renovação que marcou o movimento comunista foi fundamental para a atuação do PCB na primeira metade dos anos 1960. Contudo, tal processo foi marcado por uma *renovação conservadora* pela qual os traços de conservação predominaram sobre os de renovação, uma vez que prevaleceu uma tendência de manutenção dos principais aspectos da cultura

---

38 O grupo dissidente, formado por importantes dirigentes dentre os quais Mauricio Grabois, Arruda Câmara, Pedro Pomar e João Amazonas, acreditava que a conferência de 1961 denotava o abandono da teoria marxista, especialmente porque suas deliberações não faziam menção à ditadura do proletariado. No fundo, para esse grupo legatário das teses de agosto de 1950 e do *IV Congresso* de 1954, em 1961, o PCB, no afã de se afastar do stalinismo, acabou se distanciando de uma estratégia revolucionária. O novo partido surgido (o PC do B) substituiria o culto a Stálin pela adoração a Mao Tsé Tung (e, mais tarde, deslocada pela escolha da Albânia como modelo de socialismo), reproduzindo no Brasil as posições neostalinistas, sustentadas no movimento comunista internacional, sobretudo, pelo PC chinês.

39 J. A. Segatto, op. cit., *Reforma e revolução*, pp. 63-65.

política da IC assentada nos princípios do marxismo-leninismo. Como afirma Segatto, em "decorrência da crise político-ideológica do movimento comunista aberta com o XX Congresso do PCUS e das alterações na situação nacional (pós-suicídio de Vargas e no governo JK), a 'nova política' do PCB[40] será uma adaptação ao novo quadro, não implicando em rupturas radicais com o passado. O 'novo núcleo dirigente',[41] que se constitui a partir de 1957, administrará a crise e a renovação, fazendo concessões à esquerda e à direita". Atuando nos limites demarcados pelas mudanças que vinham de Moscou, o partido "optará por conciliar com as velhas concepções e pela acomodação das divergências – a não ser em casos extremos, quando expurga os 'renovadores' e isola os 'conservadores' – mantendo a renovação dentro do

[40] Como observa Marcos Del Roio, "essa nova política levou cerca de dois anos [de 1956 a 1958] para amadurecer em meio a sérios conflitos internos, que antecipavam as tendências cismáticas da década seguinte. A chamada *Declaração de Março*, de 1958, apresentou as grandes linhas da 'via nacional' no Brasil, apregoando a formação de uma ampla frente nacionalista e democrática contra o imperialismo e contra as sobrevivências feudais, a ser composta pelo proletariado, burguesia nacional, pequena burguesia e campesinato, em oposição ao imperialismo e seus aliados (...) o latifúndio e os setores burgueses associados" (M. Del Roio, *O império universal e seus antípodas: a ocidentalização do mundo*. São Paulo: Ícone, 1998, p. 288).

[41] O qual constituiria o que Mazzeo chamou de "grupo dirigente tardio". Para o autor, após a deflagração da crise do movimento comunista internacional estabelecida pela extinção do *Komintern* imposta pelo *Relatório Kruschev*, cristalizou-se, objetivamente, "a falência da perspectiva de uma revolução socialista na Europa a curto e médio prazo", os comunistas no Brasil articularam uma adaptação à nova realidade inaugurando um "quarto período do partido, que produziu um núcleo dirigente coeso – sujeito a defecções, mas sem alteração da continuidade de suas formulações teórico-políticas –, conformando um *grupo dirigente tardio* no PCB. Com isso, queremos dizer que ao longo de 26 anos (após a destituição de [Astrogildo] Pereira e de [Octávio] Brandão, o primeiro *núcleo dirigente histórico*), o PCB não havia conseguido construir um núcleo diretivo perene, que realizasse uma ação política de continuidade, acumulação e de centralidade teórica" (A. C. Mazzeo, *Sinfonia inacabada*. A política dos comunistas no Brasil. São Paulo: Boitempo, 1999, p. 83). Como já indiquei noutro momento, os eventos nacionais (agosto de 54, novembro de 1955) articulados ao efeito bomba dos acontecimentos de 1956 desencadearam o redirecionamento da atuação dos comunistas, introduzindo elementos novos – entre os quais a "questão democrática" – que passaram a compor a agenda da luta socialista no país, promovendo, ainda, uma profunda renovação política que foi determinante também para desencadear um processo de formação (renovadora) de quadros e de dirigentes que surgiam nos decisivos anos 1960, como foi o caso de Carlos Nelson Coutinho. Como assevera o autor, "com a entrada de novos quadros nos organismos de direção do partido e, mais precisamente, no contexto da luta travada após 1954 – principalmente após a crise provocada pelo *Relatório Kruschev* –, conforma-se um núcleo diretivo que irá dar sustentação à política desenvolvida pelo PCB até sua grave crise em 1992" (*Idem*, p. 83-84).

'limites' do possível e segundo interesses pragmáticos. O PCB opera, assim, uma importante renovação, mas uma *renovação de caráter conservador*".[42]

Tal renovação conservadora sustentada por Segatto não foi capaz de abortar o processo em si. Ou seja, a relativa predominância dos traços de conservação não impediu o desenvolvimento de mudanças substanciais e o que se viu foi mesmo o curso de uma verdadeira renovação, a começar pela linha política estratégica. Revistas as teses que foram ultrapassadas pelos acontecimentos internos e externos criaram-se condições político-ideológicas que arejaram o debate entre os comunistas. Tal como se deu no PCUS e, com maior ou menor intensidade, nos demais PCs, a renovação pecebista foi fiadora de uma renovação da própria intelectualidade de esquerda que, de algum modo, gravitava em torno das orientações dos comunistas. Quando as lutas sociais se intensificaram na primeira metade dos anos 1960, com o incremento do movimento sindical, camponês e estudantil e com a entrada em cena de uma nova intelectualidade que surgia nesse ambiente político e cultural efervescente, a renovação pecebista permitiu que o debate florescesse para além das próprias instâncias partidárias, por meio de órgãos de divulgação de ideias que oxigenavam o partido.

Mesmo tendo sido surpreendido pelo golpe de abril de 1964 e pelas severas críticas dos setores esquerdistas do partido, o Comitê Central do PCB reitera a linha política do *V Congresso* de 1960 ao aprofundá-la no *VI Congresso* de 1967. A reiteração expressa em resolução se fez por meio de uma autocrítica que repudiava a "concepção errônea do processo revolucionário, de fundo pequeno-burguês e golpista, que consiste em admitir a revolução não como um fenômeno de massas, mas como resultado da ação de cúpulas ou do Partido".[43] Essa postura de defesa crítica da linha de 1960 sustentada em 1967, mesmo após a instauração da ditadura, produziu inúmeras cisões internas no partido, provocadas, mormente, pelas correntes mais "radicais" encabeçadas por muitos daqueles que haviam liderado o processo renovador de 1958-60, quando acentuavam a "questão democrática" como fundamento central da estratégia revolucionária. Como reconhece Konder, "na nova situação [pós-64], abandonaram toda e qualquer preocupação com a 'questão

---

[42] J. A. Segatto, op. cit., *Reforma e revolução*, p. 133 e 134.

[43] *In* L. Konder, op.cit., p.116).

democrática'; lançaram em busca de 'atalhos' que lhes permitissem chegar mais rapidamente ao socialismo e que os dispensassem de trilhar os longos, tortuosos e complicados caminhos da paciente organização das massas e do fortalecimento da sociedade civil brasileira"[44].

Michael Löwy considera que foi justamente "essa linha autocrítica – considerada direitista pela oposição – [que] provocou uma crise interna no partido após 1967, [levando] muitos militantes e alguns dos principais líderes do PCB – incluindo Carlos Mariguella, Joaquim Câmara Ferreira, Mário Alves, Apolônio de Carvalho e Jacob Gorender – [à ruptura com] o partido para fundar organizações de esquerda e engajar-se na luta armada"[45]. Surgem novos agrupamentos (o PCBR, a ALN de Mariguella, a VPR de Lamarca, o MR-8), muitos dos quais sustentando a luta armada como o caminho de enfrentamento da ditadura e como solução para as "ilusões democráticas" que teriam absorvido o partido[46].

Durante todo o período analisado até aqui, pode-se inferir que o caráter *predominantemente conservador* que apontei acima *não elidiu o processo renovador* que, efetivamente, produziu inflexões que alteraram os rumos da atuação dos comunistas no Brasil. Engendrou, também, uma profunda autocrítica entre eles, o que permitiu que se desenvolvesse "uma tendência que reconhecia a necessidade de uma reflexão nova em torno da 'questão democrática' – tanto ao nível da atividade político-partidária como ao nível da sociedade em geral"[47]. Mas não foi só essa temática que se tornou objeto de debates e formulações entre os comunistas brasileiros. Como informa Segatto, é necessário recordar que os comunistas foram os primeiros, entre

---

44 Idem.

45 M. Löwy, *O marxismo na América Latina*: uma antologia de 1909 aos dias atuais. 2ª edição. São Paulo: Fundação Perseu Abramo, 2006, p. 53.

46 Diz Löwy: "ao contrário do PGT guatemalteco, que emitiu após a queda de Arbenz em 1954 uma autocrítica acerca da sua insuficiente autonomia face à burguesia, o PCB, em uma resolução do Comitê Central, em maio de 1965, criticou a tendência 'sectária e esquerdista' do partido durante 1962-64, uma tendência que teria 'afastado da frente única importantes setores da burguesia nacional'" (op. cit., p.53). A designação "direitista" atribuída por Löwy à linha do partido é bastante problemática. A opção pela resistência democrática não apenas significou a reiteração da estratégia que vigia desde 1961, mas reposicionou o partido diante da nova conjuntura (autocrática-burguesa) que se intaurou a partir do abril de 1964.

47 L. Konder, op.cit., p. 104.

as forças progressistas do país, a formular teses[48] que só se desenvolveriam posteriormente, tais como a identificação da *natureza monopolista do Estado* que se estruturava entre nós, *expressão do desenvolvimento (dependente)* da sociedade capitalista madura no Brasil; o reconhecimento do caráter heterogêneo das instituições do Estado, "composto por frações e forças diversas e divergentes" que abriam a possibilidade de compreender o *caráter contraditório do Estado*, permeado por interesses de classes os mais distintos, tornando-o também um campo de lutas e um espaço que pode ser transformado sem que precise ser derrubado; e, ainda, "a constatação de que *a democracia (ainda que numa concepção instrumentalista) seria fundamental* aos trabalhadores"[49].

Ainda em meados dos anos 1970,[50] o PCB sofre brutal investida repressora, que dizimou importantes dirigentes,[51] e mais aqueles que já o haviam abandonado entre o período 1962-1967,[52] impondo ao partido enormes dificuldades de enfrentar uma nova realidade social que se erguia no país no incipiente processo de autorreforma do governo Geisel. No período anterior, entre 1969 e 1974, de absoluto terrorismo de Estado sob o governo Médici, os comunistas e todas as forças progressistas de alguma maneira *lutaram para sobreviver* às perseguições, prisões, exílios, torturas e assassinatos.[53]

---

48 Como lembra Segatto, muitas das teses dos comunistas brasileiros "já estavam presentes em elaborações de comunistas de outras partes do mundo (como os soviéticos, os italianos)" (op. cit., *Reforma e revolução*, p. 105).

49 Idem, p. 105. Grifo meu.

50 Os próximos três últimos parágrafos foram retomados, com pequenas alterações, do meu texto de 2012 (M. Braz, op. cit., pp. 239-240).

51 "David Capistrano da Costa, Luis Ignacio Maranhão Filho, João Massena, Walter Ribeiro; pouco depois, Elton Costa, Jaime Miranda, Hiram Lima Pereira, Itair Veloso e Orlando Bonfim Júnior. Marco Antonio Tavares Coelho e Osvaldo Pacheco também foram presos e barbaramente torturados. A circulação da *Voz Operária* foi interrompida" (L. Konder, op. cit., p. 123).

52 Entre os que deixaram o partido por razões diversas, destaque-se os mais experimentados: Diogenes Arruda, João Amazonas, Pedro Pomar, Mauricio Grabois, Mário Alves, Jacob Gorender, Apolônio de Carvalho, Jover Teles, Carlos Mariguella e Joaquim Câmara Ferreira.

53 Como informa Milton Pinheiro: "A historiografia já confirmou, com farta documentação, que o PCB mesmo não fazendo o enfrentamento armado à ditadura foi sempre considerado um inimigo a ser massacrado. Logo no começo do regime militar, em 1964, de abril a novembro, foram presos, torturados e assassinados oito militantes do partido. Em 1965 foram assassinados dois militantes comunistas, e em 1969, mais um. Já em 1971, os órgãos de repressão do regime consumaram a morte de três comunistas. Em 1972, foram mortos pela repressão

No mesmo período que se abre em 1974, as forças de oposição (onde militavam boa parte dos comunistas), aproveitando as mínimas "liberdades democráticas" consentidas, engajam-se no processo eleitoral sob a sigla do MDB,[54] conseguindo obter bons resultados que lhe custaram caro. O governo, sentindo-se confrontado, buscou atacar a maior das ameaças que, por meio da campanha eleitoral, atuava nas brechas das "liberdades" consentidas em defesa da democracia: o PCB foi duramente golpeado através de sequestros e assassinatos dirigidos aos quadros do Comitê Central. Boa parte da direção é forçada a deixar o país, transferindo suas atividades para o exterior de onde buscava resistir e seguir formulando análises que continuavam a colocar a "questão democrática" no centro da estratégia de enfrentamento da ditadura cuja crise se aprofundava desde o ocaso do "milagre econômico".

Entretanto, na segunda metade da década de 1970, o partido enfrentaria dificuldades diante das novas forças progressistas que surgiam do desenvolvimento capitalista promovido pela ditadura. Renovadas camadas médias urbanas e um operariado numeroso e qualitativamente distinto indicavam uma maior complexificação da sociedade civil brasileira, ao mesmo tempo em que colocavam demandas sociais de novo tipo, adicionando questões particulares ao processo de redemocratização. Foi na afluência desse novo cenário que o PCB, ainda preso a uma estratégia que parecia não dar conta da complexidade do momento, afastou-se gradualmente dos setores que se colocavam mais à esquerda na luta democrática, mostrando-se relativamente incapaz de liderar o processo político posto pela nova realidade e pelos

---

dois militantes, e logo no começo de 1973, mais um. Mas o pior ainda estava por vir. De 1974 a 1976, a ditadura, constatando a influência do PCB na frente política e nos movimentos sociais de resistência democrática, desenvolveu a chamada "Operação Radar" para destruir o PCB, matando membros do Comitê Central (CC) e quadros importantes da vida social e cultural do Brasil: foram assassinados 21 membros do partido" (M. Pinheiro, *in* http://port.pravda.ru/mundo/08-12-2014/37732-operacao_gringo-0/).

[54] Sob a vigência do AI-2, o presidente da República impôs cerca de 30 atos complementares: "um dos mais importantes é o de 20 de novembro de 1965, que estabeleceu as condições para a criação de partidos políticos. Em função dele nasceram os dois partidos que subsistiriam até 1979: aquele que se identificaria como o partido da ditadura, a *Aliança Renovadora Nacional*/ARENA e aquele que reuniria o heterogêneo bloco dos seus opositores [inclusive os comunistas], o *Movimento Democrático Brasileiro*/MDB (registrados entre fins de março e princípios de abril de 1966)" (J. P. Netto, *Pequena história da ditadura brasileira (1964 - 1985)*. São Paulo: Cortez, 2014, p. 100).

chamados "novos sujeitos". Foi no ocaso desse impasse que Carlos Nelson regressa ao Brasil em fins de 1978 e formula seu ensaio polêmico (*A democracia como valor universal*), cujos desdobramentos, impactos e consequências busquei enfrentar noutra ocasião.[55] Tenho a certeza de que as questões levantadas aqui e ali estão longe, muito longe, de serem equacionadas, inclusive à luz dos dilemas contemporâneos do movimento comunista brasileiro.

55 M. Braz, op.cit., *Carlos Nelson Coutinho e a renovação do marxismo no Brasil.*

# A questão democrática: Carlos Nelson n'*A Voz Operária*[1]

MARCOS DEL ROIO

É quase um senso comum dizer que Carlos Nelson Coutinho tem uma trajetória política e cultural das mais estimulantes, ainda que se possa dizer que precisou ser um ator político derrotado para que a sua influência intelectual pudesse ser mais difundida. Na verdade, Coutinho nunca teve apetite pelos pequenos poderes da pequena política. O que pretendeu, com a sua elaboração teórica política, foi educar e orientar as novas gerações de intelectuais e militantes da esquerda que se formavam na luta contra a ditadura militar e na penosa luta pela democracia. Talvez até nisso o seu êxito tenha sido relativamente pequeno, mas isso se explica (ou ele mesmo explicava) pelo recuo cultural das últimas décadas nas quais o espaço da esquerda, do pensamento marxista, foi redimensionado para pequenos nichos, ainda que combativos e produtivos.

Apenas para justificar a direção desta reflexão, podemos pensar na trajetória de Coutinho em pelo menos três momentos. Em sua fase inicial de formação intelectual, o vemos formado em Filosofia na UFBA e depois migrado para o Rio, onde manteve contato com Astrojildo Pereira e Nelson Werneck Sodré na revista *Estudos Sociais* e firmou amizade com Leandro Konder. Coutinho e Konder aproveitaram ao máximo a conjuntura dos anos 1960, de aceso debate no campo cultural do marxismo e deste com outras vertentes. Assim é que autores como Lukács, Gramsci e Sartre vieram a fazer parte da discussão das esquerdas no Brasil. Ainda que Coutinho tenha sido o principal fomentador e tradutor dos escritos de Gramsci, entre os anos de

1 Meu agradecimento ao prof. Ricardo Alves de Lima Filho, que forneceu a pesquisa sobre os artigos de Carlos Nelson Coutinho no periódico *Voz Operária*.

1966 e 1968, a sua maior influência nessa época era mesmo Lukács, autor que fundamentou o seu trabalho de crítica literária e a sua interlocução crítica com o "marxismo estruturalista".

Um segundo momento pode ser identificado com a estadia na Europa e com a fase de maior militância política no Partido Comunista Brasileiro (PCB), em particular entre 1977 e 1981, que serão objeto destas anotações. O terceiro e mais longo momento já é o Coutinho que contribui na revista *Presença* (1983-1992), que ingressa no Partido dos Trabalhadores (PT), em 1988, e que é intelectual engajado na universidade e, desde 2006, militante no Partido Socialismo Liberdade (PSOL). Claro que esse terceiro momento pode ser desdobrado em outros, mas já não é o tema aqui a ser tratado.

De fato, o que se pretende é bosquejar as formulações de Carlos Nelson Coutinho sobre a questão democrática no Brasil em alguns artigos escritos na *Voz Operária* (*VO*), entre 1977 e 1979, quando usou o pseudônimo de Josimar Teixeira, e no ensaio que publicou em 1979, com o título de *A democracia como valor universal*, que suscitou muita polêmica.

# I

No ápice da ditadura militar, em 1973, o PCB lançou um documento que clamava pela formação de uma frente patriótica antifascista. O próprio título é esclarecedor do núcleo da proposta, que tinha como substrato o entendimento de que o Brasil vivia sob domínio de um regime político de caráter militar fascista e colonial. Vivia o país dominado por grandes monopólios em todos os setores produtivos, fossem a terra ou a indústria ou a finança, fossem nacionais ou estrangeiros, estatais ou privados. Era então necessário arregimentar forças nacional-populares capazes de derrotar o fascismo colonial e instaurar uma democracia nacional-popular.

A ditadura militar, por sua vez, entendeu que junto com a continuidade da repressão às forças da esquerda (uma exigência dos órgãos de repressão instituídos e do setor mais fascista de militares e civis acoplados), deveria buscar o alargamento da sua base de sustentação política e social com a atração da Igreja Católica e da oposição liberal organizada no MDB e em instituições profissionais. A continuidade da repressão, em particular sobre os comunistas e a esquerda católica, além da crise capitalista que se iniciava, dificultou sobremaneira a intenção do regime de ganhar legitimidade com a proposta de um fascismo liberal.

Em 1974/1975, o PCB foi atacado com força desmedida pelo aparato repressivo, com muitas dezenas de prisões e de mortes, o que acabou por praticamente desarticular o partido. Já em 1973, havia saído do país uma parte da direção partidária, incluindo Prestes, que era o secretário-geral do organismo e se mudou para a URSS. O golpe fascista na Bolívia (1971), no Uruguai (1972) e no Chile (1973) e a repressão na Argentina e Brasil engrossaram a onda de exilados do continente na Europa ocidental. Os brasileiros ficaram principalmente na França e Itália, mas também na Suécia, Bélgica e outros países, como Portugal, que depois da revolução democrática de 1974, recebeu muitos brasileiros. Era exatamente na Europa ocidental que o movimento comunista vivia o seu último momento auspicioso (pelo menos na aparência).

Os comunistas na Europa ocidental lutavam pela ampliação da democracia em proporções tais que ocorresse a passagem para a transição socialista. Na Europa oriental também havia uma luta subterrânea pela democratização do então chamado "socialismo real". No Brasil, e em parte significativa da América Latina, o combate também era pela democracia e contra o fascismo militar colonial. Em boa parte do planeta, portanto, no seio do marxismo, a questão democrática estava no centro da discussão teórica e política, em particular o nexo existente entre democracia e socialismo.

As possibilidades teóricas e políticas dessas lutas pareceram mais promissoras a partir da elaboração e da ação política do Partido Comunista Italiano (PCI). A Itália foi palco de notável avanço do movimento operário depois de 1969, mas as possibilidades de uma ruptura democrática que de fato implantasse os princípios contidos na Constituição republicana e que desmantelasse os mecanismos de dominação de classe pareciam distantes. A proposta estratégica que amadureceu em 1973 foi a do "compromisso histórico", ou seja, um acordo de longo prazo entre os representantes das forças populares, em particular o PCI e a Democracia Cristã (DC), para o estabelecimento de um governo de unidade popular que colocasse em prática as promessas da República. O objetivo imediato era o alargamento e aprofundamento da democracia em todos os sentidos da vida social, que afastasse de vez o fascismo da Itália. A democracia de massas poderia ser então a abertura da via da transição socialista. Ainda que a proposição de Berlinguer de fazer chamar essa estratégia de "compromisso histórico" tenha prevalecido, é de interesse anotar que o então presidente do PCI, Luigi Longo, sugeria o uso do termo "bloco histórico", de mais clara inspiração gramsciana.

Ainda que com muitas dificuldades, o avanço do PCI foi notável até 1979, quando se decidiu pelo apoio externo a um governo exclusivo da DC. Do ponto de vista internacional, a momentânea aproximação dessa experiência com as linhas de ação adotadas pelo Partido Comunista Francês (PCF) e o Partido Comunista Espanhol (PCE) projetou a expressão "eurocomunismo". Tal expressão implicava a definição de uma estratégia política que tinha na questão democrática o seu cerne, mas implicava também aguda crítica à experiência soviética e euro-oriental. Em 1977, por ocasião do 60º aniversário da revolução soviética, Enrico Berlinguer, então secretário-geral do PCI, fez uma declaração bombástica e com sérias implicações que quase selou a ruptura com o socialismo oriental.

A figura e a obra de Antonio Gramsci foram tomadas como sendo a grande inspiração dessa elaboração teórica e política, cognominada como "eurocomunista", que sugeria uma continuidade da operação do que havia sido empreendido por Togliatti, mesmo que para o prisioneiro do fascismo a democracia não fosse precisamente o tema central, mas sim o da ruptura revolucionária. De todo modo, Gramsci passou a ser um autor da moda não só na Itália. Comunistas brasileiros que se encontravam na Europa ocidental e mesmo dentro do país passaram também a tê-lo como um autor de referência, capaz de contribuir na interpretação da realidade nacional e na elaboração teórica de uma estratégia da luta pela democracia e pelo socialismo.

Por ter passado um período na Itália, na bela cidade de Bolonha, então uma referência importante da força do PCI, Coutinho, entre os brasileiros, foi aquele que mais se aprofundou no estudo da obra de Gramsci e também nas discussões políticas que então eram travadas no cenário italiano e europeu. Seu interesse crescente pela política e pela teoria política fez dele um colaborador do mensário comunista *Voz Operária*, "órgão central do Partido Comunista Brasileiro", que deveria expressar a orientação política do partido. A *VO* era dirigida por Armênio Guedes, membro da Comissão Executiva do Comitê Central (CC), que também coordenava a Comissão Assessora.

# II

Nos artigos da *Voz Operária*, Coutinho assina com o pseudônimo Josimar Teixeira. O número 132, de março de 1977, da *VO* contém uma invocação de Prestes pela unidade de democratas e patriotas, incluindo militares e membros do partido governista Arena. Nesse mesmo número, localizado na seção denominada "Nação" e na mesma linha de Prestes, que é aquela definida pelo PCB em 1973, o texto de Coutinho conclama a unidade das forças democráticas a fim de se abater a ditadura militar fascista. A conjuntura de crise política do regime possibilitava a emergência das forças democráticas e de diferentes propostas de superação da ditadura. Diante da possibilidade de contra-ataque do regime

> a única resposta é a unidade do povo: uma unidade que se constrói na pluralidade de suas orientações políticas, ideológicas e religiosas, na diversidade de suas origens sociais e de seus interesses econômicos. O único requisito para essa unidade é a disposição de abater o fascismo e suas sequelas antinacionais e antipopulares[2].

No número seguinte do mensário comunista, Coutinho faz uma intervenção mais teórica sobre a questão nacional e o nacionalismo. Denuncia o discurso chauvinista da ditadura vocalizado para rebater as críticas dos EUA sobre o respeito do Brasil aos "direitos humanos" e recorda que o mesmo diapasão vem sendo tocado desde fins de 1968, pelo menos, quando foi editado o AI-5. Coutinho recorda como o discurso nacionalista integra o arsenal do fascismo desde as suas origens, mas também lembra o quão falso é esse enunciado ideológico, em particular quando se observa o vínculo do regime ditatorial com o capital monopolista estrangeiro. De fato, a ditadura brasileira – a exemplo de outros regimes ditatoriais também presentes no continente – contribuiu para a consolidação da hegemonia americana e do poder dos monopólios capitalistas.

---

2 *VO*, nº 132, março de 1977, p. 03.

No entanto, destaca Coutinho que esse pano de fundo não impede que conflitos pontuais entre os monopólios alocados no Brasil e o imperialismo no seu conjunto possam surgir. Do mesmo modo, é possível que as contradições entre os principais pólos imperialistas possam ser utilizadas pela ditadura brasileira. Os laivos de autonomia e o discurso nacionalista, no final das contas, são ações tomadas "com o objetivo de consolidar o tipo de dominação fascista assumida pelo CME (capitalismo monopolista de Estado) no Brasil de hoje, reforçando a militarização da vida nacional"[3].

Em seguida Coutinho explica a completa diferença entre esse "nacionalismo" fascista e o nacionalismo revolucionário pelo qual se batem os comunistas. Trata-se, desta feita, de um nacionalismo que implica a luta contra o imperialismo e implica ampla democratização da vida social e política do país. Assim,

> as medidas nacionalistas são por nós concebidas como elemento indispensável da transformação democrática do nosso País; por isso, além de implicarem evidentemente em um combate decidido contra todas as formas de dependência, exigem a permanente presença das massas populares organizadas nas grandes decisões políticas nacionais[4].

Aqui já se pode perceber como que para Carlos Nelson Coutinho a questão democrática subsume a questão nacional, um debate que consumiria bastante energia dentro do PCB nos anos seguintes. Por ora, contudo, encontra-se afinado com as diretrizes da maioria do partido, e isso fica claro na publicação da *VO* do mês de maio, onde comenta os documentos exarados pela direção do PCB nos meses precedentes. No entanto, nesses documentos também já estavam presentes elementos de divergência que se aprofundariam logo em seguida.

Intitulado *Unidade pela democracia: a chave da leitura dos documentos do PCB*, o artigo de Coutinho era a síntese da política dos comunistas daquela época. Tendo por objeto os três documentos aprovados pela direção partidária no

---

[3] *VO*, nº 133, abril de 1977, p. 5.

[4] Idem.

primeiro trimestre de 1977, seu propósito era fazer uma análise do processo político a partir das resoluções do Comitê Central produzidas em 1973 e 1975, as quais caracterizavam o regime político como militar-fascista e o capitalismo brasileiro como dependente do imperialismo, com a forma de um particular capitalismo monopolista de Estado (CME). Dessa caracterização derivava a necessidade de se forjar uma frente patriótica antifascista que objetivasse a conquista da democracia.

Para o PCB a conjuntura de então estava marcada pelo avanço da oposição democrática e pelo recuo da ditadura. A continuidade desse avanço estava, todavia, condicionada à manutenção da unidade das forças democráticas, onde se destacavam a Igreja e o MDB, e à recusa de posições aventureiras ou oportunistas. Percebia-se que órgãos da imprensa burguesa acentuavam a sua crítica ao regime e ao governo, o que só poderia significar que frações da burguesia se desprendiam do regime e que se sentiam seguras para garantir os seus interesses num regime liberal-democrático. Para o PCB, no entanto, não era esse o cerne do problema no momento, pois o que interessava e se anunciava era que se alcançasse uma democracia pluralista, na qual a legislação fascista estivesse abolida e estivessem garantidos os direitos de organização dos trabalhadores em sindicato e partido.

Coutinho cita também uma passagem de um dos documentos que afirma o nexo entre democracia e socialismo, que indica como a democracia é um valor estratégico. Ademais, o PCB se movia com a concepção de que a mesma a frente patriótica e antifascista deveria perdurar após a queda do regime concretizando uma *revolução democrática*, que solucionaria os problemas históricos acumulados no decorrer da nossa história e aprofundados pelo fascismo. Na sequência da derrota da ditadura, deveríamos, portanto, liquidar com os monopólios antigos e novos e instaurar uma *democracia avançada*.

Tudo indica que Carlos Nelson Coutinho encontrava-se de pleno acordo com a elaboração exposta nesses documentos publicados na *VO*, nº 134, maio de 1977. Chama atenção a designação da democracia como valor estratégico, o desejo de fazer durar a frente antifascista e por meio dela construir uma democracia avançada. Ou seja, o que se pensava era na construção de um amplo arco de alianças sociais e políticas que adentrasse pelo menos no estágio inicial da transição socialista.

# III

Intitulado *A questão democrática* o artigo da *VO* nº 141, de dezembro de 1977, era um texto mais explicitamente "eurocomunista". Num momento em que tudo parecia apontar para a desagregação da ditadura, era da maior importância esclarecer qual a democracia proposta por cada um dos componentes da frente antifascista. O novo ordenamento jurídico-político democrático que substituiria a ditadura deveria partir de um consenso em torno da anistia e da completa liberdade de organização e expressão. Importante anotar que o uso da expressão "desagregação do regime" gerou muita controvérsia na direção do partido.

No entanto, dizia Coutinho, "o PCB tem uma noção própria da democracia que supera dialeticamente – que ao mesmo tempo conserva e eleva a nível superior – os institutos puramente formais da democracia liberal". Enfim, ao contrário do que dizem os adversários ideológicos, para o PCB

> a democracia é o eixo que articula as nossas propostas táticas imediatas com a nossa estratégia de mais longo alcance. É o fio condutor da longa marcha que, ao lado das forças mais avançadas do povo brasileiro, nosso partido se propõe a empreender no sentido de lançar as bases para a construção do socialismo em nosso País[5].

Essencial nessa visão de democracia é que o pluralismo não se restringisse às instituições liberais do Estado, mas abarcasse a sociedade civil e estabelecesse um vínculo dinâmico entre esta e o Estado. Isso seria possível, contudo, apenas com uma crescente mobilização e organização popular. Essa dinâmica democrática criaria as condições para uma luta consciente contra os monopólios e um desenvolvimento econômico voltado para os interesses de operários, camponeses, camadas médias assalariadas, pequenos e médios empresários, ou seja, o bloco das forças nacional-populares. A socialização da política e a socialização da economia caminhariam articuladas, empreendendo os passos iniciais da transição socialista por meio de um permanente aprofundamento da democracia.

---

5 *VO*, nº 141, dezembro de 1977, p. 03.

O ano de 1978 marcou a emergência da classe operária na cena política do país depois de uma década passada nos subterrâneos. Nesse mesmo ano tornou-se patente a desagregação da base de sustentação do regime, com frações políticas dominantes passando para a oposição. Essa conjuntura ofereceu problemas novos para as forças democráticas e de esquerda, cujas respostas estiveram longe de ser unânimes e que afetaram mesmo o PCB, aguçando aos poucos divergências que explodiriam nos anos seguintes. O artigo de Carlos Nelson Coutinho publicado na *VO* nº 147, de junho desse ano, apontava já para o cerne da discordância no seio da frente democrática e no próprio partido.

A passagem para a oposição do general Euler Bentes e do banqueiro Magalhães Pinto dividiu as opiniões no seio das esquerdas. O artigo de Coutinho entendia que a frente política pela democracia deveria configurar-se em torno de um pacto composto por alguns princípios já conhecidos, os quais levariam ao fim do regime fascista, mas que num primeiro momento não tocaria nos privilégios dos monopólios ou na própria dominação de classe. Coutinho avaliava então que antecipar reivindicações econômicas seria um equívoco, pois que a prioridade era atingir a plenitude das liberdades democráticas.

Carlos Nelson Coutinho afiançava então que

> A defesa das liberdades democráticas, inclusive em seu nível formal, é uma tarefa que interessa diretamente à classe operária. E não apenas porque, num regime democrático, o proletariado poderá se organizar livremente e, desse modo, fazer valer com maior força os seus interesses específicos, corporativos. Mas também, e sobretudo, porque a democracia é o terreno mais adequado para que o proletariado, formulando propostas globais de transformação econômica e social, consiga aliados, defina-se como classe nacional, hegemônica, capaz de apresentar as soluções mais justas e mais unitárias para os problemas vividos pelo conjunto das camadas populares e dos setores sociais prejudicados pela ação dos monopólios nacionais e internacionais"[6].

---

6 *VO* nº 147, junho de 1978, p. 8.

A chave para o sucesso do movimento operário e do PCB estaria em perseguir de forma permanente a democracia, um objetivo estratégico irrenunciável e acoplado à perspectiva socialista. No entanto, naquele momento, a aliança com todos aqueles que queriam se desfazer da ditadura era essencial e prioritária. Por outro lado, quanto mais as forças populares e de esquerda participassem na luta unitária pela democracia, mais fortalecida estaria a esquerda para lutar por transformações econômicas e sociais na sequência do fim da ditadura. Enfim, a unidade das forças populares no seio da frente democrática seria o cenário mais adequado para dar fim à ditadura fascista, instaurar a democracia e aprofundá-la em todas as dimensões da vida social. Mesmo na ação política da conjuntura em questão, era preciso insistir que a democracia defendida pelos comunistas estava sempre vinculada à luta pelo socialismo.

O artigo seguinte, de setembro de 1978, explicita em seu título uma frase de Prestes, publicada na *Isto É*, uma revista brasileira de ampla circulação. Prestes e também Carlos Nelson Coutinho clamavam pela necessidade de equilíbrio e bom senso frente à conjuntura. O momento, sem dúvida, era de avanço das forças da democracia, que se preparavam para uma retumbante vitória nas eleições que se aproximavam. No entanto, o artigo alertava para a necessidade de uma análise cuidadosa da conjuntura porque não estava descartada a possibilidade de um novo golpe militar, assim como era preciso evitar a tentação de um golpe "progressista". Na verdade, decisivo era manter a unidade das forças, uma vez que dela dependia não só a conquista da democracia política, mas também o avanço da democratização, que por sua vez possibilitaria inaugurar uma fase de transição. Note-se que não se falava em ruptura democrática, mas de transição à democracia, expressão que se tornaria generalizada no fim dos anos 1970.

A relativa novidade desse artigo é a análise de como a ditadura deveria terminar, e aqui a leitura de óbvia inspiração eurocomunista vem à baila. Coutinho expõe seu pensamento assim:

> Ao que tudo indica, a ruptura com o atual regime – sua completa substituição – não assumirá a forma de uma mudança brusca, de um único choque frontal, mas ocorrerá no quadro de uma "guerra de posição" (para nos valermos de uma metáfora militar), de um conjunto de combates e lutas parciais entre o regime e os vários setores e

> segmentos da frente democrática. Isso implica que deveremos atravessar um período marcado pela coexistência – certamente contraditória – de institutos ditatoriais fascistas (de velho e novo tipo) e de espaços democráticos progressivamente conquistados pelas lutas e pelo avanço da oposição e do movimento de massas[7].

Para resistir, a ditadura deveria usar a tática da manobra, mas a passagem para uma situação democrática dependeria da capacidade do acúmulo de forças por parte das forças democráticas até que se pudesse "integrar o povo nas grandes decisões nacionais, para iniciar um processo de profundas transformações capazes de levar nosso país a uma democracia de massas sólida, estável, em permanente avanço para o socialismo"[8].

Essa análise foi lida pelo setor vinculado a Prestes como o produto de uma clara acepção reformista e mesmo negociada para o fim da ditadura militar. A interpretação se confundia com um programa!

Na última intervenção do ano de 1978, na *Voz Operária*, nº 153, de dezembro, Carlos Nelson Coutinho avalia a situação do movimento operário, que, desde maio daquele ano, ganhava nova vitalidade. Chama atenção então para o fato de os trabalhadores virem se organizando na fábrica, em grande medida, por conta do sindicato estar sujeito à legislação corporativa do Estado. A luta na fábrica e no sindicato, no entanto, deveria se vincular à luta geral pela democracia, pois só assim a liberdade de organização sindical e fabril estaria garantida, assim como o direito de contratação coletiva e de greve.

Nesses anos de 1977 a 1979, o periódico do PCB foi hegemonizado pela vertente que seria denominada de eurocomunista pelos adversários internos. Nas entrelinhas podem-se perceber as divergências, que aos poucos se agravavam e eram polarizadas por Prestes, de um lado, e por Armênio Guedes, de outro. Em novembro de 1978 chegou-se a discutir se o mensário expressava as posições da maioria do CC. No entanto, Armênio Guedes continuou na direção da *VO* por mais um ano, quando foi afastado da Comissão Executiva.

A *Voz Operária*, nos números de janeiro e maio de 1979, publica os dois últimos artigos de Carlos Nelson Coutinho no periódico. No primeiro

---

7 *VO* nº 150, setembro de 1978.

8 Idem.

encontramos um balanço provisório das eleições do precedente mês de novembro, e no outro uma análise sobre o desmatamento da Amazônia. No entanto, o mais importante artigo publicado em 1979 encontra-se nas páginas da revista *Encontros com a Civilização Brasileira*, nº 9, de março daquele ano. Trata-se de *A democracia como valor universal*, que gerou uma persistente polêmica.

## IV

Revisado, esse artigo foi publicado em um livro com o mesmo título no ano de 1980, o qual reuniu quatro ensaios de caráter teórico e analítico da realidade brasileira. O norte desse conjunto de ensaios é, sem dúvida, a propalada questão democrática, conforme informa o próprio subtítulo da obra. A contribuição mais valiosa de Coutinho deriva do esforço em aprofundar o problema da estratégia democrática para a transformação social. Mas o que mais chamou atenção e desencadeou a polêmica foi a propositura de ser a democracia um valor universal, problema de menor importância prático-política.

Logo no prefácio pode ser notada uma mudança na linguagem, que vinha indicada desde o artigo da *VO* de setembro de 1978. Ademais explicita logo de início o elemento de disputa interna no PCB, ao declarar que o trabalho visa estimular o debate "sobre o valor da democracia para o projeto de reconstrução socialista do nosso País"[9]. Enfim, o que estava em pauta seria o nexo existente entre democracia e socialismo.

A tese de fundo trabalhada no livro é aquela que o capitalismo no Brasil se desenvolveu pela "via prussiana", que foi aprofundada pela ditadura militar. Tratava-se agora de conduzir uma renovação democrática no país e instaurar uma democracia política permanente em cujo terreno se travaria a luta pelo socialismo e a própria construção do socialismo, via um

---

9 C. N. Coutinho, *A democracia como valor universal*. Notas sobre a questão democrática no Brasil. São Paulo: Livraria Editora Ciências Humanas, 1980, p. 13.

"consenso majoritário" na sociedade civil. A renovação democrática seria no momento o conteúdo estratégico da revolução brasileira, a qual criaria os pressupostos do socialismo.

Carlos Nelson Coutinho desqualifica o rótulo de "eurocomunista" para as ideias que defende e insiste que as raízes dessa reflexão estão já presentes na *Declaração de março de 1958* do PCB, assim como nos congressos partidários de 1960 e 1967. De uma ou outra forma, sugere Coutinho, a questão da democracia sempre esteve presente na reflexão do marxismo, a começar pelo próprio Marx. Em seguida, a fim de demarcar a linha de condução da sua exposição, Carlos Nelson, de modo muito questionável, se refere a Gramsci como alguém que "lança as bases de uma teoria marxista da transição socialista, colocando a questão democrática no centro dessa transição"[10].

No entanto, prossegue o autor, haveria uma "nova concepção" do vínculo entre socialismo e democracia, que surge da crítica à URSS. Essa concepção estaria exposta em forma de síntese por Enrico Berlinguer, secretário-geral do PCI, por ocasião do 60º aniversário da Revolução Russa, em 1977. Coutinho então faz a citação de Berlinguer que fundamenta toda a sua reflexão exposta nesse artigo e no livro: "A democracia é hoje não apenas o terreno no qual o adversário de classe é obrigado a retroceder, mas é também o valor historicamente universal sobre o qual fundar uma original sociedade socialista"[11].

Ora, a democracia faz parte do terreno do particular e não do universal, ou melhor, a democracia se objetiva e se torna universal apenas quando está ao ponto de se extinguir o Estado, considerando-se ser a democracia uma forma de Estado. Lembre-se que Berlinguer falava de um valor sobre o qual fundar uma sociedade socialista, que na sua concretização universalizaria a democracia, a qual estaria presente, portanto, em todas as dimensões da vida social. A universalização da democracia se constituiria na medida em que a luta de classes avançasse e a burguesia recuasse.

Para Coutinho a universalidade da democracia seria fruto de objetivações já ocorridas pela democracia grega ou as democracias burguesas num processo que teria continuidade no socialismo. Em contraposição a seu ponto de vista é preciso indicar que as democracias estão no terreno do particular porque

---

10 Idem, p. 20.

11 Berlinguer Enrico *apud* C. N. Coutinho, op. cit, p. 20.

surgem de acordo com determinados fundamentos econômico-sociais e se constituem em formas de dominação de classe. Como forma de dominação que é, a democracia não pode ter valor universal, mas apenas particular. Há que se levar em conta que a democracia na Antiguidade pressupunha o trabalho escravo, assim como as experiências de democracia surgidas em algumas cidades da época feudal também pressupunham a hierarquia social e a servidão.

Mais complicados são a origem e o valor das democracias burguesas. Bem se sabe que a burguesia sempre foi hostil à democracia, exatamente por essa ameaçar a liberdade liberal, identificada como liberdade individual proprietária objetivada na sociedade civil. A verdade é que todas as lutas realmente democráticas que surgiram por dentro das revoluções burguesas (Inglaterra, EUA, França) foram ferozmente reprimidas quando se necessitou estabilizar a nova ordem liberal-burguesa. Tendo a burguesia e seus intelectuais entendido a democracia como uma forma de despotismo, não podiam identificar nessa uma expressão da liberdade. Assim, a burguesia encontrou duas formas políticas de domínio, o governo representativo dos cidadãos proprietários ou o bonapartismo, cada uma delas com inúmeras variantes, mas todas adversas a democracia.

A democratização liberal ocorreu na Europa ocidental e nos EUA por pressão do movimento operário socialista, mas também foi útil à burguesia, uma vez que vinculada à ideologia do nacionalismo pôde ampliar a base de sustentação do seu domínio classista tendo em vista o confronto com outros Estados e a expansão imperialista. Democratização liberal significou difusão da liberdade liberal para além dos proprietários dos meios de produção, mas sempre uma liberdade mais aparente que real e fundada no princípio do trabalho perpétuo e do individualismo. A designação completa dessa forma de domínio deveria ser democracia liberal imperialista, já que aparece historicamente acoplada ao imperialismo.

Certo que a democratização liberal foi útil por ter oferecido espaço de organização e expressão para os trabalhadores, mas o que de fato aconteceu, como anotaram tão bem Rosa Luxemburgo e Gramsci, é que sindicato e partido passaram a fazer parte do Estado/sociedade civil dominado pela burguesia, ou seja, a democratização liberal-burguesa serviu amplamente para neutralizar o antagonismo democrático socialista, visto que em termos históricos e de princípios a democracia liberal é antagônica a democracia socialista. Para se impor, a segunda forma precisa destruir a primeira, e isso por um motivo bastante simples: são formas políticas que expressam domínio de classes diferentes e antagônicas, e a passagem de uma para a outra exige uma ruptura, uma revolução contra o Estado (quer seja em sua forma liberal--democrática, ou em outra) e contra o capital[12].

Ao postular uma relação de relativa continuidade entre democracia liberal e democracia socialista, Coutinho incorre no sério risco de apontar para uma fórmula na qual o processo de democratização parece ser geral e universal e para a tendência de que o Estado perderia seu caráter de condensador de um poder político classista ao se submeter a uma pluralidade de sujeitos coletivos emersos na sociedade civil. Diz ele:

> A pluralidade de sujeitos políticos, a autonomia dos movimentos de massa e dos organismos da sociedade civil em relação ao Estado, a liberdade de organização, a legitimação da hegemonia através da obtenção permanente do consenso majoritário: todas essas conquistas democráticas, tanto as que nasceram com a sociedade burguesa tanto as que resultam das lutas populares no interior do capitalismo a ter pleno valor na sociedade socialista[13].

De modo concreto então, para Coutinho, "a democracia socialista pressupõe, por um lado, a criação de novos institutos políticos que não existem, ou que existem apenas embrionariamente, na democracia liberal clássica; e por outro, a mudança de função de alguns institutos liberais". E continua: "trata-se de eliminar o domínio burguês sobre o Estado, a fim de permitir que esses institutos políticos democráticos possam alcançar pleno florescimento, e, desse modo, servir integralmente a libertação da humanidade trabalhadora"[14].

Coutinho não diz como se deve eliminar o domínio burguês sobre o Estado, e tudo se passa como se o próprio Estado não fosse burguês na essência. A resposta implícita é que se trataria de democratizar o Estado de tal modo que perdesse o caráter de dominação da burguesia. A aposta no processo de

[12] M. Del Roio, *O império universal e seus antípodas: a ocidentalização do mundo*. São Paulo: Ícone, 1998.

[13] *VO* No. 158 C. N. Coutinho, 1979, p. 24.

[14] C. N. Coutinho, *A democracia como valor universal*. Notas sobre a questão democrática no Brasil. São Paulo: Livraria Editora Ciências Humanas, 1980, p. 25.

democratização deriva da constatação de que o desenvolvimento das forças produtivas do capital tende a socializar o processo produtivo, o que possibilitaria uma correlata socialização da política, como se a socialização da política, por si mesmo, implicasse a gestação de uma democracia socialista.

Bastante inspirado na formulação do dirigente do PCI Pietro Ingrao, Coutinho afiança que "a democracia de massas [a expressão é de Ingrao], que deve servir de superestrutura para – a construção de – uma sociedade socialista, tem que surgir dessa articulação entre as formas de representação tradicionais e os organismos de democracia direta"[15] . No entanto, de novo Coutinho não diz o que deve ser feito com a burocracia estatal que harmoniza os interesses da burguesia e sustenta apenas que os trabalhadores devem se candidatar a hegemonia. Ora, hegemonia significa também a criação de uma nova ordem social e de um Estado de transição que desarticule o poder do capital e seus instrumentos de dominação e repressão. O texto de Coutinho sequer indica como conseguir a hegemonia. De fato tudo se passa como se a democracia socialista fosse produto de um alargamento e aprofundamento da democracia liberal burguesa, sem um claro ponto de ruptura, até porque a "guerra de posições" deveria ser a única forma de luta.

As páginas dedicadas às perspectivas para a realidade brasileira tornam mais visível a mudança na linguagem, com a assimilação de categorias francamente liberais. Vimos antes o uso exaustivo da categoria do pluralismo. Agora a ditadura militar é qualificada como regime autoritário, regime de exceção e não mais fascismo, além disso, a palavra renovação passa a ser usada no lugar de revolução democrática. Na avaliação de Coutinho, o Brasil já vivia um período de transição sem um governo de transição, lembrando-se da recente indicação do general Figueiredo para o Poder Executivo, outro ponto muito polêmico entre os comunistas. A luta deveria ser pela extirpação da "via prussiana" e pela conquista das liberdades formais (liberais) e de uma democracia liberal. Essa era uma constatação oferecida pela análise da correlação de forças.

No entanto, Coutinho tinha expectativa que a socialização da política descortinasse a possibilidade de se tornar essa democracia liberal uma democracia de massas. Isso ocorreria pela organização de inúmeros sujeitos coletivos na sociedade civil, que, mantendo sua unidade, deveriam lutar pela

---

15 Idem, p. 29.

democratização da economia nacional, com a reforma agrária e a luta contra os monopólios. O Brasil era um capitalismo monopolista de Estado, dependente do imperialismo, mas que poderia construir uma democracia política sem, num primeiro momento, mudar essa situação. Tratava-se de um CME particular, sem dúvida, mas não necessariamente fascista, mas que poderia persistir até que a crescente democracia de massas tivesse força para combatê-lo, numa posição bastante otimista.

## V

Vimos então como Carlos Nelson Coutinho adere às concepções teóricas e políticas que o PCI vinha desenvolvendo, inclusive certa leitura da obra de Gramsci que lhe dava suporte. No PCB forjou-se uma vertente que exatamente tinha o PCI por referência, isso no que toca a valorização da democracia como bandeira e como escopo e uma posição crítica mais dura frente ao chamado "socialismo real". Carlos Nelson Coutinho foi uma das referências intelectuais mais importantes dessa vertente, que predominou por certo tempo na elaboração do mensário *Voz Operária*, o porta-voz do partido. A ameaça de intervenção nesse órgão e a posterior ruptura de Prestes com a maioria do CC abriu uma disputa interna muito dura.

Os artigos publicados na *VO* tentavam seguir a orientação majoritária do CC, mas também inserir algumas questões que encaminhavam a linha política para o leito da questão democrática. A cisão de Prestes teve a faculdade de delimitar posições políticas e deixar claro que havia apenas duas posições que tentavam elaborar uma solução para a crise estratégica da qual o partido fora vítima.

Havia então essa posição dita eurocomunista que apostava tudo na questão democrática, propondo amplas alianças sociais e políticas com o objetivo de se institucionalizar um regime liberal-democrático que garantisse direitos para que os trabalhadores e a sociedade civil em seu conjunto pudessem continuar a se organizar. Tal orientação sugeria uma atenuação da luta de classes em nome do objetivo maior do fim da ditadura e democratização da vida política.

Estava-se a um passo do oportunismo, e, embora Coutinho tenha negado até o fim da vida, *A democracia como valor universal* fez parte da cultura de um conjunto de militantes comunistas que aderiu à hegemonia burguesa consolidada no regime liberal hoje reinante. Claro também que em termos de previsão o texto parece ter acertado sobre o fim da ditadura e a institucionalização de um regime liberal-democrático. Mas os passos seguintes, colocados na conta da socialização da política e da construção de amplos movimentos de massa, não ocorreram. A expectativa de que a socialização da economia pelo capitalismo implicasse socialização da política é um claro escorregão economicista.

A posição de Prestes era que a emergência do proletariado na cena política a partir de 1978 tornava prioritário criar uma coalizão das forças populares e de esquerda que pudesse disputar a hegemonia e aprofundar o processo de democratização. Ou seja, na luta contra a ditadura era preciso desde já disputar a hegemonia da classe operária[16].

Entre 1979 e 1981, ambas vertentes foram afastadas do PCB, ficando um CC remanescente sem qualquer condição de reverter a crise orgânica na qual o partido se enfiara, dada sua incapacidade de atualizar a leitura da realidade do Brasil e do mundo. Assim, o PCB, distanciado do mundo do trabalho e da cultura, definhou.

Em 1981, ano em que se afastava do PCB por conta de procedimentos inaceitáveis no VII Congresso – que se iniciava dando indícios de que seria farsesco –, Coutinho publicou um livro sobre Gramsci que se tornou uma referência importante para estudantes e militantes desde então e (pode-se dizer) um exemplo de leitura eurocomunista da obra do marxista sardo.

---

16 L. C. Prestes, Carta aos comunistas. In: E. Carone, São Paulo: Difel, v. 3, 1982.

# O processo de democratização e seus resultados: amenização ou intensificação da luta de classes

**MAURO LUIS IASI**

Quando recebi a notícia do falecimento de Carlos Nelson Coutinho estava estudando um texto seu sobre Hegel[1] no qual ele, como de costume, pacientemente me explicava o quanto ainda faltava por entender. Minha primeira reação foi de negação. Como era comum nas aulas em que compartilhávamos, resolvi discordar de sua prematura partida e seguir o debate. É o que faço aqui em sua homenagem.

Ainda que se ressalte a incrível variedade de temas que este importante autor tratou em sua trajetória intelectual, relacionados aos campos da história da formação social brasileira, da filosofia política, da cultura, da renovação do marxismo e tantos outros, os participantes do seminário dedicado a refletir sobre sua contribuição foram unânimes em ressaltar a democracia como uma das questões centrais de sua produção. Acrescentaria a esse consenso o quanto a democracia para Coutinho está indissoluvelmente ligada a uma reflexão sobre o caráter e o desenvolvimento do Estado brasileiro, e como tal reflexão, longe de ser um mero exercício de erudição acadêmica, fora movida por uma explícita preocupação com os caminhos da transformação social em nosso país.

Inicio minha homenagem a Carlos Nelson Coutinho afirmando que há em sua reflexão sobre o desenvolvimento da democracia e as transformações que se deram no Estado brasileiro no último período um paradoxo. O diagnóstico do autor é que o fundamento dos problemas brasileiros se encontra naquilo que denomina à época de "via prussiana", nos seguintes termos:

---

1 C. N. Coutinho, *De Rousseau a Gramsci*. São Paulo: Boitempo, 2011.

> Como já foi assinalado várias vezes, as transformações políticas e a modernização econômico-social do Brasil foram efetuadas no quadro de uma "via prussiana", ou seja, por meio da conciliação entre frações das classes dominantes, de medidas aplicadas de cima para baixo, com a conservação de traços essenciais das relações de produção atrasadas (o latifúndio) e com a reprodução (ampliada) da dependência ao capitalismo internacional[2].

Tal constatação está ligada à preocupação com os caminhos da transformação social, uma vez que essa característica histórica implica na permanente marginalização das massas populares "não só de uma participação ativa na vida social em geral, mas sobretudo, do processo de formação das grandes decisões políticas nacionais"[3]. É neste campo que incide o tão debatido princípio que vincula a democracia como valor, não apenas tático, isto é, a ser utilizado no caminho da transformação social para em seguida ser abandonado, mas como tendo uma dimensão estratégica na própria constituição da sociedade socialista. O processo de democratização permitiria a entrada em cena das massas populares e da classe trabalhadora, alterando a qualidade da forma política marcada pelo prussianismo e permitindo que o interesse da classe trabalhadora encontrasse os caminhos pelos quais se apresentaria como vontade geral.

Assim é que para Coutinho, a "eliminação do prussianismo" só poderia se dar por aquilo que ele denominava inicialmente de "renovação democrática" e depois preferiu chamar de "processo de democratização" ou "socialização da política". Não apenas como alternativa histórica à via prussiana, mas, nas palavras do autor, "como modo de realizar em condições novas as tarefas que a ausência de uma revolução democrático-burguesa deixou aberta em nosso país"[4].

A superação do "prussianismo" implicaria em alterar estruturalmente a relação entre o Estado, extremamente forte e autoritário, e a "sociedade civil", identificada como "amorfa e atomizada" ou, nas palavras de Gramsci, "gelatinosa". Uma vez que o resultado desse quadro histórico é a marginalização das massas populares e dos trabalhadores do espaço da política, o caminho proposto seria o de "fortalecer a sociedade civil". Nas palavras de Coutinho:

---

2 Coutinho *apud* Löwy, *O marxismo na América Latina*: uma antologia de 1909 aos dias atuais. 2ª edição. São Paulo: Fundação Perseu Abramo, 2006, p. 450.

3 Idem, ibidem.

4 Idem, p. 451.

> O fortalecimento da sociedade civil abre assim a possibilidade concreta de intensificar a luta pelo aprofundamento da democracia política no sentido de uma democracia organizada de massas, que desloque cada vez mais "para baixo" o eixo das grandes decisões hoje tomadas exclusivamente "pelo alto"[5].

Antes de se acusar de politicista a aposta que fez na democratização política como elemento suficiente para iniciar a transição socialista, Carlos Nelson Coutinho afirma que a socialização da política é meio pelo qual se pode e deve aprofundar a socialização econômica, cultural e social, em poucas palavras, a socialização da vida a partir de seu fundamento que é a produção e reprodução da existência. Nessa direção, o processo de democratização se articula com tarefas antimonopolistas, com a reforma agrária e o enfrentamento da chamada "questão nacional", abrindo caminho para a transição ao socialismo.

É importante ressaltar que o processo de democratização tem sujeito, assim como a perpetuação do controle autoritário do Estado também tem sua personificação nas classes dominantes. A superação da via prussiana implicaria no protagonismo de um "bloco democrático e nacional-popular" que levaria a cabo não apenas as tarefas de destruição dos aspectos autocráticos, mas também as transformações em direção ao socialismo. Esse bloco encontraria sua materialização em "partidos democráticos de massa", assim como "sujeitos políticos coletivos", como movimentos sociais, sindicatos, comunidades religiosas de base, movimento de mulheres e em defesa da ecologia e outros. A superação da tutela do Estado e o "fortalecimento da sociedade civil" se completariam com o fortalecimento de certos aparelhos privados de hegemonia (são citados a OAB, CNBB, ABI e outros).

Como vemos, a hipótese é que o suposto fortalecimento da sociedade civil criaria um cenário propício para o avanço da luta dos trabalhadores, revertendo a vantagem evidente das classes dominantes no cenário autocrático. Como afirma Duriguetto[6] é preciso evitar a tentação de acreditar que Carlos Nelson teria uma visão idílica da sociedade civil como se apresenta em outros autores que nesse mesmo momento histórico, o da transição da ditadura no final da

---

5 Idem, p. 454.

6 M. L. Duriguetto, *Sociedade civil e democracia: um debate necessário*. São Paulo: Cortez, 2007.

década de 1970 e início dos anos 1980, a afirmavam, como é o caso de Fernando Henrique Cardoso e Lamounier. Para Coutinho a sociedade civil é espaço de luta de classes. No entanto, parece-nos evidente que para o autor o seu fortalecimento nos conduziria a uma situação política mais favorável, que apontava no sentido das transformações que interessavam aos trabalhadores.

É aqui que reside o paradoxo. O problema na formulação de Carlos Nelson Coutinho não é que aquilo que ele projetou em sua análise não tenha ocorrido. Deixemos momentaneamente de lado o otimismo quanto a possibilidade de superar as bases da chamada via prussiana. É forçoso reconhecer que a relação entre o Estado e a sociedade civil se alterou, que houve um intenso processo de democratização, e o Estado brasileiro transitou de uma clara situação de um Estado "oriental", no sentido que Gramsci empresta ao termo, para um Estado "ocidental", isto é, trata-se hoje de uma formação social com uma sociedade civil burguesa forte e estruturada, que equilibra sua relação com o Estado burguês. Entretanto, e aí o paradoxo, isso não implicou em um cenário mais favorável ao desenvolvimento da luta dos trabalhadores pelo socialismo, pelo contrário, significou de fato a consolidação da hegemonia burguesa, tornando a perspectiva socialista ainda mais distante do que estava nos idos dos anos 1980.

Vejamos mais detidamente os termos desse paradoxo. Carlos Nelson Coutinho, em um artigo de 2006, aponta como resultante do percurso do Estado brasileiro o seguinte:

> Malgrado todos os seus limites, a transição revelou, em seu ponto de chegada, um dado novo e extremamente significativo: o fato que o Brasil, após mais de vinte anos de ditadura, havia se tornado definitivamente uma sociedade "ocidental" no sentido gramsciano do termo.[7]

É evidente, no entanto, que estamos muito longe de uma democracia organizada de massas, que deslocaria cada vez mais "para baixo" o eixo das grandes decisões, que sempre foram tomadas exclusivamente "pelo alto". A classe dominante brasileira teria chegado à consciência da impossibilidade,

---

7 C. N. Coutinho, Conversa com um marxista convicto e confesso. In BRAZ, M (*org.*). *Carlos Nelson Coutinho e a renovação do marxismo no Brasil.* São Paulo, Expressão Popular, 2012,p. 133.

para o momento, da "dominação sem hegemonia"[8] como na ditadura, como nas formas de hegemonia burguesa "do tipo populista tradicional" e como nas que se apresentaram dos anos 1940 aos 1960. Tal constatação leva o autor a concluir que:

> A burguesia tem hoje consciência que estas soluções são inviáveis, ela tem se esforçado por combinar sua dominação com formas de direção hegemônica, ou seja, por obter um razoável grau de consenso por parte dos governados[9].

Coutinho está analisando já o cenário do primeiro governo Lula, portanto, buscando compreender a natureza de um governo que logrou sustentação para realizar as contrarreformas exigidas pelo padrão de acumulação de capitais vigentes aqui e no mundo. Como apontado anteriormente, a sociedade civil não é neutra, mas espaço de luta de classes. Dessa forma, busca setores que sustentariam o pacto social implantado pelo governo do PT. Compreendendo a natureza das "reformas" anunciadas, que inclui a reforma da Previdência e a "flexibilização de direitos" dos trabalhadores, o autor avalia que o poder de resistência de setores mais organizados sindicalmente, por estarem em setores chaves da economia, poderia preservar certo patamar de direitos, enquanto os chamados não organizados ou em ramos econômicos e sindicais fracos provavelmente perderiam seus direitos.

A conclusão de Coutinho nos parece equivocada. Segundo o autor, tal quadro levaria a uma sustentação do governo baseada nesses setores organizados e segmentos do empresariado, concluindo que "a grande maioria dos segmentos populares, particularmente os que não têm capacidade de organização, só teriam a perder". Completa seu argumento afirmando que "esta pequena capacidade de inclusão – ainda menor do que aquela vigente no período populista – torna bastante problemática a estabilização a longo prazo de uma hegemonia neoliberal no Brasil"[10].

---

8 Idem, p. 138.

9 Idem, p. 139.

10 Idem, p. 140.

Bom, infelizmente, ocorreu o inverso. Houve um nítido deslocamento da base de sustentação dos setores organizados da classe (que não se mostraram assim tão organizados para barrar a precarização, a intensificação do trabalho e a flexibilização dos direitos) para os chamados setores mais desorganizados da chamada pobreza absoluta[11].[12] A sobrevivência da alternativa social-liberal representada pelos governos petistas por tanto tempo demonstra que algo precisa ser compreendido.

No restrito espaço desse ensaio me permito apenas pontuar algumas pistas para a reflexão desse tema que exigiria, certamente, dose muito mais profunda de reflexão política e teórica. Em primeiro lugar, houve uma nítida supervalorização do papel que jogaria o chamado fortalecimento da sociedade civil burguesa. Ao que parece, mesmo considerando como espaço da luta de classes, o fortalecimento da sociedade civil burguesa, da *bürgerliche Gesellschaft*, levou toda uma geração a crer que isso favoreceria exclusivamente os trabalhadores e aqueles que tinham a mudança social como perspectiva, e nunca, ou muito raramente, assinalou-se o fato de que tal processo poderia favorecer, como de fato ocorreu, as classes dominantes, tornando mais eficazes os meios de seu domínio e as condições de estabelecimento de sua hegemonia.

Entretanto, o problema teórico que aqui se apresenta é ainda um pouco mais grave e diz respeito à segunda pista da reflexão que proponho: a consolidação entre muitos analistas do Estado de uma certa dicotomia entre os elementos da coerção e do consenso, ou da dominação e da hegemonia. Longe de serem compreendidos como uma unidade de contrários, tendeu-se a ver tais elementos como realidades alternadas, isto é, como alguns momentos de expressão de dominação e coerção, e outros momentos como de exercício de hegemonia através da formação de consensos.

Nos parece que em Gramsci tais elementos constituem uma síntese dialética que, na forma indicada pelo marxista sardo, seria "Estado = sociedade

---

11 A. Singer, *Os sentidos do lulismo: reforma gradual e pacto conservador*. São Paulo: Cia das Letras, 2012.

12 Quando preparamos este texto para publicação nos deparamos com os resultados das eleições presidenciais de 2014 em seu primeiro turno, no qual a candidata do PT perdeu para o candidato do PSDB em todas as cidades do ABC paulista (São Bernardo, Santo André, São Caetano e Diadema), berço do partido e com a marcante presença do operariado do setor automobilístico.

política + sociedade civil, isto é, hegemonia couraçada de coerção"[13]. Nessa direção não pode nos causar estranhamento identificar elementos de busca de consenso numa forma política na qual a prevalência é do aspecto coercitivo, como na ditadura burguesa-militar que se implantou com o golpe de 1964 no Brasil. Da mesma forma não deveria nos surpreender ver elementos claros de coerção em um chamado Estado de Direito no qual o elemento da formação do consenso parece estar em evidência.

Em uma outra passagem, Gramsci coloca de maneira ainda mais clara essa unidade. Vejamos:

> O exercício "normal" da hegemonia, no terreno tornado clássico do regime parlamentar, caracteriza-se pela **combinação da força e do consenso,** que se equilibram de modo variado, sem que a força suplante em muito o consenso, mas ao contrário, tentando fazer com que a força pareça apoiada no consenso da maioria, expresso pelos chamados órgãos da opinião pública – jornais e associações – os quais, por isso, em certas situações, são artificialmente multiplicados[14].

Notem que para Gramsci esta combinação se dá não em um momento de transição ou de baixa diferenciação entre momentos ditatoriais e democráticos, mas no "exercício normal da hegemonia", no regime parlamentar ou de um Estado de Direito. A particularidade desse momento normal do exercício da hegemonia não é o abdicar do uso da força, mas o fato que seu uso precisa aparecer como "apoiado pela maioria". Exemplo didático temos entre nós com a Portaria normativa de 2013 do Ministério da Defesa do governo Dilma que preconiza as chamadas operações de garantia da lei e da ordem que iguala manifestante a membro de quadrilha e proíbe desde manifestações até greves. Evidente que tal ato de força não pode se justificar pela garantia de interesses privados de grupos monopolistas que queriam ver seus investimentos revertidos em lucros por ocasião dos grandes eventos esportivos, mas é apresentado como garantia da ordem social, da paz, dos interesses de toda a sociedade contra bárbaros, vândalos e outras formas de estigmatização.

---

13 A. Gramsci, *Cadernos do cárcere*. Volume 3. Rio de Janeiro: Civilização Brasileira, 2007, p. 244.

14 Idem, p. 95.

A terceira pista que nos ocorre apresentar é que esses dois primeiros argumentos (a visão segundo a qual o fortalecimento da sociedade civil só poderia nos favorecer; e uma certa dicotomia entre os elementos coercitivos e de busca de consenso no Estado burguês) implicam numa certa compreensão do Estado que, de uma forma ou de outra, relativizam seu caráter de classe, tornando possível uma estratégia gradualista.

A suposição é que uma alteração na correlação de forças na sociedade civil burguesa poderia produzir um consenso favorável a mudanças, que se expressaria, graças ao processo de democratização, no controle do governo e, portanto, das ferramentas de tomada de decisão, agora impulsionadas na direção que as massas populares indicariam. Parece-me que Carlos Nelson Coutinho nunca negou o caráter de classe do Estado, e por isso seu projeto estratégico gradualista, que ele denominava de "reformismo revolucionário", implicava em uma ruptura. No entanto, essa ruptura seria exatamente o momento em que um Estado (aqui no sentido restrito de uma máquina administrativa que controla os elementos coercitivos) deixa de ser orientado pela vontade geral burguesa e passa a ser dirigido pela vontade geral construída pelas massas populares e a classe trabalhadora, graças à socialização da política.

Há aqui, segundo meu juízo, um outro problema teórico e político sério. O Estado (considerado como unidade entre Estado e sociedade civil burguesa) é um importante meio pelo qual um interesse particular se apresenta como universal. No quadro da época de domínio da burguesia, essa universalidade está condenada a uma universalidade abstrata, uma igualdade formal que jamais pode ser substantiva. Nesse sentido a hegemonia está condenada a ser couraçada de coerção, e a sociabilidade humana fica presa à forma Estado. A possibilidade de uma vontade geral que possa de fato expressar uma universalidade substantiva pressupõe o fim dos antagonismos de classe, uma sociedade regulada, termo que Gramsci utilizava como subterfúgio para enfrentar a censura e que significa nada menos que o comunismo. Dessa forma, imaginar essa possibilidade num Estado, numa sociedade de classes, que não tenha superado a dominação da propriedade privada dos meios de produção, as relações burguesas de produção e a acumulação privada da riqueza socialmente produzida, só poderia causar espanto ao nosso marxista italiano.

Tal constatação implica em duas conclusões importantes para o nosso tema. Comecemos pela maneira como uma classe dominante opera no sentido de apresentar seu interesse particular como vontade universal e a implicação que esse fato tem no limite da busca do "consenso". Diz Gramsci:

> O Estado é certamente concebido como organismo próprio de um grupo, destinado a criar as condições favoráveis à expansão máxima desse grupo, mas este desenvolvimento e esta expansão são concebidos e apresentados como força motriz de uma expansão universal, de um desenvolvimento de todas as energias "nacionais", isto é, o grupo dominante é coordenado concretamente com interesses gerais dos grupos subordinados e a vida estatal é concebida como **contínua formação e superação de equilíbrios instáveis** (no âmbito da lei) entre os interesses do grupo fundamental e os interesses dos grupos subordinados, equilíbrios em que os interesses do grupo dominante prevalecem, mas até um determinado ponto, ou seja, até o estreito interesse econômico-corporativo[15].

Parece evidente que na permanência da sociedade de classes o "consenso", ou mesmo o exercício normal da hegemonia de um grupo dominante, só pode se dar, no máximo, como um "equilíbrio instável", mediado pela abstração da lei ou qualquer outra forma de pacto político. E, mesmo nesse sentido, desde que tal equilíbrio expresse os interesses do grupo/classe dominante. O equilíbrio só pode manter-se desde que não fira os interesses econômicos fundamentais das classes dominantes. Como disse Galeano[16] "ninguém se incomoda muito, afinal, que a política seja democrática, desde que a economia não o seja".

A confusão entre Estado-classe e sociedade regulada (comunismo) não passa pela cabeça de Gramsci. Para ele é evidente que "enquanto existir o Estado-classe não pode existir sociedade regulada" e desvenda o segredo:

> A confusão entre Estado-classe e sociedade regulada é própria das classes médias e dos pequenos intelectuais, que se sentiriam felizes com uma regulação qualquer que impedisse as lutas agudas e as catástrofes: é uma concepção tipicamente reacionária e retrograda[17].

---

15 A. Gramsci, op. cit., p. 41 e 42.

16 E. Galeano. *O livro dos abraços*, Porto Alegre, L&PM, 2008, p. 108.

17 A. Gramsci, op. cit., p. 224.

A postura de Coutinho de manter a premissa que todo Estado é um Estado de classe, o que o leva a supor a necessidade da ruptura quanto ao caráter burguês do Estado, não o salva do gradualismo, produzindo aí um elemento central do paradoxo por nós analisado. Como atuará o Estado-classe burguês durante o suposto exercício de uma maioria trabalhadora que venha assumir o governo de seu Estado? Todos os gradualistas padecem de uma distorção que pode ser resumida nesta passagem na qual Lyman comenta o processo inglês:

> Os gradualistas imaginavam que o socialismo poderia ser adquirido em prestações, sendo cada prestação aceita sem graves obstruções por parte dos conservadores, não maiores que as que o oposição trabalhista impunha aos *Tories* quando estes estavam no governo. Cada prestação, a seguir, permaneceria intocada pelos intervalos em que o governo seria dos *Tories*, e pronta a servir de alicerce a partir do qual o próximo governo trabalhista retomaria a construção da comunidade socialista[18].

Ora, o gradualismo remete a última pista dessa nossa exposição. Acreditou-se que o fortalecimento da sociedade civil burguesa, além de favorecer muito mais os trabalhadores que as classes dominantes, deslocaria a luta política para a esfera prioritária da busca do consenso e, dessa maneira, amenizaria a luta de classes. No terreno do confronto, do uso da força, os aparatos repressivos dariam uma vantagem decisiva às classes dominantes. A capacidade de trazer a luta para a disputa de hegemonia, supostamente um terreno que nos seria mais favorável, e a aceitação das regras do jogo democrático desarmariam a intensidade da luta de classes, favorecendo o projeto de transformação no sentido das demandas populares.

Talvez seja essa a premissa que mais espetacularmente fracassou. O que a passagem citada de Gramsci sobre os equilíbrios instáveis comprova é que a democracia intensifica a luta de classes e não a ameniza. O quadro conjuntural atual confirma essa premissa de maneira cabal. Mas cabe aqui uma breve reflexão das determinações de tal fato.

Voltemos a alguns elementos da afirmação gramsciana. Uma vez que o interesse particular de uma classe dominante aparece como interesse geral

---

[18] Lyman, *apud* A. Przeworski, *Capitalismo e social-democracia*. São Paulo: Cia das Letras, 1989, p. 51.

graças ao Estado, este tem que articular-se em alguma medida com os interesses da classe trabalhadora e dos setores populares (como vimos, desde que não se choquem com os interesses econômicos fundamentais dos dominadores). Carlos Nelson Coutinho nos alertava que as formas tradicionais do exercício de dominação de classe no Brasil – a ditadura, na qual o elemento coercitivo fica em evidência, ou o populismo clássico – pareciam não mais ser viáveis desde o ocaso da autocracia burguesa. Então de que maneira esta interlocução se deu?

A solução encontrada para viabilizar a hegemonia burguesa no Brasil foi aquilo que Florestan Fernandes (1975) denominava de democracia de cooptação. E a pista está na sequência da mesma citação de Gramsci, logo após afirmar que o uso dos elementos coercitivos têm que se apresentar como vontade da maioria:

> Entre o consenso e a força, situa-se a corrupção-fraude (que é característica de certas situações de difícil exercício da função hegemônica, apresentando o emprego da força excessivos perigos), isto é, o enfraquecimento e a paralisação do antagonismo ou dos antagonismos através da absorção de seus dirigentes, seja veladamente, seja abertamente (em casos de perigo eminente), com o objetivo de gerar confusão e a desordem nas fileiras adversárias[19].

É o mesmo fenômeno que em outra parte o autor italiano chamará de "transformismo"[20] e não por acaso será recuperado por Carlos Nelson ao final de sua vida para explicar o PT.

O que podemos concluir é que o processo do transformismo, da democracia de cooptação e do equilíbrio instável que limita o exercício normal da hegemonia burguesa levam ao mesmo tempo ao acirramento da luta de classes e ao desarmamento da independência de classe dos trabalhadores, sem que os instrumentos essenciais de poder das classes dominantes, sejam

---

[19] A. Gramsci, op. cit., p. 95.

[20] "A absorção gradual, mas contínua, e obtida com métodos de variada eficácia, dos elementos ativos surgidos dos grupos aliados e mesmo adversários e que pareciam irreconciliavelmente inimigos" cf. A. Gramsci. *Cadernos do cárcere*. v. 5. Rio de Janeiro: Civilização Brasileira, 2002. p. 63

eles estritamente político-coercitivos ou ideológicos, se enfraqueçam. Ao contrário, parecem se robustecer. Uma sociedade civil burguesa forte significa aparelhos privados de hegemonia burgueses fortes, enraizados na sociedade, aprofundando o domínio burguês como natural e inevitável, fortificando um senso comum conservador e solidificando a ideologia burguesa.

Assim sendo, temos uma situação extremamente favorável à continuidade do domínio, e não à possibilidade de sua superação. A democratização da sociedade brasileira resultou não no enfraquecimento da hegemonia burguesa e na possibilidade de uma contra-hegemonia proletária, mas, ao contrário, completou e consolidou a hegemonia burguesa no Brasil de maneira lenta, gradual e controlada, como aliás os militares preconizaram.

O Estado burguês continua o espaço restrito da decisão das camadas dominantes. As massas populares e a classe trabalhadora continuam fora e muito longe de intervir nas grandes decisões políticas. Não se alterou o pacto pelo alto; a única diferença é que setores da classe trabalhadora, previamente e profilaticamente submetidos ao transformismo, podem, dependendo da correlação de forças, operar o pacto pelo alto com a classe dominante. Se Marx ironizava que a democracia era o direito dos explorados escolher a cada quatro anos quem os representará e esmagará no parlamento, o aprimoramento da democracia permite que agora possamos escolher entre os trabalhadores a cada quatro anos aqueles que nos representará e esmagará no parlamento e no exercício do governo do Estado burguês.

# A revolução brasileira: ontem e hoje[1]

**MILTON TEMER**

Iniciarei minha intervenção num tom diferente dos debatedores do seminário até mesmo porque não tenho divergência, praticamente, com boa parte do que foi encaminhado por Mauro Iasi, assim como não tinha com o que havia sido debatido sobre o que é o processo histórico levantado por Carlos Nelson por Mazzeo, junto com Marcelo Braz[2].

Mas há nuances, há diferença de olhar, pois há um ponto concreto que nos separa, embora eu não queira abrir a discussão por esse ponto concreto.

Eu começaria chamando a atenção para algo fundamental: a determinação de uma distinção daquilo que os franceses chamam de "*politique politicienne*", ou seja, a política com o pé no chão, no terra-a-terra, da sua formulação teórica e, ainda, da sua formulação histórica. Quero enfocar a questão real que estamos enfrentando e a necessidade de tomada de posições urgentes, imediatas, inadiáveis.

Recorro então a uma entrevista de Carlos Nelson nesse livro que considero enciclopédico, embora curto, o *Contra a corrente*. Ele nos diz que hoje não sabemos ainda muito bem como o socialismo deve ser, mas que já sabemos, sem dúvida, como o capitalismo é. E é exatamente por isso que sabemos também o que ele não deve ser. Para ele, como o socialismo será e que formas terá, isso é uma especulação ainda abstrata.

---

1 Texto trascrito por Diogo F. Machado e revisado pelo autor a partir de sua conferência proferida no *Seminário internacional Carlos Nelson Coutinho e a renovação do marxismo*, em novembro de 2013.

2 Refiro-me às intervenções de Mauro Iasi, Antonio Carlos Mazzeo e Marcelo Braz realizadas no *Seminário internacional Carlos Nelson Coutinho e a renovação do marxismo* (novembro de 2013, UFRJ, Rio de Janeiro).

Concordo inteiramente com essa formulação do Carlos Nelson Coutinho, que para mim é sintética e é fundamental para o debate da *politique politicienne*. Por quê? Porque Mauro Iasi colocou o grande desafio: Qual é o caminho? E mais: Qual o caminho para quê? Para a revolução socialista? Sim. Que processo revolucionário socialista? E por que eu faço essa pergunta? Por exemplo, quando vejo a tese (a pré-tese) do Congresso do Partido Comunista Brasileiro – ao qual eu sempre me pretendi filiado e apegado, pelo que tem de importante na minha formação política, inclusive na minha formação cidadã e pessoal – preocupo-me com a negação de qualquer perspectiva de mudança qualitativa da realidade brasileira pela via eleitoral. Se existe essa prioridade na negação da via eleitoral, pergunto qual é o caminho prioritário para a perspectiva do desenlace. É a insurreição?

É viável a insurreição num país como o Brasil? Na prática, e é isto o que me interessa, o que une ou qual o eixo unitário da ação do extrativista do Amazonas, do cidadão autônomo da classe urbana do Sudeste brasileiro, do trabalhador operário do ABC e do gaúcho do pampa? Eu só conheço um ponto que unifica todos esses setores desse conjunto de "nações" que constituem nosso país: é a campanha presidencial de quatro em quatro anos. Eu não conheço outro momento, excetuando as causas da Anistia e das Diretas Já que se desdobraram numa mobilização nacional tendo por referência a transformação do país.

Se olharmos o que são as diversas reivindicações atuais dos trabalhadores, por exemplo as do magistério – onde no plano municipal existem problemas sérios, planos de carreira, etc. – notamos que não existe uma greve nacional do magistério, não existe uma greve geral dos trabalhadores, de uma forma geral no Brasil, que justifique um confronto de classes com o grande capital no Brasil.

E vou mais longe. Não se deu e não se concretizou esse confronto porque, de novo, nos vemos hoje dentro do quadro de absoluta pasmaceira política e ideológica, no qual temos três candidatos à Presidência da República com seus suplentes referenciados na mesma tríade maldita: superávit fiscal, câmbio flutuante e meta de inflação como forma de manter a taxa de juros alta a serviço dos predadores do sistema financeiro e do grande capital, que especulam com os títulos da dívida pública brasileira. Uma dívida pública que no início do governo Lula, como herança maldita de Fernando Henrique Cardoso, quando ela se multiplicou por dez, correspondia a R$ 600 bilhões, e que depois de 12 anos de lulopragmatismo já passa dos R$ 2 trilhões. Isso não é problema? Isso é problema.

Nesse quadro, quando se fala nas composições de classe nos segmentos, não se aponta um fator pouco lembrado no debate da esquerda, e que a mim toca profundamente: o papel do indivíduo na história. Ou seja, quando é que as condições objetivas – porque nem sempre as condições objetivas encontram uma resposta subjetiva – resultam em transformação qualitativa? Nós passamos por vários momentos importantes da nossa realidade nos quais o papel subjetivo é que determinou o caminho. Exemplo mais recente que explica muito da pasmaceira hoje vivida, e que não resulta tanto da lógica da formação histórica brasileira, foi a forma perversa como o presidente Luiz Inácio Lula da Silva se entregou e se vendeu ao grande capital logo que assumiu o Planalto. E cito aqui – não a partir de formulações de Gramsci ou de qualquer outro clássico da teoria revolucionária – André Singer, que foi um assessor de comunicação do primeiro mandato de Lula. O que ele nos revela no seu *Os sentimentos do lulismo* é bastante desconfortável, mas incisivo, especialmente quando lembra que os pobres e os muito pobres deixaram de lado o medo da "desordem" creditada à esquerda, abraçando em bloco a candidatura do ex-torneiro mecânico. André Singer é quem afirma que, decidido a evitar o confronto com o capital, Lula adotou uma política econômica conservadora: "A adoção de políticas para reduzir a pobreza – *com destaque para o combate à miséria* – e para ativação do mercado interno, *sem confronto com o capital* (...), a implantação do modelo 'diminuição da pobreza com manutenção da ordem'".[3]

Quando comparamos essa situação com o que foi inclusive o período final do governo João Goulart, um governo derrubado por propostas de reformas absolutamente indispensáveis ao desenvolvimento democrático do país, constatamos o seguinte: o papel que Lula desempenhou ao optar pelos caminhos que fez, e a cooptação daí resultante, deixou para nós uma questão fundamental para discutir. Se Lula tivesse cumprido o programa tirado no último Congresso do Partido dos Trabalhadores (PT) em Recife – onde quem venceu foi o setor moderado do partido, mas que deixava claro naquele momento que qualquer governo popular e democrático começava com o rompimento com a lógica do governo anterior –, ele teria enfrentado problemas, claro. Todavia, o Brasil e a América Latina poderiam ter sido outros hoje. Ao invés de cumprir

[3] A. Singer. *Os sentidos do lulismo: reforma gradual e pacto conservador*. São Paulo, Companhia das Letras, 2012, p: 13.

com esse programa, tomou como primeira medida na área militar o envio de nossas tropas – fazendo o jogo sujo do governo Bush no Haiti, que não mandou seus fuzileiros porque já estava muito "queimado" – para adestrá-las àquilo que viria a se constituir depois na prioridade das Forças Armadas brasileiras: fazer papel de polícia na criminalização da pobreza. Se tivesse se preocupado em abrir o debate nas Forças Armadas sobre a necessidade de mudança dos currículos das academias militares, com o peso que ele tinha na representação popular, nós não poderíamos estar vivendo um momento diferente, inclusive de discussão no seio das próprias Forças Armadas? De recomposição de um setor democrático no seu interior? Alguém poderia retrucar dizendo "Isso é impossível, Milton Temer!". Bem, eu sou capitão-de-mar-e-guerra cassado. E me lembro que na fase final do meu mandato como deputado federal fui convidado a comparecer na posse de um colega meu de turma que iria assumir o comando do Estado Maior das Forças Armadas. Lá estavam a tropa da ativa e os "oficiais de pijama", que é o pessoal da reserva, inclusive havia gente mais antiga, veteranos meus da Escola Naval. Eu, que fui cassado na Marinha, surpreendo-me quando fui escolhido por uma liderança mais antiga, que era da turma superior a minha e meu veterano na Escola, a falar em representação às Forças Armadas. Fiz a saudação ao novo comandante que, ao final da conferência, chamou-me no canto para uma confidência: "Milton Temer, vamos olhar aqui no mapa-múndi onde está hoje o inimigo do Brasil". Eu fiquei calado, na minha, estava olhando já para Moscou, mas Moscou já não era mais o abrigo do "mal". Estávamos em 1998. Aí, ele apontou o dedo, assim, para Washington. Ele meteu o dedo em Washington! E ele era um oficial que fez carreira durante o regime militar.

Por que, ao invés de uma abertura de mentes, a gente vê o recrudescimento hoje nas Forças Armadas de uma posição absolutamente reacionária, protetora dos torturadores? Porque objetivamente o papel do governo popular e democrático em relação às Forças Armadas foi mantê-las no papel que elas já exerciam durante os governos conservadores anteriores. Tudo isso dentro dessa lógica do doutor Luiz Inácio Lula da Silva, o sindicalista da escola norte-americana, de conciliar a política de baixo com a perspectiva de não incomodar os de cima, os portadores do grande capital.

Levando em conta tudo o que poderia ser distinto caso Lula não tivesse seguido seus bizarros atalhos conciliadores, e imaginando o que poderia estar ocorrendo em nosso país, é que não tenho receio de afirmar, já que o PCB deixa sem resposta o dilema que propõe: não acredito na transformação revolucionária brasileira fora da via eleitoral. E não acredito na transformação qualitativa da realidade brasileira fora da eleição de um presidente da República que, chegando ao cargo na crista de um movimento social ascendente, como foi o caso do Lula, não traia o programa e exerça, como fez, por exemplo, Rafael Correa no Equador, como fez Evo Morales na Bolívia, como fez Chávez na Venezuela e, por incrível que pareça, sem ter nenhum vínculo histórico com a esquerda revolucionária, como até Cristina Kirchner fez enfrentando o grande capital na Argentina, um mandato de perspectivas reformistas qualitativas. Quando a gente olha só a questão da formulação, da composição, a gente esquece do peso que existe nas instituições republicanas organizadas tais como elas são. O Executivo, o poder do presidente da República, dentro da nossa realidade, é algo absolutamente incontrolável. Principalmente depois que a Constituição, encaminhada inicialmente para um regime parlamentarista, terminou como regime presidencialista, criando instrumentos para o regime parlamentarista, tais como as medidas provisórias, sem os freios correspondentes de uma hegemonia do Parlamento.

Então nós temos um Presidente da República que determina ritmo. E o Congresso Nacional não pode interferir no fundamental das instituições orçamentárias, não pode, por exemplo, definir qual é percentual do PIB a ser aplicado para o pagamento de algum serviço da dívida. Porque se criou outra "mutreta" mais grave que é o seguinte: vocês, parlamentares, têm direito de fazer emenda, naquilo que se chama emendas individuais. Tais emendas individuais de bancadas são a grossa picaretagem, cujo fim foi recomendado lá naquela Comissão Parlamentar de Inquérito (CPI) dos anões.

Para os mais jovens, que podem não saber e que não viveram a a CPI dos Anões do Orçamento, recordo que ela começou o processo que pôs a nu a corrupção no governo Collor, resultando em sua queda. Foi quando se formalizou que as emendas individuais ao Orçamento funcionavam como espaço da corrupção total. Ou seja, a venda do voto pela troca de favores e a privatização do público pela bandalheira. Hoje, um parlamentar não pode fazer uma discussão sobre prioridades do Executivo, tais como superávit e limites de pagamento de serviços da dívida pública. Eu, particularmente, como deputado, sabia que era inconstitucional, mas apresentava emenda ao Orçamento exatamente nessa área dita inconstitucional. E não adiantava nada. Sequer era acatada. Mas eu fazia, está lá registrado. Como fiz como deputado pedindo o impeachment do Fernando Henrique Cardoso, não teve notícia, passou pelas conduções, chegou na plenária e teve cem votos, ponto.

Hoje, objetivamente, a discussão em torno da política, para mim, assume patamares mais simples do que os discutidos neste seminário. Porque se for pela perspectiva de discutir o processo revolucionário através da organização da sociedade civil, pergunto: como a sociedade civil se organiza? Como ela rompe a fragmentação, o corporativismo que marca, inclusive, a ação dos movimentos, e a fragmentação que é inerente aos movimentos? Hoje não são raros movimentos que acolhem tanto as pessoas que querem a revolução como as que a rejeitam, que só desejam resolver o seu problema profissional. Como é que se faz uma fusão disso se não for pela ação partidária? E essa ação partidária, como é que ela pode se exercer a ponto de fazer a transformação?

Diante dessas questões alguém poderia sustentar que nunca teremos uma composição de forças que nos permita chegar lá. O que é verdade, se considerarmos o Congresso, mas não o é se levarmos em conta a campanha presidencial. Disse isso ainda como deputado, quando no debate que participei com Luiz Werneck Vianna e Chico de Oliveira lá no Instituto Universitário de Pesquisas do Rio de Janeiro (IUPERJ), onde estava presente o Lula. Disse a ele: "olha, nós temos que nos organizar", isso em 2001, "porque você vai se eleger presidente e você vai ter um Congresso de direita". Por que isso? Porque a relação do cidadão brasileiro com a instituição republicana é a seguinte: "Eu elejo o modelo de sociedade na eleição majoritária. Ali, eu me defino ideologicamente, mas no Parlamento eu voto no amigo do meu amigo, voto no meu vizinho, voto no que acomoda". E aí termina no voto conservador. Não são apenas os votos dos grotões, dos coronéis.

Se vocês olharem a bancada do Rio de Janeiro, terão vergonha de se dizerem representados por essa bancada. Tirando três nomes dos 46, ali todo mundo é suspeito a priori. Não é suspeito a priori só no varejo; o é por estar lá a serviço dos grandes capitais e legislar a favor deles contra os interesses da classe trabalhadora. A corrupção no varejo é o de menos. O que é pior é a privatização do Estado e do que é público promovida pelos parlamentares. É a cobertura para isenção tributária em benefício do grande capital, do especulador que pode enviar os lucros do seu dividendo ao exterior sem um tributo. Aliás, quem concedeu autonomia ao Banco Central foi Francisco Dorneles, da bancada do Rio de Janeiro, que, não à toa, foi eleito e reeleito em várias legislaturas. Quando nós discutíamos lá atrás, nos anos 1990, a reforma tributária, ele defendia que nenhum sonegador poderia ser punido antes de terminar o processo judicial. Está lá para isso. E provavelmente será eleito para algo de expressão de novo, porque não lhe falta botox para manter a aparência de uma face nova.

O que gostaria de refletir de maneira muito concreta é o que pode ser sinergético entre a via eleitoral e a mobilização e a organização da sociedade civil para impedir que se repita o que lamentavelmente aconteceu nas manifestações de junho de 2013, quando tive problemas seríssimos dentro do meu partido. Nessa ocasião, no meu partido, Partido Socialismo e Liberdade (PSOL), que tem uma grande corrente de juventude, a tendência natural e imediata foi a de não "aparelhar a manifestação", o que conduziu à decisão de ir as manifestações sem a camisa e a bandeira do partido. Resisti e quando fui à primeira manifestação, como para todas que participei, levei a bandeira e a camisa do meu partido. E não há nada que justifique o "Abaixa a bandeira!". E, no entanto, debateu-se que o PSOL não podia ir com a camisa ou com a bandeira e, não raro, no movimento estudantil e no movimento organizador dessas manifestações, muitos militantes do PSOL sequer vestiam a camisa.

Também o PCB vivenciou esses problemas nas primeiras manifestações de 2013 que expressavam o movimentismo que tem uma lógica hegemônica que, no meu modo de ver, é perigosa. Porque uma coisa é organização da sociedade civil; outra é a transformação das manifestações e explosões sociais, que eventualmente ocorram, em processos revolucionários. Claro que há nas manifestações de junho uma acumulação de forças. Mas para quê? Com que objetivo? Em que direção? Contra quem? E quero saber qual o trabalho científico de pesquisa que me garanta que tenha um eixo de luta anticapitalista nelas. No máximo, apareceu na greve dos professores, porque já estava politizada, embora no início tenha sido muito problemático.

Estive presente no congresso do *Parti de Gauche*, da França, e fiquei surpreendido lá de como se falava em republicanismo revolucionário. Reivindicava-se o republicanismo revolucionário porque se tratava de um processo visando o fim do capitalismo através do sufrágio universal para, a partir daí, consolidar uma hegemonia na luta pela socialização da política e de se fazer a disputa por ela através do controle democrático do aparelho do Estado.

Como, aliás, fez o bravo Olívio Dutra, quando prefeito de Porto Alegre e eleito com ampla minoria na Câmara dos Vereadores que era absolutamente reacionária. Ele foi para o orçamento participativo, criou as assembleias locais e com isso pressionou a Câmara de Vereadores de fora para dentro. Os vereadores tiveram que votar o orçamento participativo porque senão estariam votando contra os seus eleitores. Uma coisa é o vereador pregar e fazer pirraça contra o orçamento enviado pelo executivo. Outra é ele fazer isso quando o orçamento é tirado democraticamente na disputa com a sociedade. Foi o que Olívio Dutra fez, mostrando que é possível. Se Luiz Inácio tivesse assumido essa posição nós teríamos um avanço muito grande.

O republicanismo revolucionário reivindicado pelo *Parti de Gauche* não se fundamenta na Revolução Bolchevique, mas na Revolução Francesa, que instituiu o sufrágio universal. Para entendê-lo dei-me ao trabalho de ler Robespierre, esquecido por todo mundo. Embora seja difícil encontrar no Brasil livros que mostrem as formulações, os discursos, as propostas e a batalha da Revolução Francesa no debate conduzido por Robespierre, há uma publicação acessível que se intitula *Discursos e Relatórios na Convenção.*[4]

Citarei alguns trechos que selecionei que demonstram como a luta parlamentar tem seu sentido; como se construiu a Revolução Francesa até que a contrarrevolução termidoriana veio derrubar aquilo.

Antes de Marx, d´*O capital*, quando não havia formulação sobre a sociedade de classes, Robespierre já discutia naquela ocasião a questão do bem comum, a propriedade privada e seus limites, a liberdade de comércio, a propriedade legítima e as situações nas quais o rei pode ser julgado. Como todos sabem, Robespierre abominava a pena de morte, mas seu parecer era decisivo – e divulgado na tribuna da Convenção por Saint-Just – quando da traição do rei que conspirava em alianças com soberanos vizinhos e tentava fugir para se unir com outros reis europeus para um ataque de fora para dentro contra a Revolução.

E quando se dizia algo como: mas ele não foi submetido ao julgamento, não pode ser condenado à morte sem julgamento; Robespierre e Saint-Just, que eram dois apóstolos da proibição da pena de morte nos julgamentos penais, não hesitaram em defender que não se tratava de uma pessoa, mas

---

4 *Maximilien de Robespierre: discursos e relatórios na Convenção.* Tradução de Maria Helena Franco Martins. Apresentação de João Batista Natali. Rio de Janeiro: Contraponto, 2000.

da definição de um regime. Pensavam que se houvesse o julgamento do rei e se ele fosse absolvido, a Revolução estaria posta em causa. Por isso disseram que para que a Revolução acontecesse era fundamental que o rei morresse! Porque isso era a afirmação da vitória da Revolução sobre o *Ancien Régime*. Os dois juntos, simultaneamente, impossível.

A reflexão de Robespierre vai mais adiante quando reivindicava imposto progressivo, controle social direto sobre parlamentares, crise de representatividade e poder revogatório, imunidade parlamentar, e qual o limite disso não só no Parlamento, mas na magistratura: salário parlamentar e voto aberto contra o voto secreto. Temas que estão sendo discutidos hoje no Brasil aqui no Congresso, em termos mais limitados dos que os do debate de 1792 e que remontam ao âmago de uma Revolução que é marcante para todos nós.

Há, ainda nesse livro, um discurso do Robespierre que me toca porque ele coloca o problema da questão do poder da mídia a serviço do grande capital. Quando Lafayette – herói francês da Independência norte-americana – começa a se bandear para os girondinos, ele afirmou que não temia Lafayette pelo poder de suas tropas, mas pela intimidade que ele mantinha com os tribunos dos jornais.

Voltemos ao Brasil e aos tempos atuais. Alguém imagina que se coloque o processo insurrecional na ordem do dia em espaço de tempo visível em nosso horizonte existencial? Em nosso tempo histórico? Difícil imaginar. Recentemente, onde e quando se falou em alternativa socialista para a transformação da sociedade brasileira de forma ampla, para o conjunto da população, e não limitada às salas de ouvidos privilegiados pela informação? Que me ocorra, nas campanhas de Lula e de Heloísa Helena.

A esquerda tem que fazer a disputa no campo da miséria e da profunda alienação que foram impostas a uma grande parte da população pelo capital e as classes dominantes brasileiras ao longo do nosso desenvolvimento histórico. Esse campo permite que em cada campanha presidencial possamos discutir um projeto alternativo de sociedade – ainda que a curto prazo o fenômeno Lula e a esperança interrompida por equívoco em Heloísa Helena contribuam para retardar essa discussão. Mas vai custar menos tempo do que a proposição de um processo insurrecional por setores da sociedade! E, objetivamente, se nós temos a possibilidade de fazer isso, creio que essa alternativa não entra em choque com as lutas sociais. Negá-la também não ajuda o processo revolucionário. Pelo contrário, como é que a gente faz a sinergia entre a via eleitoral, o sufrágio universal e os movimentos sociais? Usando as campanhas eleitorais inclusive para o grande esclarecimento. Eu só sou a favor do voto obrigatório exatamente porque obriga determinadas pessoas em determinado momento da vida, pelo menos de quatro em quatro anos, a acender a lanterna para ouvir em quem vai votar, porque vai votar. Assim se disseminam as campanhas presidenciais.

A esquerda não pode abandonar absolutamente tudo que represente a política institucional, como vimos nas chamadas "revoluções árabes" e os protestos do M15 na Espanha. Aliás, o M15 na Espanha já está entrando em contato com a Unidade de Esquerda Espanhola para discutir o processo eleitoral que vem por aí; eles, que eram absolutamente contrários a qualquer discussão sobre a questão eleitoral, já estão aceitando esse debate.

É fundamental que os partidos de esquerda enfrentem a luta política institucional, não se acomodem diante dela e nem a entreguem à hegemonia da classe dominante, porque para eles é ótimo. Devemos perguntar para que e a quem serve o voto nulo. Quem delibera no contexto político atual não é o movimento da rua. A pressão da rua muda a deliberação, mas devemos ter clareza dos limites das suas conquistas. As manifestações de junho, excetuando a questão das passagens, uma conquista localizada, não mudaram a essência e a estrutura de nada que está aí.

Está na hora de a gente mudar isso como partido político. E partir para o embate político, ir para as plenárias e para as assembleias marcando a posição de partido. E juntando as duas perspectivas de luta, a parlamentar e a mobilização de rua.

A esquerda tem que ter candidatura, no meu modo de ver, própria, unitária, entre os partidos revolucionários. E tem que ter uma campanha presidencial ofensiva. Porque esse espaço nos permitirá fazer a denúncia que nenhum outro partido fará. Então, terminaria por aqui dizendo que essa é a lógica que tirei do que Carlos Nelson Coutinho escreveu sobre a sua formulação de reformismo revolucionário: o socialismo não começa do zero, se inicia da forma em que se desconstrói o capitalismo. É aí que se abre caminho para o socialismo. Logo, a tarefa fundamental – de acordo não só com Gramsci, mas também Lênin – é essa desconstrução do capitalismo, com a formação das frentes necessárias para isso, para o enfraquecimento e a divisão dos adversários, para que se estabeleça uma hegemonia de transformação qualitativa e revolucionária para o fim do capitalismo, a única saída de sobrevivência para o gênero humano.

# A influência de Carlos Nelson Coutinho na análise da política educacional brasileira

LÚCIA MARIA WANDERLEY NEVES

O presente texto objetiva registrar alguns elementos do diálogo entre a obra de Carlos Nelson Coutinho (CNC) e a produção acadêmica do grupo de pesquisa Coletivo de Estudos de Política Educacional (Coletivo), iniciada de modo sistemático no ano de 2000 sob a minha coordenação.[1] Antes mesmo da criação desse grupo, o diálogo entre o pensamento de CNC e a abordagem teórico-metodológica na análise da política educacional brasileira contemporânea se originou com a discussão sistemática de suas ideias nas aulas no curso de Doutorado em Educação da Universidade Federal do Rio de Janeiro (UFRJ) e na orientação da tese de doutorado de minha autoria,[2] defendida nesse curso ainda em dezembro de 1991. Esse diálogo se estendeu na formação de mestres e doutores no Programa de Pós-Graduação da Universidade Federal Fluminense (UFF), na elaboração de inúmeras dissertações

---

1 Atualmente, o Coletivo localiza-se na UFJF sob a coordenação de André Silva Martins, atual diretor da Faculdade de Educação daquela universidade.

2 Fui a primeira orientanda de doutorado de CNC, e, coincidentemente, Marcelo Paula de Melo, membro do Coletivo, foi o último orientando de doutorado dele, em Serviço Social, com tese defendida em 19/09/2011, na Escola de Serviço Social da UFRJ. A minha tese, intitulada *A hora e a vez da escola pública? Um estudo sobre os determinantes da política educacional no Brasil de hoje*, foi publicada, em versão reduzida para livro, pela Cortez Editora na Coleção Questões de Nossa Época, sob o título *Educação e política no Brasil de hoje*, com apresentação de CNC. A de Marcelo, intitulada *Esporte e dominação burguesa no século XXI: a agenda dos organismos internacionais e sua incidência nas políticas públicas de esportes no Brasil de hoje*, se encontra no prelo, para ser publicada em forma de livro.

e teses, boa parte delas publicadas por editoras universitárias e privadas, e, posteriormente, na própria produção do grupo.[3]

Com o propósito de produzir conhecimento para a ação política das classes trabalhadoras, o Coletivo conta atualmente com quatro núcleos de pesquisa (Alagoas, Campina Grande, Rio de Janeiro e Juiz de Fora), localizados em universidades federais. Integram o grupo quatorze docentes doutores e dois pesquisadores doutores de instituições federais (além de oito mestres, mestrandos e doutorandos) que, em suas salas de aula e também nas orientações de dissertações e teses, socializam as ideias de CNC.

A influência do pensamento político de CNC na área de Política Educacional se amplia se considerarmos também a atuação dos oito docentes de universidades públicas que participaram, em algum momento, da produção do conhecimento no âmbito do Coletivo ao longo dos 14 anos de sua existência. Essa influência se estende ainda mais se levarmos em conta o número de leitores dos artigos, relatórios de pesquisa, trabalhos apresentados em congressos, publicados pelos integrantes do grupo, como parte de suas atividades regulares como docentes e pesquisadores.[4]

---

3 O Coletivo publicou até o momento três livros de pesquisa coletiva: *O empresariamento da Educação. Novos contornos do Ensino Superior no Brasil dos anos 1990*, Xamã, 2002; *A nova pedagogia da hegemonia. Estratégias do capital para educar o consenso*, Xamã, 2005, com prefácio de CNC – este livro foi também publicado na Argentina, pela Mino y Dá Vila Editores, em 2009 –; e *Direita para o social e esquerda para o capital. Intelectuais da nova pedagogia da hegemonia no Brasil*, Xamã, 2010. E duas coletâneas: *Reforma universitária do governo Lula. Reflexões para o debate*, Xamã, 2004, e *Educação superior: uma reforma em processo*, Xamã, 2006.

4 A difusão das ideias de CNC, por intermédio do Coletivo, atinge mais diretamente as seguintes instituições: Universidade Federal de Goiás, Universidade Federal de Campina Grande, Universidade Federal de Pernambuco, Universidade Federal Fluminense, Universidade Federal do Rio de Janeiro, Universidade Estadual do Rio de Janeiro, Universidade Federal Rural do Rio de Janeiro e Fundação Oswaldo Cruz.

## Principais influências de Carlos Nelson Coutinho na produção científica do Coletivo de Estudos de Política Educacional

É comum, nas análises sobre a participação de CNC na renovação do marxismo, o destaque dado às suas contribuições como militante de esquerda, comunista e pensador político. Antes de apresentar alguns dos elementos da obra desse baiano que nada teve de preguiçoso porque foi um dos mais produtivos de uma geração de intelectuais influentes no debate da política educacional brasileira contemporânea, gostaria de acrescentar a essas dimensões, enfaticamente realçadas por analistas de sua obra e de sua trajetória de vida, duas outras também muito importantes: a de professor, editor e crítico literário. Como professor, CNC tinha uma didática muito peculiar que espelhava a sua concepção de mundo e sua prática como intelectual. Nada muito rebuscado, mas muito pertinente. Ela se norteava por dois princípios básicos: competência técnica e simplicidade. Coutinho seguia disciplinadamente um plano de curso e dividia seu horário de aula em dois momentos complementares: um de exposição quando, com a clareza de quem domina o conteúdo da matéria que ensinava, realçava os pontos chaves da exposição; e um de discussão, no qual estava sempre pronto para ouvir com seriedade as dúvidas e reflexões de seus alunos, um traço que ele mesmo não tinha consciência[5] e que era fundamental na sua relação professor-aluno. Para ele, o mais importante era entender o sentido da pergunta do aluno para poder ajudar na elucidação de questões. Suas respostas não eram um exercício estéril de erudição, tão comum na prática universitária. Ele não precisava demonstrar que sabia. Ele sabia que sabia. Democraticamente, com muita naturalidade, oferecia elementos fundamentais para contribuir com a construção singular e/ou coletiva do conhecimento.

Essa simplicidade que era captada na sua maneira de ensinar se reproduzia na sua maneira de escrever. Além de serem um exercício de construção de pensamento exemplar, seus textos têm uma forma "saborosa" de comunicação com o leitor. Certa vez, indiquei a um aluno do Mestrado em Educação

---

5 Como professora de Didática e Prática de Ensino, conversava com ele sobre o seu método de ensino, e ele demonstrava que não havia um planejamento específico para sua conduta em sala de aula.

da Universidade Federal de Pernambuco, que estava com muita dificuldade para entender aspectos da teoria de Estado, o seu livro *Dualidade de poderes: Estado, revolução e democracia na teoria marxista* (1987). Dias depois, encontrei o aluno contente, que se saiu com esta afirmação: "CNC escreve em brasileiro". Creio que esse exemplo se presta brilhantemente para ilustrar minha observação quanto ao conteúdo e à forma de sua escrita. Além disso, poucas pessoas conheci que se expressassem como ele, da mesma maneira, falando ou escrevendo. Ao ouvir qualquer intervenção sua no debate nacional, o ouvinte se remetia imediatamente a trechos dos seus livros, e vice-versa. Ao ler algum trecho de seus escritos, o leitor imediatamente se reportava a alguma fala sua.

De um modo muito abrangente, três dos princípios norteadores da obra de CNC influenciam, de modo decisivo, as reflexões e as práticas do Coletivo: o seu compromisso com a atualização do marxismo; a sua filiação a Antonio Gramsci, mas não só, à tradição humanista e historicista do marxismo, e a ênfase no consenso e na hegemonia como formas de dominação política de classe nas sociedades ocidentais ou em processo de ocidentalização.

O primeiro princípio encontra-se explicitado, de forma cristalina, pelo próprio CNC, na contracapa do livro *Intervenções: o marxismo na batalha das ideias*[6], da seguinte maneira:

> A essência do método de Marx é o revisionismo. Afinal, o que é o método de Marx? É a fidelidade ao movimento do real. E o que é o real? É uma permanente dialética de conservação e renovação: usando uma bela expressão do jovem Lukács. O real é o jorrar incessante do novo. Portanto, se não renovo minhas categorias, se não as reviso para poder conceituar o real em seu incessante devir, sou infiel ao marxismo, ao método histórico-dialético de Marx. Seria absurdo imaginar que o mundo de hoje é igual àquele em que Marx viveu, há bem mais de um século atrás. (...) Há várias afirmações de Marx que não mais correspondem ao real. Decerto, para entender o capitalismo de hoje, é preciso passar *necessariamente* por *O capital* de Marx: mas o que se lê neste livro magistral não é *suficiente* para entender plenamente nossa época. Disse em outro lugar e repito agora: para não sermos animais em extinção, os marxistas temos de ser animais em mutação[7].

6 *Intervenções*: o marxismo na batalha das ideias. São Paulo, Cortez, 2006.

7 C. N. Coutinho, op. cit., *Intervenções*..

O segundo princípio a relação do marxismo com a questão democrática – tema de um ensaio de L. Konder[8], perpassa a quase totalidade de seus escritos. Ao tratar da democracia, CNC ressalta a existência de duas ordens distintas e concomitantes de contradição na dinâmica do capitalismo contemporâneo: "a contradição entre o caráter social do trabalho (ou socialização das forças produtivas) e a apropriação individual ou privada dos frutos desse trabalho social (...) e a contradição entre [a] socialização da participação política e a apropriação privada ou individual (ou grupista) dos aparelhos de poder"[9]. Para ele, e para o Coletivo também, a socialização do trabalho e a socialização da política, organicamente vinculadas, devem ser consideradas como dialeticamente constitutivas da dinâmica societal, tanto na análise histórica das várias dimensões do ser social quanto na elaboração de estratégias da luta de classes nas formações sociais capitalistas contemporâneas. Para CNC, e também para o Coletivo,

> Superar a alienação econômica é condição necessária, mas não suficiente, para a realização integral das potencialidades abertas pela crescente socialização do homem. Essa realização implica também o fim da *alienação política*, o que, no limite, torna-se realidade mediante a reabsorção dos aparelhos estatais pela sociedade que os produziu e da qual eles se alienam[10].

Subjaz ao terceiro princípio sua insistente recorrência ao conceito gramsciano de Estado ampliado. Ele se utiliza desse conceito para explicar o fenômeno da socialização da política[11] das sociedades capitalistas nos anos finais do século XIX e iniciais do século XXI, nos seguintes termos:

---

8 Vale ressaltar que essas ideias já haviam sido publicadas em 1983, em meio às lutas pela redemocratização do país, cujo carro-chefe era, naquele momento, a campanha Diretas Já, em L. Konder et al, *Por que Marx?* Rio de Janeiro: Graal, 1983, p. 63-78.

9 C. N. Coutinho, *A dualidade de poderes. Estado, revolução e democracia na teoria marxista*. 2. ed. São Paulo: Brasiliense, 1987, p. 92.

10 C. N. Coutinho, *Democracia e socialismo*. São Paulo: Cortez, 1992, p. 27.

11 Para CNC e também para o Coletivo, a socialização da política necessariamente implica "ampliação do número de pessoas e grupos empenhados organicamente na defesa de seus interesses" (Coutinho, op. cit., *Democracia e socialismo*, p. 23). O conteúdo e a forma dessa socialização são redefinidos historicamente por intermédio da atuação de uma complexa rede de organizações coletivas, de sujeitos políticos coletivos (Coutinho, op. cit., *A dualidade de poderes*), que traduzem o estágio de desenvolvimento da luta de classes em cada formação social concreta.

a esfera política se amplia além do âmbito do Estado em sentido estrito, ou seja, das burocracias ligadas aos aparelhos executivos e repressivos. Ao lado do Estado, surge o que Gramsci chamou de "sociedade civil", ou seja, o conjunto dos aparelhos privados de hegemonia (...) nela incluindo a esfera da hegemonia e do consenso (...) precisamente para dar conta dos novos fenômenos que a democracia introduz na vida social[12].

Como arena de luta de classes, o conceito gramsciano de sociedade civil foi, sem dúvida, para CNC um dos conceitos chaves para analisar os processos de alargamento da democracia no país, nos anos de abertura política, e de redirecionamento das práticas democráticas em nossa sociedade, nos anos de neoliberalismo. Analisando os anos de abertura política, ele evidencia com lucidez a complexidade da nossa forma de fazer política naquele período.

Essa socialização da política, de resto, não se restringiu à classe operária: outros grupos e camadas sociais também passaram a se organizar, como o atesta a expansão do associativismo entre os setores médios assalariados e os camponeses. Até mesmo a burguesia viu-se obrigada a criar organismos coletivos fora do Estado, a fim de competir com associações operárias e populares; também ela cria (ou hegemoniza) partidos de massa, agremiações classistas, entidades culturais etc[13].

Atento às interpretações maniqueístas de algumas análises recentes sobre a estrutura e a dinâmica da sociedade civil em nosso país, CNC nos brinda com uma bela reflexão sobre a natureza de sua dinâmica.

Está difundida entre nós uma leitura liberal do conceito de sociedade civil (rebatizada frequentemente como 'terceiro setor'), segundo a qual tudo o que vem da sociedade civil é bom, enquanto tudo o que vem do Estado é ruim. Trata-se de uma visão equivocada, que nada tem a ver com o conceito gramsciano de sociedade civil. Por um lado, **pode haver uma sociedade civil hegemonizada pela direita**; por outro, não é possível promover transformações sociais significativas sem a ação de um Estado controlado pelas forças populares[14].

---

12 Coutinho, op. cit., *A dualidade de poderes*, p. 96.

13 Coutinho, op. cit., *Democracia e Soclismo*, p. 24.

14 C. N. Coutinho (org), *O leitor de Gramsci*. Rio de janeiro: Civilização Brasileira, 2011, p. 195. Grifos meus.

Ao admitir a possibilidade de consolidação da hegemonia burguesa com base em sua atuação orgânica na sociedade civil, CNC acabou por fornecer ao Coletivo o estímulo necessário para continuar se dedicando ao estudo das novas formas de dominação cultural e política da burguesia no neoliberalismo, especialmente após a redefinição das práticas de legitimação social, direcionadas para a colaboração social: a forma neoliberal de educação política.

Na perspectiva de explicar a ampliação do Estado e as novas formas de dominação de classe no Brasil, CNC nos oferece ainda uma excelente ferramenta de análise política do Brasil contemporâneo. Acatando os conceitos políticos gramscianos de oriente e ocidente, utilizados para indicar os modos de fazer política nas formações sociais urbano-industriais mais desenvolvidas nos primórdios do capitalismo monopolista, CNC salientou, de modo agudo, o caráter processual dessa construção teórica, ampliando, desse modo, o uso desses conceitos para o entendimento das formações sociais de capitalismo tardio ou hipertardio. Com isso, contribuiu significativamente para a compreensão da dinâmica das relações de poder na formação social brasileira.

A ideia de processo de ocidentalização é ressaltada por CNC em diferentes trabalhos, mas pode ser apreendida em sua totalidade na seguinte observação:

> Com efeito, os conceitos de "Oriente" e "Ocidente" não são conceitos estáticos, apenas sincrônicos, definindo duas zonas do mundo: Gramsci toma consciência de que o fortalecimento da "sociedade civil" e o consequente surgimento de uma estrutura social e estatal complexa são processos históricos, diacrônicos, que se desenvolvem no tempo. Isso significa que regiões ou países específicos, que num primeiro momento apresentavam formas sociais essencialmente "orientais" podem evoluir no sentido de se tornarem "ocidentais"[15].

Discutindo com CNC as construções teórico-metodológicas da introdução do livro *A nova pedagogia da hegemonia*[16], ele observou que, em geral, concordava com os nossos enunciados, mas fez duas ressalvas: a primeira dizia respeito exatamente a essa questão. Nós não havíamos percebido até

---

[15] C. N. Coutinho,op. cit., *De Rousseau a Gramsci*, p. 63.

[16] L. M. W. Neves (org.), *A nova pedagogia da hegemonia*: estratégias do capital para educar o consenso. São Paulo: Xamã, 2005.

então essa importante ênfase no processo de construção da ocidentalização em nosso país, o que nos levou a reescrever passagens do texto final da introdução. A segunda era sobre o uso da expressão *pedagogia da hegemonia*; não que ele não concordasse com o conceito formulado pelo grupo, mas porque não era sonoramente confortável. Mantivemos a expressão e, logo depois, com simplicidade e honestidade, como era de seu feitio, ele reconsiderou a observação feita anteriormente, concordando com a nossa escolha.

Por se constituir em um grupo de pesquisa na área de Educação, o Coletivo faz uso de duas ferramentas teóricas gramscianas, empregadas por CNC para explicar as práticas estatais para a consolidação da hegemonia do bloco de poder no Brasil recente: o conceito de Estado educador e o de conformismo social. Tais reflexões levaram o grupo a ampliar seu entendimento quanto ao fenômeno educacional, incluindo nas suas análises, concomitantemente, as estratégias de **educação política** das classes dominantes para tornar sua hegemonia eficaz e, ao mesmo tempo, as estratégias de **educação escolar** que enfatizam a conformação técnica e ético-política das gerações atuais e futuras ao padrão de sociabilidade das classes dominantes e de seus aliados. Dessa influência resultaram suas duas linhas de pesquisa e também a escolha da expressão "pedagogia da hegemonia" para caracterizar as estratégias consensuais de dominação de classe.

Outros aspectos do pensamento de CNC foram, ainda, decisivos para o desenvolvimento das análises do Coletivo: a sua compreensão da mudança na natureza do intervencionismo estatal no capitalismo neoliberal e o surgimento no mundo e no país do "americanalhamento" da cultura e da política e sua nítida percepção de que não há entre nós no plano da luta eleitoral uma disputa de projeto de sociedade, mas apenas mudanças na orientação do projeto hegemônico, movidas por pequenas alterações no bloco histórico no poder, por necessidades de atualização do próprio projeto hegemônico nacional e internacional e, também, pelas resistências ao ideário e práticas desse projeto.

Contrariando um ponto de vista, bastante difundido no Brasil dos anos 1990, de que o intervencionismo estatal havia cedido lugar ao livre mercado, CNC assegurava que, nessa nova fase do desenvolvimento do capitalismo monopolista, o intervencionismo continuava a existir, mas um intervencionismo de novo tipo, como evidencia a afirmação a seguir:

> Mas atenção: dizer que o Estado deixou de ser intervencionista é, evidentemente, um mito liberal. Esta intervenção, na maioria dos casos, deixou de se dar **diretamente** por meio do emprego de empresas produtivas públicas. Mas o Estado evidentemente continua regulando, por meio de políticas ditadas sobretudo pelo Banco Central, as grandes linhas da economia brasileira. A economia Capitalista não pode subsistir sem a intervenção do Estado; nesse sentido, o que desapareceu foi um tipo de intervencionismo, não intervencionismo em geral[17].

O Coletivo, tomando por referência essa maneira de explicar o intervencionismo econômico estatal, estende o intervencionismo estatal às novas práticas de legitimação social, constatando que estava em curso o desenvolvimento de estratégias de uma *nova* pedagogia da hegemonia,[18] que contribuem para redefinir o modo de pensar, sentir e agir da maioria da população e, de modo específico, para redefinir os novos modos de fazer política.

A americanização da cultura e da política, ideia que também nos ajudou a compreender a natureza da nova pedagogia da hegemonia, aparece nas reflexões de CNC desde os anos iniciais do neoliberalismo no Brasil. Analisando a transição política brasileira a partir de 1985, CNC visualizava, no Brasil daquele momento, a existência de dois modelos principais de estruturação do poder e de representação de interesses: o *liberal-corporativo* e o de *democracia de massas* , projetos que não apareciam "explicitados de modo claro e sistemático no plano do discurso", mas constituíam, contudo, "o eixo de ação política dos dois blocos sociais e políticos que [buscavam] se estruturar e conquistar hegemonia na arena política brasileira"[19].

---

17 C. N. Coutinho, O Estado brasileiro: gênese, crise, alternativas. In EPSJV; Lateps (Org.). *Debates e síntese do Seminário Fundamentos da Educação Escolar do Brasil Contemporâneo*. Rio de Janeiro: EPSJV, 2007, p. 117. Grifos meus.

18 Para o Coletivo, a nova pedagogia da hegemonia é uma construção teórica que procura explicar as ações da burguesia para assegurar a dominação e a exploração de classes na atual fase do capitalismo por meios educativos positivos. Ela viabiliza os processos de repolitização da política por intermédio de ações concretas com vistas a redefinir cultural e politicamente as referências de participação política (A. S. Martins; L. M. W. NEVES, A nova pedagogia da hegemonia e a formação/atuação de seus intelectuais orgânicos. In: NEVES (org.), *Direita para o social e esquerda para o capital: intelectuais da nova pedagogia da hegemonia*. São Paulo: Xamã, 2010.

19 C. N. Coutinho, op. cit., *Democracia e Socialismo*, p. 56.

Entretanto, com a consolidação do projeto neoliberal entre nós, no decorrer dos anos 1990 e na primeira década dos anos 2000, CNC percebe e explicita que um desses projetos, o democrático de massas, foi perdendo força política, e o liberal-corporativo, ou neoliberal, inversamente, foi se constituindo em quase "modelo único" de estruturação de poder.

Merecem destaque, em relação à estruturação das relações de poder no neoliberalismo, as observações de CNC quanto à nova dinâmica da sociedade civil. Neoliberalismo não significa para ele imobilismo político; pelo contrário, significa um dinamismo redirecionado para a conservação. Nesse sentido, ele argumentou:

> Antes de qualquer coisa, cabe reconhecer que seus promotores reconhecem, e até estimulam, a auto-organização da sociedade civil, mas buscam orientá-la para a defesa de interesses puramente corporativos, privatistas, os quais – regulados pela lógica do mercado e, onde isso não for possível, arbitrados por uma burocracia estatal "racionalizadora" – terminam por reproduzir a ordem capitalista[20].

Seguindo esta linha de raciocínio, o Coletivo conseguiu identificar na conjuntura neoliberal do capitalismo brasileiro um processo de *repolitização da política*, que alicerça a execução das estratégias da nova pedagogia da hegemonia. Contribuíram também para essa constatação as reiteradas observações de CNC sobre o processo mundial de americanização da cultura e da política.

Ainda nos primórdios do neoliberalismo no Brasil, CNC já alertava para a tendência mundial que ele denominou, à época, de "modelo americano" de estruturação política.

> Um outro reflexo – mais grave, porque estrutural – é o fato de que o tradicional "modelo europeu" de estruturação política, que antes chamei de "democracia de massas", começa a ceder lugar *na própria Europa ao "modelo americano" ou liberal corporativo*: (...) Parece assim se consolidar no mundo uma hegemonia neoliberal, como se o "modelo americano" (...) finalmente realizasse o seu sonho expansionista de dominação universal[21].

---

20 Idem, p. 57 e 58.

21 Idem, p. 69 e 70.

A ideia de "americanalhamento" acompanha suas análises ao longo da primeira década dos anos 2000. Embora tivesse a clareza de que a ofensiva neoliberal "encontrou no PT e nos movimentos a ele direta ou indiretamente ligados (CUT, MST, CPT) uma forte resistência"[22], CNC reconheceu com tristeza que essa situação se inverteu com a chegada do PT ao governo federal em 2003. Explicitamente, observou, em 2006:

> Infelizmente, a chegada do PT ao governo federal em 2003, longe de contribuir para minar a hegemonia neoliberal, como todos esperavam, reforçou-a de modo significativo. A adoção pelo governo petista de uma política macroeconômica abertamente neoliberal – a cooptação para essa política de importantes movimentos sociais, ou pelo mesmo, a neutralização da maioria deles – desarmou as resistências do modelo liberal-corporativo e abriu assim caminho para uma maior e mais estável consolidação da hegemonia neoliberal entre nós. (...) Corremos o risco de um "americanalhamento" do nosso sistema político, isto é, a criação de alternativas políticas que não põem em discussão as reais estruturas de poder econômico e político que vigoram na sociedade brasileira[23].

Tais reflexões contribuíram significativamente para que o Coletivo assumisse como pressuposto de suas análises a ideia de que não há no sistema eleitoral brasileiro atual projetos societais em disputa, mas somente pequenas mudanças "na gerência" de um mesmo projeto. Ou seja, uma *esquerda para o capital e uma direita para o social*,[24] que, alternadamente, adaptam o projeto neoliberal de terceira via à especificidade brasileira, alimentando com novos elementos a manutenção de uma "pororoca de um novo mundo".[25]

---

22 C. N. Coutinho, op. cit., O Estado brasileiro: gênese, crise e alternativa, p.193.

23 Idem, p. 193.

24 Inspiraram também a escolha dessa denominação os estudos de doutorado, realizados por Eurelino Coelho (*Uma esquerda para o capital. O transformismo dos grupos dirigentes do PT (1979-1998)*. São Paulo: Xamã, 2012) e André Silva Martins (*A direita para o social. A construção da sociabilidade no Brasil contemporâneo*. Juiz de Fora: EDUFJF, 2009).

25 Pororoca é um fenômeno natural que ocorre na foz do Rio Amazonas e afluentes próximos do litoral, formado pelo encontro das águas oceânicas, decorrentes da elevação das marés, com as águas do rio. Esse encontro produz um grande estrondo e a elevação significativa do nível do rio, provocando alteração das margens e destruição de embarcações e vegetação das regiões ribeirinhas. Pororoca do novo mundo é uma alegoria utilizada pelo Coletivo para simbolizar a mistura de correntes políticas distintas, outrora antagônicas ou mesmo divergentes, para conservar as relações capitalistas neoliberais.

Na obra de CNC, o Coletivo encontrou ainda respaldo para o entendimento do sentido histórico e político da Terceira Via. Diferentemente das interpretações que a associam a uma política passageira do governo Tony Blair na Inglaterra, CNC associa o movimento da Terceira Via às atualizações frequentes das propostas e das práticas social-democratas no decorrer dos séculos XIX e XX, em um movimento de redefinição política que oscilou da esquerda mais remotamente para a direita nos anos mais recentes, e às tentativas de atualização do projeto político neoliberal com vistas à efetivação de um pretenso capitalismo humanizado.

Em entrevista concedida a Dênis de Moraes, em 2004,[26] CNC expôs sua ideia sobre a Terceira Via nos seguintes termos:

> Já a chamada "terceira via" me parece um sintoma de que o neoliberalismo começa a revelar seus limites. Os defensores da "terceira via" são pessoas que aplicam uma política neoliberal, como Massimo Dalema, Tony Blair e Fernando Henrique Cardoso, mas que têm ou tiveram no passado um certo compromisso com valores de esquerda e tentam propor, como se isso fosse possível, um neoliberalismo de rosto humano. Isso, evidentemente, é ideologia no sentido ruim da palavra, ou seja, uma maneira de encobrir políticas que continuam a ser estritamente neoliberais. Não vejo qualquer traço novo na tal "terceira via", que, aliás, praticamente já nasceu morta: agora se fala de "governança progressiva". Lamento que um intelectual importante e comprometido no passado com causas progressistas, como Anthony Giddens, tenha se tornado um dos teóricos desta bobagem que é a "terceira via". A meu ver, trata-se de uma manifestação hipócrita do neoliberalismo. La Rochefoucauld, o grande moralista francês do século XVII, dizia que a hipocrisia é homenagem que o vício presta à virtude. A "terceira via" é isso: uma manifestação hipócrita do neoliberalismo, que sabe muito bem que a virtude está com outro tipo de política. É um fenômeno indicativo de que aquela hegemonia pura e simples no neoliberalismo, aberta e escancarada, já começa a sofrer abalos[27].

---

[26] CNC inseriu a entrevista no seu livro *Intervenções*, op. cit., a qual também foi reproduzida na *Revista Praia Vermelha*.

[27] C. N. Coutinho, op. Cit. Intervenções, p. 112.

As ideias aqui explicitadas, juntamente com aquelas referentes à americanização da cultura e da política, a repolitização da política e a despolitização da sociedade civil nos anos de neoliberalismo, contribuíram para que denominássemos de neoliberalismo da Terceira Via as políticas neoliberais brasileiras implementadas desde 1995, desde a eleição de Fernando Henrique Cardoso para a Presidência da República até os dias atuais, uma vez que as propostas e práticas neoliberais clássicas se mantêm, em seu cerne, acrescidas de elementos de uma social-democracia reconfigurada e metamorfoseada em centro-radical, que Anthony Giddens[28] denomina de governança progressista[29].

Mais recentemente, a influência de CNC fez-se sentir também no desenvolvimento de mais uma pesquisa do nosso grupo, ainda em andamento. Foi sua a observação de que, reportando-se a seu amigo Francisco de Oliveira, o primeiro governo Lula da Silva poderia ser considerado como o terceiro governo FHC. Também foram suas as afirmações sobre a semelhança dos projetos políticos do PT e do PSDB, que estimularam o Coletivo a procurar elementos históricos que pudessem confirmar uma hipótese inicial da existência de três conjunturas no neoliberalismo brasileiro: a primeira, de neoliberalismo "ortodoxo", que se estendeu do debate constitucional da segunda metade dos anos 1980 à eleição de Fernando Henrique Cardoso à Presidência da República; a segunda, que abarcou os dois governos FHC e o primeiro governo Lula; e a terceira, que se iniciou no segundo governo Lula e se estendeu ao governo Dilma Rousseff, quando o Brasil, na condição de BRIC e em meio à crise mundial de 2008, passou a assumir novas atribuições no projeto político hegemônico mundial, e a fração industrial da burguesia brasileira amplia a sua participação no bloco de poder em âmbito nacional. Com isso, o Coletivo, fugindo da tradicional divisão de conjunturas a partir de períodos de governo, situa as metamorfoses do capitalismo neoliberal nas manifestações concretas dos diferentes estágios da luta de classes em nosso país. E, assim, subdivide em dois momentos distintos e complementares a concretização do neoliberalismo de Terceira Via.

---

28 GIDDENS, A. *Para além da esquerda e da direita: o futuro da política radical*. São Paulo: Edunesp, 1996. *A Terceira Via: reflexões sobre o impasse político atual e o futuro da social-democracia*. 4. ed. Rio de Janeiro: Record, 2001. *A Terceira Via e os seus críticos*. São Paulo: Record, 2001b

29 A. S. Martins, *A direita para o social. A construção da sociabilidade no Brasil contemporâneo*. Juiz de Fora: EDUFJF, 2009.

Como educadores, os integrantes do Coletivo vêm dedicando atenção especial à compreensão do papel desempenhado pelos intelectuais brasileiros na consolidação entre nós da hegemonia neoliberal. Quer seja por sua filiação ao marxismo gramsciano, quer seja por sua experiência como tradutor e editor, o papel político desempenhado pelos intelectuais também despertou em CNC interesse especial. Suas reflexões sobre o papel do intelectual no mundo contemporâneo contribuíram ou mesmo reforçaram as análises do nosso grupo sobre a constituição dos intelectuais orgânicos da nova pedagogia da hegemonia.

Coutinho observou que, da mesma forma que mudou a morfologia do trabalho, mudou também a morfologia desses "criadores e propagadores de ideologias" no mundo contemporâneo, salientando a diversidade e o alargamento das funções intelectuais nos dias atuais. E, nesse sentido, reportando-se a Gramsci, observou que existe ainda hoje o grande intelectual, o produtor de concepções de mundo integrais, mas existe também um sem-número de ramificações e mediações, por meio das quais os pequenos e médios intelectuais fazem com que as grandes concepções de mundo cheguem ao povo. Por isso, alertou: na "batalha das ideias, na luta pela hegemonia, devemos (...) estar atentos à produção dos grandes intelectuais, mas também (...) para o modo pelo qual os pequenos e médios intelectuais estabelecem uma relação entre esta produção e o senso comum dos "simples".[30]

Por sua vez, o Coletivo, com o olhar atento para o fenômeno da socialização da política, assim como para o crescimento e a complexificação dos aparelhos privados de hegemonia, para a importância desses organismos culturais e políticos na consolidação da hegemonia neoliberal, e também para a recorrência ao uso sempre mais intenso de estratégias de legitimação social por parte dos aparelhos burocráticos do Estado, atribuiu a todos esses sujeitos políticos coletivos a função de intelectuais orgânicos, ressaltando com isso o caráter também coletivo da ação dos organizadores da cultura no Brasil contemporâneo.

---

[30] C. N. Coutinho, op. cit., *Intervenções*, p. 11.

Em um primeiro momento, houve por parte de CNC um estranhamento em relação a essa ampliação do conceito de intelectual coletivo, embora ele já tivesse estendido anteriormente à mídia o papel de intelectual coletivo.[31] Em meio ao debate, argumentamos que, embora Gramsci não utilizasse explicitamente a expressão intelectual coletivo em relação a esse conjunto amplo de instituições, ele já sinalizava nessa direção, em uma passagem do volume 5 dos *Cadernos do cárcere*, quando registrou que por intelectuais "deve-se entender não só aquelas camadas comumente compreendidas nesta denominação, mas, em geral, todo o estrato social que exerce funções organizativas em sentido *lato*, seja no campo da produção, seja no da cultura e no político-administrativo"[32]. CNC ouviu as ponderações e, meses depois, em um outro momento de discussão, acatou a nossa argumentação.[33]

Os elementos do diálogo entre a obra deste arguto e disciplinado pensador político e o Coletivo aqui sucintamente registrados dimensionam a influência das reflexões de CNC na análise da política educacional brasileira contemporânea e, ao mesmo tempo, testemunham a sua coerência intelectual e moral no desempenho de suas atribuições de intelectual orgânico das classes trabalhadoras. Não foi à toa a sua escolha do trecho a seguir de Antonio Gramsci como epígrafe de suas intervenções, publicadas em 2006, com o propósito de "contribuir para uma análise marxista de importantes problemas teóricos, políticos e culturais do presente, com especial atenção para sua repercussão na batalha das ideias que se trava hoje no Brasil"[34].

---

[31] CNC, reportando-se às formas de cooptação de intelectuais na atualidade, observa: "Eu diria que uma forma perigosa de cooptação dos intelectuais é exercida há já algum tempo, entre nós, pela indústria cultural e pela mídia. Nós poderíamos dizer que a mídia, de certo modo, opera como um intelectual coletivo (...) Na medida em que é controlada e hegemonizada pela classe dominante, a mídia pode ser considerada como um intelectual orgânico coletivo da própria classe dominante, ainda que, em determinadas circunstâncias, essa situação possa sofrer abalos" (Idem, p. 103).

[32] A. Gramsci, *Cadernos do cárcere*. Volume 5. Rio de Janeiro: Civilização Brasileira, 2002, p. 93.

[33] Esse debate transcorreu por ocasião de Exame de Qualificação de Marcelo Paula de Melo, membro do Coletivo, que atribuiu ao Banco Mundial o papel de intelectual formulador e difusor do projeto capitalista mundial. No momento da defesa, CNC, concordando com essa construção, ressaltou somente a dupla característica desse organismo internacional de ser, ao mesmo tempo, um banco e um intelectual.

[34] C. N. Coutinho, op. cit., *Intervenções*, p. 11.

> Criar uma nova cultura não significa apenas fazer individualmente descobertas "originais": significa também, e sobretudo difundir criticamente verdades já descobertas, "socializá-las", por assim dizer; transformá-las, portanto, em base de ações vitais, em elemento de coordenação e de ordem intelectual e moral. O fato de uma multidão de homens ser conduzida a pensar coerentemente e de maneira unitária a realidade presente é um fato "filosófico" bem mais importante e "original" do que a descoberta, por parte de um "gênio" filosófico, de uma nova verdade que permaneça como patrimônio de pequenos grupos intelectuais[35].

CNC teorizava e vivia orientado por esse pensamento. Contribuir para uma análise marxista da realidade educacional brasileira contemporânea e com a socialização do conhecimento para a organização de nova maneira de pensar, sentir e agir na ótica do trabalho tem sido a constante na prática teórico-política do Coletivo. São esses propósitos que nos levaram a um diálogo permanente e profícuo com este importante renovador do marxismo que, de forma militante, vivia "*contra a corrente*".

---

35 A. Gramsci, *Concepção dialética da história*. 9a edição. Rio de Janeiro: Civilização Brasileira, 1991, p. 13 - 14.

BIHR, A. *Da grande noite à alternativa: o movimento operário europeu em crise*. São Paulo: Boitempo, 1999.

BOFFA, G. *Depois de Kruschev*. Rio de Janeiro: Civilização Brasileira, 1967.

BRAGA, R. *A restauração do capital: um estudo sobre a crise contemporânea*. São Paulo: Xamã, 1996.

BRAZ, M. *Partido e revolução. 1848 - 1989*. São Paulo: Expressão Popular, 2011.

BRAZ, M. 'A democracia como valor universal': um clássico da esquerda no Brasil. In BRAZ, M (*org.*). *Carlos Nelson Coutinho e a renovação do marxismo no Brasil*. São Paulo: Expressão Popular, 2012.

CALLINICOS, A. *Contra o post-modernismo*. Santiago de Compostela: Edicións Laiovento, 1995.

COELHO, E. *Uma esquerda para o capital. O transformismo dos grupos dirigentes do PT* (1979-1998). São Paulo: Xamã, 2012.

COUTINHO, C. N. *Voz Operária*, nº 132, 133, 134, 141(1977); 147, 150, 153 (1978); 154, 158 (1979).

______. *A democracia como valor universal*. Notas sobre a questão democrática no Brasil. São Paulo: Livraria Editora Ciências Humanas, 1980.

______. "Questões teóricas e políticas" (exposição e debates). In GARCIA, M.A. *As esquerdas e a democracia*. Rio de Janeiro: Paz e Terra/CEDEC, 1986.

______. *A dualidade de poderes. Estado, revolução e democracia na teoria marxista*. 2. ed. São Paulo: Brasiliense, 1987.

______. A cidadania brasileira do marxista italiano Antonio Gramsci. In: Revista *Teoria e Debate*; nº. 9, janeiro-março, 1990.

______. *Democracia e socialismo*. São Paulo: Cortez, 1992.

______. *Intervenções*: o marxismo na batalha das ideias. São Paulo, Cortez, 2006.

______. O Estado brasileiro: gênese, crise, alternativas. In LIMA, J. C. F.; NEVES, L. M. W. (Orgs.). *Fundamentos da educação escolar do Brasil contemporâneo*. Rio de Janeiro: Editora Fiocruz/EPSJV, 2006.

______. O Estado brasileiro: gênese, crise, alternativas. In EPSJV; Lateps (Org.). *Debates e síntese do Seminário Fundamentos da Educação Escolar do Brasil Contemporâneo*. Rio de Janeiro: EPSJV, 2007.

______. *Contra a corrente: ensaios sobre democracia e socialismo*. São Paulo: Cortez, 2a Edição, 2008.

______. *De Rousseau a Gramsci*. São Paulo: Boitempo, 2011.

______. (org.) *O leitor de Gramsci*. Rio de janeiro: Civilização Brasileira, 2011.

______. Conversa com um marxista convicto e confesso. In BRAZ, M (*org.*). *Carlos Nelson Coutinho e a renovação do marxismo no Brasil*. São Paulo, Expressão Popular, 2012.

______. Intelectuais, luta política e hegemonia cultural. Entrevista de Carlos Nelson Coutinho a Dênis de Moraes. *Revista Praia Vermelha: Estudos de Política Social*, Rio de Janeiro, v. 22, n. 2, jan.-jun. 2013.

DEL ROIO, M. *O império universal e seus antípodas: a ocidentalização do mundo*. São Paulo: Ícone, 1998.

______. De um século a outro: trajetória e atualidades da questão comunista no Brasil. In MAZZEO, A.C. *Corações Vermelhos*: os comunistas brasileiros no século XX. São Paulo: Cortez, 2003.

DURIGUETTO, M. L. *Sociedade civil e democracia: um debate necessário*. São Paulo: Cortez, 2007.

FREDERICO, C. 'Figura de exceção': dois momentos de Carlos Nelson Coutinho In BRAZ, M (*org.*). *Carlos Nelson Coutinho e a renovação do marxismo no Brasil*. São Paulo: Expressão Popular, 2012.

GARAUDY, R. *Toda a Verdade: Maio de 1968 - fevereiro de 1970*. Rio de Janeiro: Nova Fronteira, 1985.

GIDDENS, A. *Para além da esquerda e da direita: o futuro da política radical*. São Paulo: Edunesp, 1996.

______. *A Terceira Via: reflexões sobre o impasse político atual e o futuro da social-democracia*. 4. ed. Rio de Janeiro: Record, 2001.

______. *A Terceira Via e os seus críticos*. São Paulo: Record, 2001.

GOMBIM, R. *As origens do esquerdismo*. Lisboa: Dom Quixote, 1972.

GRAMSCI, A. *Concepção dialética da história*. 9a edição. Rio de Janeiro: Civilização Brasileira, 1991.

______. *Cadernos do cárcere*. v. 1. Rio de Janeiro: Civilização Brasileira, 1999.

______. *Cadernos do cárcere*. Volume 5. Rio de Janeiro: Civilização Brasileira, 2002.

______. *Cadernos do cárcere*. Volume 3. Rio de Janeiro: Civilização Brasileira, 2007.

HARVEY, D. *Condição pós-moderna: uma pesquisa sobre as origens da mudança cultural*. São Paulo: Edições Loyola, 1996.

HOBSBAWM, E. O marxismo hoje: um balanço aberto. In HOBSBAWM, E. *et ali (orgs.) História do Marxismo*. Volume XI. Rio de Janeiro: Paz e Terra, 1983.

______. *Era dos Extremos: o breve século XX. 1984 - 1991*. São Paulo: Companhia das Letras, 1995.

______. *A Era das Revoluções. Europa. 1789 - 1848*. Rio de Janeiro: Paz e Terra, 1997.

______. *A Era do Capital. 1848-1875*. Rio de Janeiro: Paz e Terra, 1997.

______. *Revolucionários: ensaios contemporâneos*. Rio de Janeiro: Paz e Terra, 2003.

HOLZMANN, L. & PADRÓS, E. S. (orgs.) *1968: contestação e utopia*. Porto Alegre: Ed. da UFRGS, 2003.

KONDER, L. *A democracia e os comunistas no Brasil*. Rio de Janeiro: Graal, 1980.

LEFEBVRE, H. *A vida quotidiana no mundo moderno*. Lisboa: Ulisseia, 1968.

______. *(org.) A Irrupção: a revolta dos jovens na sociedade industrial, causas e efeitos*. São Paulo: Editora Documentos, 1968

KURLANSKY, M. *1968: o ano que abalou o mundo*. Rio de Janeiro, José Olympio, 2005.

LÖWY, M. *O marxismo na América Latina*: uma antologia de 1909 aos dias atuais. 2ª edição. São Paulo: Fundação Perseu Abramo, 2006.

LUKÁCS, G. Sociedade e indivíduo. In HOLZ, H.H; KOFLER, L.; ABENDROTH, W. *Conversando com Lukács*. Rio de Janeiro: Paz e Terra, 1969.

______. O processo de democratização. In COUTINHO, C. N. & NETTO, J. P. (orgs.) *Lukács, G.: Socialismo e democratização – escritos políticos (1956 - 1971)*. Rio de Janeiro, Editora UFRJ, 2008.

MANDEL, E. *Da Comuna a Maio de 68*. Lisboa: Antídoto, 1979.

______. *O capitalismo tardio*. São Paulo: Abril Cultural, 1982.

MÁREK, F. A desagregação do stalinismo. In HOBSBAWN. *História do marxismo*. O marxismo na época da Terceira Internacional: de Gramsci à crise do stalinismo. Paz e Terra: Rio de Janeiro. Volume X. 2ª. Edição, 1987.

MARTINS, A. S. *A direita para o social. A construção da sociabilidade no Brasil contemporâneo*. Juiz de Fora: EDUFJF, 2009.

MARTINS, A. S.; NEVES, L. M. W. A nova pedagogia da hegemonia e a formação/atuação de seus intelectuais orgânicos. In: NEVES, L. M. W. (Org.). *Direita para o social e esquerda para o capital: intelectuais da nova pedagogia da hegemonia*. São Paulo: Xamã, 2010.

MAZZEO, A.C. *Sinfonia inacabada*. A política dos comunistas no Brasil. São Paulo: Boitempo, 1999.

NETTO, J. P. *O que é marxismo*. São Paulo: Brasiliense, 1986.

______. *O que todo cidadão precisa saber sobre o comunismo*. São Paulo: Global, 1986.

______. *Democracia e transição socialista*. Escritos de teoria e política. Belo Horizonte: Oficina de Livros, 1990.

______. *Crise do socialismo e ofensiva neoliberal*. São Paulo: Cortez, 1993.

______. *O que é stalinismo*. São Paulo: Brasiliense, 1995.

______. Breves notas sobre um marxista convicto e confesso. In BRAZ, M (*org.*). *Carlos Nelson Coutinho e a renovação do marxismo no Brasil*. São Paulo: Expressão Popular, 2012.

______. *Pequena história da ditadura brasileira* (1964 - 1985). São Paulo: Cortez, 2014.

NETTO, J. P & BRAZ, M. *Economia Política: uma introdução crítica*. São Paulo: Cortez, 2011.

NEVES, L. M. W. (Org.). *A nova pedagogia da hegemonia*: estratégias do capital para educar o consenso. São Paulo: Xamã, 2005.

PCB. *PCB: vinte anos de política* – 1958-1979. Documentos. São Paulo: Livraria Editora Ciências Humanas, 1980.

PRESTES, L. C. Carta aos comunistas. In: CARONE, E. *O PCB*. São Paulo: Difel, v. 3, 1982.

PRZWORSKI, A. *Capitalismo e social-democracia*. São Paulo: Cia das Letras, 1989.

RIBEIRO, L. D. Reflexões sobre 68. In HOLZMANN, L. & PADRÓS, E. S. (*orgs.*) *1968: contestação e utopia*. Porto Alegre: Ed. da UFRGS, 2003.

RODRIGUES, M. *Michel Foucault sem espelhos: um pensador proto pós-moderno*. Rio de Janeiro, T. D./ESS-UFRJ, 2006.

SANTANA, M. A. *Homens partidos*. Comunistas e sindicatos no Brasil. São Paulo: Boitempo, Rio de Janeiro: UniRio, 2001.

______. A queda do equilibrista: o PCB e os sindicatos no Brasil (1945-92). In MAZZEO, A.C., *Corações Vermelhos*: os comunistas brasileiros no século XX. São Paulo: Cortez, 2003.

SANTOS, R. *A primeira renovação pecebista*. Reflexos do XX Congresso do PCUS no PCB (1956-1957). Belo Horizonte: Oficina de Livros, 1988.

SECCO, L. *Gramsci e o Brasil*. Recepção e difusão de suas ideias. São Paulo: Cortez, 2002.

SEGATTO, J.A. *Breve História do PCB*. Belo Horizonte: Oficina de Livros, 1989.

______. *Reforma e Revolução*. As vicissitudes políticas do PCB. 1954-1964. Rio de Janeiro: Civilização Brasileira, 1995.

SINGER, A. *Os sentidos do lulismo: reforma gradual e pacto conservador*. São Paulo: Cia das Letras, 2012.

TEIXEIRA, A. Testemunhos. In BRAZ, M (*org.*). *Carlos Nelson Coutinho e a renovação do marxismo no Brasil*. São Paulo: Expressão Popular, 2012

VINHAS, M. *O partidão*. A luta por um partido de massas – 1922-1974. São Paulo: Hucitec, 1982.

## GUIDO LIGUORI

Professor da Universidade de Cosenza, Itália. Redator-chefe da revista *Crítica Marxista*. Autor de *Gramsci conteso. Storia di um dibattito 1922 – 1996* (Roma, Riuniti, 1996).

## FRANCISCO LOUÇÃ

Doutor em Economia pelo Instituto Superior de Economia e Gestão da Universidade Técnica de Lisboa. Professor Catedrático na mesma instituição, membro do Bloco de Esquerda. Autor, entre outros, de *Portugal Agrilhoado. A economia cruel na era do FMI*. Lisboa: Bertrand Editora, 2011 e coautor de *Os Burgueses. Quem são, como vivem, como mandam*. Lisboa: Betrand Editora, 2014.

## ANTONIO INFRANCA

Filósofo italiano, colaborador da revista italiana *Critica Marxista*. Autor, entre outros, de *O outro ocidente. Sete ensaios sobre a Filosofia da Libertação*. Bauru: Projeto Editorial Práxis, 2014; e de *Trabalho, indivíduo e história: o conceito de trabalho em Lukács*, publicado pela Boitempo também em 2014.

## JOSÉ PAULO NETTO

Professor Emérito da Escola de Serviço Social da UFRJ. Professor da Escola Nacional Florestan Fernandes. Autor de, entre os mais recentes, *Pequena história da ditadura brasileira* (1964-1985). São Paulo: Cortez, 2014 e da antologia *O leitor de Marx*. Rio de Janeiro: Civilização Brasileira, 2012.

**MICHEL LÖWY**

Intelectual brasileiro que vive em Paris onde é professor. Tem diversas obras divulgadas em várias línguas. Sua longa bibliografia inclui títulos como *Redenção e utopia. O judaísmo libertário na Europa Central*. São Paulo: Cia. das Letras, 1989; *A evolução política de Lukács*: 1909-1929. São Paulo: Cortez, 1998; *A teoria da revolução no jovem Marx*. Petrópolis: Vozes: 2002.

**MAVI RODRIGUES**

Professora Associada da ESS/UFRJ onde foi diretora entre 2010-2014. Pesquisadora do Núcleo de Estudos e Pesquisas Marxistas (NEPEM). Publicou diversos artigos em periódicos da área de Serviço Social.

**ANTONIO CARLOS MAZZEO**

Professor dos Programas de Pós-Graduação em História Econômica – Departamento de História, FFLCH/USP e Serviço Social – PUC/SP. Autor, dentre outros, de *Sinfonia Inacabada. A política dos comunistas no Brasil*. São Paulo: Boitempo, Marília: UNESP, 1999.

**MARCELO BRAZ**

Professor Associado da ESS/UFRJ, pesquisador do NEPEM (Núcleo de Estudos e Pesquisas Marxistas) e professor colaborador da ENFF (Escola Nacional Florestan Fernandes). Publicou, dentre outros, *Partido e revolução. 1848-1989*. São Paulo: Expressão Popular, 2011; em coautoria com J. P. Netto *Economia política: uma introdução crítica*. São Paulo: Cortez, 2013, 9ª edição.

**MARCOS DEL ROIO**

Marcos Del Roio é professor de Ciências Políticas da Faculdade de Filosofia e Ciências da Universidade Estadual Paulista (Unesp). Autor de várias obras. Organizou o recente *Georg Lukács e a emancipação humana*. São Paulo: Boitempo, 2014.

**MAURO LUIS IASI**

Mauro Luis Iasi é Professor Adjunto da ESS da UFRJ, do Núcleo de Estudos e Pesquisas Marxistas (NEPEM) dessa instituição, educador do NEP 13 de Maio e do CC do PCB. Autor, dentre outros, de *Ensaios sobre consciência e emancipação*. São Paulo: Expressão Popular, 2007.

**MILTON TEMER**

Jornalista, oficial da Marinha expurgado em 1964, teve destacada intervenção na luta interna do PCB no exílio, vinculado à corrente "renovadora", da qual fez parte CNC. De volta ao país após a Anistia, participou ativamente das lutas da esquerda e foi duas vezes eleito deputado federal pelo PT. É hoje uma das lideranças nacionais do PSOL.

**LÚCIA MARIA WANDERLEY NEVES**

Docente aposentada pela Universidade Federal de Pernambuco (UFPE). Membro do grupo de pesquisa Coletivo de Estudos de Política Educacional (Conselho Nacional de Desenvolvimento Científico e Tecnológico/Universidade Federal de Juiz de Fora - CNPQ/UFJF).

| | |
|---|---|
| 1ª edição | maio 2016 |
| impressão | rotaplan |
| papel miolo | offwhite 80g/m² |
| papel capa | cartão supremo 300g/m² |
| tipografia | abril e freight |